キャリア形成支援の
方法論と実践

菅原　良・松下慶太・木村拓也

渡部昌平・神崎秀嗣　編著

東北大学出版会

Methodology and Practice of
Career Development Support

Ryo SUGAWARA, Keita MATSUSHITA, Takuya KIMURA
Shohei WATANABE, Hidetsugu KOZAKI

Tohoku University Press, Sendai
ISBN978-4-86163-289-1

［目　次］

はじめに　　　　　　　　　　　　　　　　　　　　　　　　　　　　I

第0章　複雑化・高度化する21世紀におけるキャリア教育の必然　　7

1. はじめに　　　　　　　　　　　　　　　　　　　　　　　　7

2. 知識社会におけるキャリア形成は教育されなければならない　　II

3. 知識社会においてキャリア教育がなされなければならない背景　　I4

4. 高等教育機関に課されたキャリア教育の使命　　　　　　　　I6

第一編　高等学校の生徒指導・進路指導と大学のキャリア教育との「接続」

序　論　「キャリア教育」における高等学校と大学との「接続」　　25

第1章　高校生が抱いた「夢」や「希望」は，どの程度「実現」するのか？　　3I

1. 「進路変更の想定なし」という前提からの脱却　　　　　　　3I

2. データで見る進路選択の状況　　　　　　　　　　　　　　32

3. 「科学のライフサイクル」と「冷却論」という名のバイパス作り　　36

4. 九州大学課題協学科目「知識と予測」での実践例　　　　　　38

第2章　ライフキャリア・レジリエンスの早期教育の試み　　　　43

1. はじめに　　　　　　　　　　　　　　　　　　　　　　　43

2. 大学生活から職業生活への移行　　　　　　　　　　　　　44

3. 臨床心理学の視点の重要性　　　　　　　　　　　　　　　46

4. キャリア発達理論の展開　　　　　　　　　　　　　　　　48

5. ライフキャリア・レジリエンス　　　　　　　　　　　　　49

6. 高校生を対象としたライフキャリア教育の実践と大学への接続　　5I

第3章　社会構成主義キャリアカウンセリングを活用して高校と大学をつなぐ，

　　　　学校教育と職業生活をつなぐ　　　　　　　　　　　　57

1. はじめに　　　　　　　　　　　　　　　　　　　　　　　57

2. 大学生活から職業生活への移行　　　　　　　　　　　　　58

3. 社会構成主義キャリアカウンセリング　　　　　　　　　　59

4. 質的キャリアアセスメント　　　　　　　　　　　　　　　6I

i

5. 学生集団への実践例	63
6. 応用へのヒント	64
7. 課題	65
8. まとめ	66
9. おわりに	67

第4章 キャリア教育の視点から見た大学初年次教育授業実践 … 75

1. はじめに	75
2. 初年次教育とキャリア教育	77
3. 初年次教育授業実践例	78
3-1. 授業の概要	78
3-2. 授業での学び	80
4. キャリア教育としての大学初年次教育	87

第二編　大学におけるキャリア教育と専門教育との「交流」

序　論　大学におけるキャリア教育と専門教育との「交流」	93
第5章　授業担当者の授業デザインを支える学習観	97
1. はじめに	97
2. 学習パラダイムへの転換	98
3. 行動主義からの転換	99
4. 授業の質と評価	101
5. 「主体的」のもう一つの意味	104
6. 学習観の変化を反映した授業デザインの変更事例	105
7. おわりに	108
第6章　キャリア教育におけるコンピテンシーとルーブリック活用	113
1. 大学における新たなキャリア教育の流れ	113
2. 大学教育におけるコンピテンシー	115
3. コンピテンシー評価としてのルーブリック活用	119
4. 大学教育の質的転換：全ての授業がキャリア教育へ	122
第7章　経営学教育とキャリア形成	127
1. はじめに	127
2. 個人の目標と組織の目標	128
3. 日本的経営とキャリア形成	130

4. 個人のキャリアと企業の競争力 132

5. 経営学におけるキャリア教育の試み 134

6. 経営学教育とキャリア形成のあり方 139

第8章 コメディカルに必要なキャリア教育とリメディアル 143

1. はじめに 143

2. 看護師のキャリア教育 144

3. 養成課程〜知識と実習〜 145

　3-1. 養成校での学習 145

　3-2. 現場の検査や診断に即した実習（ロールプレイング） 145

　3-3. 臨時実習 145

　3-4. 看護師への社会化 147

4. 知識とスキルの向上とキャリア形成 148

5. 世の中の流れとリメディアル 150

　5-1. 現場のコメディカル 151

　5-2. 新人看護師研修 152

　5-3. 中堅看護師 153

　5-4. 教職員の質保証 153

　5-5. 地域医療への貢献 156

6. 考察 157

7. まとめ 159

第9章 医療専門職とキャリア教育 165

1. はじめに 165

2. 医療系学生における職業的アイデンティティー〜養成校におけるキャリア教育〜 165

3. 医療専門職における卒後教育 170

第10章 医療事務職を養成する大学におけるキャリア教育 175

1. はじめに 175

2. 医療事務職を養成する大学の現状 175

　2-1. 医療事務と医療現場が求める医療事務職 176

　2-2. 医療事務職を養成する大学の現状 178

3. 学生の意識と医療事務職を養成する大学の就職支援 183

　3-1. 従来のキャリア支援 183

　3-2. 学生の意識と医療事務職を養成する大学の新しいキャリア支援 185

4.　今後の教育について　　186

　　5.　おわりに　　187

第三編　大学から社会への「移行」

序　　論　大学から社会への「移行」　　193

第 11 章　「ダイナミックプロセス型キャリア」のケーススタディによるキャリア観の醸成　　197

　　1.　はじめに　　197

　　2.　「ダイナミックプロセス型キャリア論」　　198

　　　　2-1.　変化と可能性から築くキャリア　　198

　　　　2-2.　理論モデルⅠ「特性因子モデル」　　198

　　　　2-3.　理論モデルⅡ「サイクル・段階モデル」　　199

　　　　2-4.　理論モデルⅢ「ダイナミクスモデル」　　199

　　3.　正課科目「キャリアモデル・ケーススタディ」の実践　　200

　　　　3-1.　科目概要　　200

　　　　3-2.　ラウンド 1「キャリアモデルをゲストに招きプロセスを語り合うセッション」：　202

　　　　3-3.　ラウンド 2「著名人をキャリアモデルにプロセスを分析する」(グループ課題)：　204

　　　　3-4.　ラウンド 3「身近なキャリアモデルのプロセスを作品「他人史」にする」(個人課題)：205

　　4.　大学におけるキャリア教育とキャリアモデル・ケーススタディ　　211

　　　　4-1.　キャリアモデル・ケーススタディを通しての学び　　211

　　　　4-2.　授業実践における課題　　212

　　5.　おわりに　　212

第 12 章　キャリア教育の「効果」の探索　　215

　　1.　はじめに　　215

　　2.　キャリア教育の成果とはなにか　　217

　　3.　コーオプ教育受講学生の能力の伸長　　219

　　4.　コーオプ教育の受講経験と就職活動成果との関係　　221

　　5.　コーオプ教育の受講経験と就業後の職務満足との関係　　222

　　6.　成果を上げるために必要な仕掛け　　223

　　7.　おわりに　　226

第 13 章　産学連携 PBL における「自己」と「他者」の意義　　229

　　1.　はじめに　　229

　　2.　インターフェイスとしての産学連携 PBL　　229

3. 学校から仕事への移行 　232

4. 「社会人」概念を巡って 　234

5. PBL における「他者」の影響−実践女子大学 Open PBL の事例から− 　237

　5-1. 実践女子大学 Open PBL の試み「主体的」のもう一つの意味 　237

　5-2. Open PBL による「他者」の意味 　240

6. キャリア教育・産学連携 PBL における「自己」と「他者」の意義 　243

第 14 章　大学生と社会人が共にキャリアについて考える実践の課題とデザイン　247

1. はじめに 　247

2. 大学生と社会人が共にキャリアを考えるにあたっての課題 　247

　2-1. 背景 　247

　2-2. 大学生と社会人が共に対象となる取組 　248

　2-3. 大学生と社会人が共に考える上での課題 　249

　2-4. 支援を受ける側の罠 　251

　2-5. 支援する側の罠 　253

　2-6. 本節のまとめ 　254

3. キャリア教育のデザイン 　254

　3-1. イベントのデザイン 　255

　3-2. ワークショップのデザイン 　255

4. 面接ワークショップの作成 　258

　4-1. 面接「笑」とは 　259

　4-2. ワークショップの作成モデルから見た面接ワークショップ 　262

　4-3. 大学生と社会人が語り合うためのデザイン 　264

5. 最後に 　265

第 15 章　大学の学びと海外フィールド体験そしてキャリアデザイン連結の潜在的可能性　267

1. はじめに 　267

2. 大学生の海外フィールドでの体験的学び―体験知の獲得 　268

3. 大学における通常の講義以外の学びの形―現場知・専門知の活用 　270

4. キャリアデザイン支援のための社会的グランドデザイン―連携と連結 　272

5. おわりに 　277

第 16 章　見合った適職、育てる適職　281

1. 社会への移行の「段差」 　281

2. キャリアの概念 　283

v

3. 見合った適職、育てる適職	287
4. 初等中等教育との連携	289

第17章　地域の企業と大学が連携した人材育成 … 293

1. はじめに … 293
2. 大学生の地元志向の問題点から人材育成について考える … 294
3. 地域企業と大学の連携した人材育成事例について（山形大学の事例を基に） … 298
　3-1. アライアンスネットワーク … 299
　3-2. 低学年向けインターンシップ … 301
4. 地域の企業と大学が連携した人材育成の課題と方策について … 303

第18章　現代日本の大学キャリア教育の歴史的条件とグローバル化状況 … 309

1. はじめに … 309
2. 日本の高等教育の歴史的性格 … 310
　2-1. 実践的専門知識・技能の速やかなる習得 … 310
　2-2. 大学ごとの自己完結性と自前主義 … 313
　2-3. 早期専門化（early specialization）志向 … 314
　2-4. 資格の社会的優位性 … 314
　2-5. 「個人投資」としての大学受験，「個人資産」としての大卒資格 … 315
　2-6. 本節のまとめ … 316
3. 世界の高等教育が目指す姿 … 319
　3-1. 社会需要に即した高等教育 … 319
　3-2. グランドチャレンジの時代 … 320
　3-3. 「タテ型」思考から「ヨコ型」実践へ … 321
4. 今後の大学キャリア教育への示唆 … 322

あとがき … 327
編著者略歴 … 329
執筆者紹介 … 331

はじめに

　大学における主なキャリア支援は，「学生が目標とする就職先に，いかに送り込むか」を最終的な目的とし，そのためのテクニカルスキルの獲得が，就職支援（学生が就職先の内定を得るためのエントリーシートの作成，面接の練習，会社訪問時の服装や身だしなみの指導，など）として施されてきました。

　しかし，若年人口の減少は止まることなく，一方で増え続ける高齢者人口など，若者を取り巻く就業構造の変化は著しく，学卒者において満足度の高い進路選択がなされているとは言えないのが現実です。これらは，この30年余り30パーセント前後で推移する3年内離職率や，先進国のなかでも図抜けて高い若者の自殺率など，若者を取り巻く様々な憂鬱な出来事と無縁であるとは言えません。それに付随するように，働かない若者，働けない若者，引き籠る若者，社会との接点を断絶してしまう若者などの様々な社会問題が噴出してきています。これらの問題は，静かにしかし劇的に変化する社会に，私たちが対応できていないことに由来しています。こういった社会を支配するパラダイムの大きな変化は，私たちの未来を明るく照らしてくれるのか，はたまた絶望の深淵に追いやろうとしているのか，現代を生きる私たちには，正しい回答を提示することができません。

　これらの容易ではない問題について，文部科学省，厚生労働省，経済産業省などが主体となって，大学におけるキャリア教育が本格的に検討され，実施され始めています。私は，本書に収録された19本の論考を手掛かりに，この数年のうちに大きく蓄積された，大学におけるキャリア教育に関わる研究と実践に裏付けられた成果を世に問い，この分野に関わる多くの研究者，実践者の礎としたいと考えました。

　大学においてキャリア教育に携わる者は，学生の生死を決定づける可

能性があるという意味を込めて，医者のような臨床的存在に他ならないと思っています。それは，知識も経験値も浅い学生は，指導を受ける者の考え方によって，その後の人生が良い方向に進むのか，或いは苦難に満ちた方向に進むのかを左右しかねないからです。

　私が学生だった時代には，大学でキャリア教育を行ってくれるということはありませんでした。同級生たちは，当然のように就職活動を行い，それぞれ進路を決めていきました。規模の大きな有名な会社に就職できれば，それは成功したと称賛され，そうでなければ失敗したと揶揄されたものです。

　しかし，その成功したはずの者の何人が，現在もその職場で満ち足りた社会人として働いているのでしょうか。一流とされる会社に就職したある者は管理職に昇進したと喜んでいた矢先に会社の経営が行き詰まり，辞めざるを得なくなってしまいました。また，国の機関に就職した別の者は，人員削減の嵐に巻き込まれ，自ら命を絶ってしまいました。就職活動に心血を注いだあの時から25年余りが経ち，本当は人生のなかで収穫期を迎えていなければならない時期なのですが，風の便りに耳に入ってくる噂の多くは，気持ちの良いものではありません。長い人生に紆余曲折は付き物ではあるものの，過酷な現実を突き付けられている者が実に多いのが現実です。

　大学にキャリア教育が導入された背景には，このような現実と厳しい将来予測があるからに他なりません。ですから，大学でキャリア教育に携わる者は，生半可な知識や態度で学生の進路決定に関わるのではなく，高い専門性と実務能力を備えたスペシャリストでなくてはならないと思うのです。

　大学でキャリア教育が本格的に実施され始めたのは，今から数年前に過ぎません。キャリア教育に携わる者は医者のような存在だと言いましたが，その数は極めて少数です。キャリア教育に携わっていても，それを専門とする教員は，実は少ないのが現状です。大学によっては，全学にひとりの専門家がいるかいないかといったケースもあるかもしれませ

ん。キャリア教育に関与していても，それを専門とする教員は多くはありません。そういった孤軍奮闘するキャリア教育の担当者，キャリア教育の研究者，そしてキャリア教育研究を志す学生の皆さんの手引きになることを，本書は目指しています。

本書では，わが国のキャリア教育を研究領域とする気鋭の研究者が，それぞれの専門に即した多様な切り口でキャリア教育を論じています。キャリア教育研究では，心理学の手法が用いられることが一般的でしたが，もうすでに，多様な学問領域で活発な議論がなされていることが，本書からお分かりいただけるでしょう。各執筆者は，それぞれの専門性に基づき，理論70～80パーセント，実践20～30パーセント程度のバランスで各章を論じています。キャリア教育本にありがちな「実践事例」の羅列にとどまり，普遍的論点のない，或いは，就職本にありがちな個別的・主観的な就活テクニックに終始し，研究や知見の共有に結び付かないものとは一線を画すものを目指して執筆しました。読者の皆さまが，本書から多くの示唆を受けられることを確信しています。

キャリア教育は，大きく見れば，人間の社会化過程でカタリスト（触媒）の役割を果たし，社会人としての諸段階を「接続」させていく役目を果たします。すなわち，本書のキーワードは「接続」です。キャリア教育という観点は，中等教育と高等教育をいかに接続するのでしょうか。大学の課程教育において，キャリア教育と専門教育はいかに結び付くのでしょうか。そして，キャリア教育は，大学生を社会にいかに接続させているのでしょうか。本書は，この三観点にもとづいた構成をとっています。

第一編では，高等学校までの教育で行われてきたことと大学とのそれとの「接続」について論じています。具体的には，キャリア教育に関わる理論的な切り口から，高校生の抱いた夢の実現性に関して述べた章，人生において大きな転換点がやってきたときにどのように乗り越えていけばよいのかを論じた章，教育実践に関わる切り口から，学生が実社会に適応していく社会化の過程に焦点を絞った章，そして，大学の初年次教育におけるキャリア教育の授業実践についてまとめた章から構成されてい

3

ます。

　第二編では，大学におけるキャリア教育と専門教育との「交流」について論じています。21世紀以降，慢性的な不況，卒業後3年以内の離職率の高位安定，フリーターやニートなど若年層の雇用問題への対策として，2003年に文部科学省，厚生労働省，経済産業省，内閣府の担当大臣により「若者自立・挑戦プラン」が発表されましたが，文部科学省が大学設置基準を見直したことにより，2011年度より大学において就職対策講座にとどまらず，正規のカリキュラムにおいてキャリア教育が義務化されました。これを皮切りに多くの大学でキャリア教育科目が広がっていくこととなりました。専門教育をいかにキャリア教育とスムーズに「交流」させるかという課題は，それぞれの大学の腕の見せ所です。

　第二編は，社会科学系学部における実践と研究から，授業デザインと学習観の転換に関する章，キャリア教育に関わるコンピテンシーを評価するルーブリック活用を論じる章から始まります。そして，経営学教育におけるキャリア教育，医療専門職養成学部におけるコメディカルのキャリア教育，理学療法士養成さらに医療事務職養成など，具体的な専門教育課程におけるキャリア教育という具体論が続きます。

　第三編は，大学から社会への「移行」について論じます。大学から社会への「移行」には本来多様な道筋がありうるのですが，現在の日本の大学におけるキャリア教育は，就職活動とほとんどイコールと言える程に単線的です。しかし，これからは，大学におけるキャリア教育，また正課カリキュラムに社会への「移行」を意識したプログラムが広がっていくことでしょう。そこでは，「何を学ぶか」だけではなく，「誰と学ぶか」も重要な要素になってくることが想定されます。

　なぜなら，大学は比較的同質性の高いコミュニティであり，前提を共有している人とのコミュニケーションが中心となっていますが，実際の社会では年齢や趣味，またグローバル化が進む現在においては国籍や思想，宗教なども含めて前提を共有していない人とのコミュニケーションを取り，一緒に仕事を進めていく状況が当然となってくるからです。学

生が「異質な他者」とつながる経験は，学生が企業に入った際に不確実性を減少させ，スムーズな組織社会化を進めると言われています。そのため他の学部の学生，他の大学の学生，社会人など「異質な他者」をどのように学びに介在させるかが，今後のキャリア教育をデザインしていく上で重要な要素になってくるでしょう。

この第三編では，キャリア感の醸成に関する理論と実践について，ケーススタディを交えた論考，日本におけるコーオプ教育を先導する事例に関する章，産学連携PBLの実践を交えながら「他者」をいかに理解するかを論じた章，大学生と社会人が共にキャリア教育を考えるという事例の研究と紹介，海外フィールド体験がもたらす潜在的可能性に関する論考，「適職」とは何かに関する章，そして，地方大学における地元志向の問題点から人材育成を考える章が続きます。

そして，本書の掉尾に置いたのが，現在の大学におけるキャリア教育と近未来のキャリア教育について，その違いと進むべきであろう道筋を際立たせた論考です。

読者の皆さまが，それぞれの立場の中で多くの若者に一筋の光を当ててくださる際に，本書を役立てていただけることを願ってやみません。

2017 年秋

菅原　良

第0章 複雑化・高度化する21世紀におけるキャリア教育の必然

菅原　良

1. はじめに

　教育政策は，その国が直面している経済状況と密接に関連している。本稿では，日本がこの20年余りに辿ってきた経済状況を概観しながら，大学におけるキャリア教育がどのような背景から生じ，現在に至っているのかに関わる本質的な問題に対する一定の解を，文部科学省が進めてきた政策を批判的に読み解くことによって明らかにすることを試みる。

　そのうえで，近い将来，学生に求められているキャリア形成のあり方と，大学の教員はどのように学生のキャリア形成に関わっていけば良いのかについて議論していきたい。

　本稿で議論する本質的な問題とは，現在の大学教育において推進されているキャリア教育は，すべてではないにしても，大学の主体的な意思として行われてきたものではなく，文部科学省によって誘導されたものであるということである。決して学生の将来の幸せが熟慮された，システマティックにプログラムされたものではない。

　文部科学省が，高等教育におけるキャリア教育の必要性に言及したのは，1999年の文部科学大臣諮問を受けて2000年11月22日の大学審議会答申「グローバル化時代に求められる高等教育の在り方について」（文部科学省大学審議会2000）が初めてである。同答申では「我が国を取り巻く状況と高等教育の更なる改革の必要性」において，「今日の世界においては，社会，経済，文化のグローバル化が急速に進展し，国際的な流動性が高まっている。また，科学技術の爆発的な進歩と社会の高度化，複雑化や急速な変化に伴い，過去に蓄積された知識や技術のみでは対処できない新たな諸課題が生じており，これに対応していくため，新たな知識や専門的能力を持った人材が求められている」（文部科学省大学審議会

2000）と示されている。この答申以後，大学には近未来に到来すると考えられている複雑化・高度化した社会に対応した人材の育成が強く求められていくことになる。

この時期は，多少のズレはあるものの，戦後一貫して成長し続けてきた日本経済が一気に陰りを見せた「バブル崩壊」から5年以上が経過し，安定した右肩上がりの経済成長が見込めないことに，私たちが確信を持ち始めた時期に重なるのではないかと考える。

「複雑化・高度化する知識社会」という私たちを取り巻く社会の大きな変動は，大枠としては大袈裟な認識ではないと考えるが，今まで私たちが辿ってきた時代のいかなる場面においても，社会は複雑化・高度化し続けてきたことに間違いはなく，いま私たちが直面している（或いは，直面するであろう）社会に特徴付けられるような未知のものではないことを念頭に置いておく必要がある。

大きく転換したのは，文部科学省が高度経済成長下において一貫して進めてきた大学教育における「ものつくりにおいて活躍できる人材の育成」という，理系に強い人材育成に力を注いできた単線的な政策を破棄したことによる。サービス産業の台頭により複雑化する職業選択において，「自分の生き方は，自分で考える」という個人の責任を強調し，役所の直接的な関与を薄める一方で，「大学と産業界等が連携して学生のキャリア形成をサポートする」現場主義の方向に大きく舵を切ったということに他ならない。

この文部科学省の政策転換は，2000年7月1日に公表された「教育振興基本計画」（文部科学省生涯学習政策局2000）において，「キャリア教育を推進するとともに，産業界と連携して，また，初等中等教育段階から高等教育段階に至る教育の連続性に配慮しつつ，職業教育を推進する。あわせて，グローバル化に対応し得る国際的通用性のある高度専門職業人の養成を推進する」（文部科学省生涯学習政策局2000）ことが示されたことからもわかる。このような経緯を経て「大学等と産業界等との連携による取組への支援」（文部科学省生涯学習政策局2000）が，日本におけるキャ

リア教育推進の素地になることが宣言されたと考えることができる。
「教育振興基本計画」以後の10年余りは，大学教育におけるキャリア教育に関連する大きな動きはなく，経済状況の好転を待っていた節がうかがわれる。しかしこの間，経済状況が好転することはなく，「失われた20年」[1]と言われるまでになってしまった。

　文部科学省は，ようやく重い腰を上げることになり，2009年に中央教育審議会答申「学士課程教育の構築に向けて（審議のまとめ）」（文部科学省中央教育審議会大学分科会 制度・教育部会2009）において「学士力」を発表した[2]。各専攻分野を通じて培う「学士力」は，「知識・理解（専攻する特定の学問分野における基本的な知識を体系的に理解するとともに，その知識体 系の意味と自己の存在を歴史・社会・自然と関連付けて理解する）」「汎用的技能（知的活動でも職業生活や社会生活でも必要な技能）」「態度・指向性」「統合的な学習経験と創造的思考力（これまでに獲得した知識・技能・態度等を総合的に活用し，自らが立てた新たな課題にそれらを適用し，その課題を解決する能力）」に分類され，さらに13の要素に細分化されている。

　また，2011年4月に施行された「大学設置基準」の改正において第四十二条の二が新設され，「学生が卒業後自らの資質を向上させ，社会的及び職業的自立を図るために必要な能力」の育成が大学に求められたことにより，大学におけるキャリア教育の推進が一気に加速することになる。

　　「大学は，当該大学及び学部等の教育上の目的に応じ，学生が卒業後自らの資質を向上させ，社会的及び職業的自立を図るために必要な能力を，教育課程の実施及び厚生補導を通じて培うことができるよう，大学内の組織間の有機的な連携を図り，適切な体制を整えるものとする」（第四十二条の二）

　しかしここで問題となるのは，学士力として示された13項目は，いずれも概念的で具体性に欠けるという嫌いがあるということである。そ

れらの概念をどのように解釈し，どのように実践に移すかといった肝心な部分は，それぞれの大学に委ねられている。学生のキャリア形成に関して，大学の責任が強く迫られたことで，大学の負担が増すと同時に，結果責任が問われることになった。

　一方，経済産業省では「教育振興基本計画」において個々の大学生のキャリア形成を目的とした「大学等と産業界等との連携による取組への支援」が示されたことを受け，2005年1月に「社会人基礎力に関する研究会−『中間取りまとめ』−」（経済産業省産業人材政策室2005）で，職場で求められる能力を3つの能力と12の能力要素からなる「社会人基礎力」を明らかにした（表1）。

表1　社会人基礎力の能力要素

前に踏み出す力（アクション）	
主体性	物事に進んで取り組む力 例）指示を待つのではなく，自らやるべきことを見つけて積極的に取り組む。
働きかけ力	他人に働きかけ巻き込む力 例）「やろうじゃないか」と呼びかけ，目的に向かって周囲の人々を動かしていく。
実行力	目的を設定し確実に行動する力 例）言われたことをやるだけでなく自ら目標を設定し，失敗を恐れず行動に移し，粘り強く取り組む。
考え抜く力（シンキング）	
課題発見力	現状を分析し目的や課題を明らかにする力 例）目標に向かって，自ら「ここに問題があり，解決が必要だ」と提案する。
計画力	課題の解決に向けたプロセスを明らかにし準備する力 例）課題の解決に向けた複数のプロセスを明確にし，「その中で最善のものは何か」を検討し，それに向けた準備をする。
創造力	新しい価値を生み出す力 例）既存の発想にとらわれず，課題に対して新しい解決方法を考える。
チームで働く力（チームワーク）	
発信力	自分の意見をわかりやすく伝える力 例）自分の意見をわかりやすく整理した上で，相手に理解してもらうように的確に伝える。

第 0 章　複雑化・高度化する 21 世紀におけるキャリア教育の必然

傾聴力	相手の意見を丁寧に聴く力 例）相手の話しやすい環境をつくり，適切なタイミングで質問するなど相手の意見を引き出す。
柔軟性	意見の違いや立場の違いを理解する力 例）自分のルールややり方に固執するのではなく，相手の意見や立場を尊重し理解する。
情況把握力	自分と周囲の人々や物事との関係性を理解する力 例）チームで仕事をするとき，自分がどのような役割を果たすべきかを理解する。
規律性	社会のルールや人との約束を守る力 例）状況に応じて，社会のルールに則って自らの発言や行動を適切に律する。
ストレスコントロール力	ストレスの発生源に対応する力 例）ストレスを感じることがあっても，成長の機会だとポジティブに捉えて肩の力を抜いて対応する。

　ここまでの議論では，主に文部科学省の政策を手掛かりに，日本の経済状況と関連付けながら，大学におけるキャリア教育の変遷を概観してきた。2000 年の大学審議会答申（文部科学省大学審議会 2000）において示されたのは，将来におけるグローバル化を見据えてのものにしか過ぎない。しかし，その後の 15 年余りのうちにもっと大きくてダイナミックな社会構造の変化の波が押し寄せた。大学におけるキャリア教育の必然性の背景にある 21 世紀における世界の大きな社会構造の変動のダイナミズムを，日本国としてどのように捉え，大学においてどのように教育していかなければならないのかという問題意識における曖昧さが残る。そのために，「キャリア教育」という言葉だけが突然出現してきたという印象が残ってしまう。

　こういったキャリア教育が登場する背景はあるものの，それでもなお，なぜ大学教育においてキャリア教育の整備が急がれるのか。

2.　知識社会におけるキャリア形成は教育されなければならない

　前節では，大学教育におけるキャリア教育が，ダイナミックな社会構

造の変動を背景とした文部科学省の政策転換を背景にしていることについて述べてきた。

　これは，キャリア形成が決して将来を見つめてデザインされたものではなく，対症療法的な教育が限界に至ったことに一因がある。裏を返せば，それだけ昨今の社会構造の変化がダイナミックなものであり，予測が難しく対応できなかったというのが本当のところではないかと推察する。

　本節では，ダイナミックに変化を遂げる一方で混沌とする社会状況を，産業社会から知識社会への本格的な転換と捉え，知識社会における大学教育ではなぜキャリア教育が重要で，なぜしっかりと教育されなければならないのかを考えてみたいと思う。

　内閣府経済社会総合研究所が設定している景気基準日付[3]によれば，1986年11月から1991年2月までバブル景気（51か月）が続き，1991年3月から1993年10月までバブル崩壊と言われた平成不況（32か月）が続いた[4]。それ以後の長期にわたる景気低迷の期間は「失われた10年」あるいは「失われた20年」といわれている[5]。

　これらの景気循環指標は，ある一定の日から過去を振り返ってみた時に，「あの日からあの日までは好景気（景気の谷から次の景気の谷まで）だったようだ」ということが決定されることであり，その景気の循環のなかのある日においては，いつまでその好景気が続くのか，あるいはいつまでその不景気が続くのかが分かるひとはひとりもいない。

　この命題に果敢に挑戦を挑んだのがドラッカーで，彼は「失われた10年（または，失われた20年）」を単なる景気循環の一局面としてではなく「1965年から1970年のどこかで始まり，2020年頃まで続く」（Drucker 1993）大きな社会構造の転換期であると捉えた。

　この転換期はコンピュータの猛烈な開発競争と発展の歴史と重なっており，その推進力になるのは紛れもなくコンピュータであることに疑いを挟む余地はない。しかも，コンピュータは人間の能力を補完する役割から，自らの意思に基づいて判断し行動する自律的な存在になりつつある。これからのキャリア教育は，コンピュータをどう使いこなすかでは

なく，コンピュータとどう付き合っていくかを根幹として考えていくべきではないか。

　いままでの長い人類の歴史において，狩猟，農業，灌漑，衣食住，馬の鎧，火薬，印刷，蒸気機関，鉄道などの技能や技術が人類の歴史を変えてきたように，21世紀において歴史を作っていくのは，コンピュータである。直接的であろうが間接的であろうが，キャリア教育はコンピュータとの付き合い方を抜きに進めることは，キャリア教育の陳腐化を招く危険をはらむデリケートで困難な問題を抱えているように思う。

　このようなコンピュータと密接に関わりを持った組織社会が「知識社会」（Drucker 1993）なのである。知識とは「成果を生むための高度に専門化された知識」（Drucker 1993）である。知識社会は，様々な研究者によって様々に定義されている。例えば，中野（2014）によると，知識社会は「知識が最大の資源になる社会」である。ただし，「知識は誰にでも修得できる。年齢も性別も国籍も関係ない。その結果，知識社会は，今まで以上に競争の激しい社会，しかもグローバル規模での競争が激化する社会になると予想」（中野2014）されている。知識社会における知識は，単に「知っている」ということに留まることなく，生産の手段であるということが重要である。そして，生産の手段は，知識を所有するそれぞれの個人に帰属するのである。

　菅原（2011）は，このような知識社会における学びを，eラーニングにおける学びに関連させながら「外部から与えられた情報は，人間の脳内で加工された結果として，脳の中に貯蔵されると考えるのではなく」「道具としてのコンピュータそのものを心理的世界の中に取り込んでしまったと考えることができはしないか」と指摘している。コンピュータとどう付き合っていくのかといった技能や技術とは，このような「情報がどこにあるかを知っており，その情報を適切に使いこなすことができる」知識のことだと考える。そして「知識社会において特に必要とされる知識はマネジメント」（Drucker 1999）である。マネジメントとは「高度に専門的な知識を他との協働で有効なものとするための方法」（Drucker

1999）である。

　コンピュータの急激な発展に由来する「科学技術の爆発的な進歩と社会の高度化，複雑化や急速な変化」（文部科学省大学審議会 2000）が目まぐるしく起こる知識社会においては，自らをマネジメントする能力が強く求められる。このことから，知識社会の到来に伴って，加速度的に複雑化・高度化していく社会を生き抜いていくための知恵をシステマティックに理解していくためのキャリア教育が必要とされる，と考えられはしないか。

　ただし，キャリア教育が重要とされる理由の本質は，個々の人間の生き方はその人間に拠っていることであり，その人間の未来は誰にも予測することはできず，努力だけではどうにもならない偶然に負うところが大きいところにある。このような理由から，生きていくうえで重要な判断が必要になったとき，困難な状況に陥ったときに，自らが知恵を絞って生き方を考え，より良い方向に行動していく能力が必要とされるのである。この，生きていくうえで必然の知恵をいかにして引き出すことができるかが極めて重要であり，その知識に由来するいかに多くの知恵の種を蒔くことこそが知識社会におけるキャリア教育に他ならない。

3. 知識社会においてキャリア教育がなされなければならない背景

　オズボーンら（Frey and Osborne 2013）は，702の職種について，コンピュータによる代替が難しい仕事や医療に関連する仕事[6]を除き，人工知能（Artificial Intelligence ; AI）の発達により，2023年にはコンピュータ（ロボット）がやっている可能性が高い仕事を仔細に試算した（日経WOMAN 2015）。

　その結果，それまで人間が担っていた職業の90パーセントがなくなるか，高度に発達したAIに取って代わられるとし，大きな関心を引いた。しかし，これは決して驚くようなことではない。なぜなら，時代が進み社会構造が変動することによって，それまで存在していた職業が短い間のうちに消えていくことはよくあることだからである。例えば，わ

ずか30～50年程前には存在していた，赤帽，馬方，車力屋，蒸気機関士，灯台守，乗合バスガール，炭鉱夫，屋根葺き，井戸掘り師，下宿屋，電話交換手，紺屋，鋳物師，桶屋，鍛冶屋，紙漉き職人，炭焼き，提灯屋，蹄鉄屋，アイスキャンデー屋，氷売り，畳屋，ポン菓子屋，エレベーターガール，行商，金魚売り，駄菓子屋，豆腐売り，薪売り，マネキンガール，チンドン屋，活動弁士，紙芝居屋，公娼，電報配達，髪結い，タイピスト，下駄の歯入れ，屎尿汲み取りなどといった数多の職業のうち，どれほどの職業が今も残っているだろうか。これらの職業の多くは，当時の社会構造が高度化することに由来する「マシーン（機械）」の発達によって取って代わられ消滅してしまった職業の一部である。

　リクルートワークス研究所（2015）は，「すぐに人工知能が人間に取って代わるわけではない」が，2025年段階の雇用状況において「需給のミスマッチが深刻化する」ことを予想している。オズボーンらが示した主な消える職業，なくなる仕事（現代ビジネス 2014）[7]，AIに取って代わられる主な仕事[8]は，シミュレーションによる予想でしかないものの，そのインパクトは私たちにこれから到来するであろう社会構造の急激な複雑化・高度化に対する心構えと対処を促す意味においては，それなりに大きいものがあると考えられる。

　社会の複雑化，高度化が進むことによって生じる，ある種の職業の衰退や新たに生まれる職業の変化は，過去の歴史において何度も経験してきたことである。ただ，知識社会においては，現在人間が担っている職業の多くがAIに取って代わられる可能性が高いことであり，取って代わられた分だけの人の手による仕事が不要になるということである（一方で，今までは存在しなかった新たな職業[9]が生まれることも予想されている）。その根本的な理由が「科学技術の爆発的な進歩と社会の高度化，複雑化や急速な変化」（文部科学省大学審議会 2000）であるとするならば，これからの時代を生きる若者には，その社会を乗り切ることができるように，適切なキャリア教育がなされなければならない。

4. 高等教育機関に課されたキャリア教育の使命

次期学習指導要領素案によると，育成すべき資質・能力として(1)主体的な判断力，(2)多様な人々との協働，(3)新たな価値の創造，の3つが示されている（文部科学省中央教育審議会初等中等教育分科会教育課程部会 2015）。

これらの資質・能力は，経済協力開発機構（OECD）が進めてきた「コンピテンシーの定義と選択：その理論的・概念的基礎」（Definition and Selection of Competencies : Theoretical and Conceptual Foundations, DeSeCo）プロジェクト（OECD 1997）によって定義された3つのカテゴリーから成るキー・コンピテンシーの影響を強く受けていると考えられる。

キー・コンピテンシーは，(1)社会・文化的，技術的ツールを相互作用的に活用する能力（個人と社会との相互関係），(2)多様な社会グループにおける人間関係形成能力（自己と他者との相互関係），(3)自律的に行動する能力（個人の自律性と主体性）を指す。この3つのカテゴリーの枠組みの中心にあるのは，個人が深く考え，行動することの必要性であり，その背景には，「変化」，「複雑性」，「相互依存」に特徴付けられる世界への対応の必要性（文部科学省 2005）がある。

この文脈を読み解いていくと，近い将来に訪れる社会の風景は，これまでの議論で触れてきたような人間の仕事とコンピュータのそれとの境界が曖昧になり，より密接にまた複雑に絡み合いながら仕事を進める人間の姿である。それに加えて，国境をいとも簡単に跨いでしまう人間が活躍する社会に他ならない。このようなコンピュータを駆使しながらクロスカルチュラルに活躍する人間の育成を，文部科学省が投げ出し，旗振り役に徹するという姿勢は，それを引き受けさせられた大学を慌てさせた。しかし，これは本来の大学が負わなければならない学生に対する責任であり，大学自身の姿勢を正常な姿に戻すものである。

経済産業省は，社会人基礎力を示すことにより育成しようとしている3つの能力（1.前に踏み出す力（アクション），2.チームで働く力（チームワーク），3.考え抜く力（シンキング））を策定する際に，アメリカの

SCANS（Secretary of Labor and members of the secretary's Commission on Achieving Necessary Skills）レポート（UNITED STATES DEPARTMENT OF LABOR 1992）[10]を参考資料にしているが，このレポートでは，今後50年間，産業構造がどんなに変化しても必要になる職業能力を「基礎力」とし，5つのコンピテンシー（能力）と3つの基本スキルがその要件として定義づけられている[11]。3つの基本スキルは，Basic Skills（リーディング，ライティング，計算，リスニング，ヒアリングの基礎スキル），Thinking Skills（思考スキル），Personal Qualities（人間的資質）であるが，大きな枠組みにおいては，文部科学省が次期学習指導要領素案で示した「将来の予測が困難な複雑で変化の激しい社会や，グローバル化が進展する社会」（文部科学省中央教育審議会初等中等教育分科会教育課程部会 2015）において求められる資質・能力，OECDがDeSeCoプロジェクトで示したキー・コンピテンシーに近似する概念である。

　次期学習指導要領は，2020年度に小学校，2021年度に中学校，2022年度以降に高等学校において実施されることが予定されている。その下で教育された生徒を受け入れることになる大学に課せられた使命は，キャリア教育を通じて，知識社会において力強く生き抜いていくことができる，まだ誰も知らない術を自ら探索し実践することができる人間を育てることである。

　それは，決して容易なことではなく，学生の運命をも決定づけるかもしれないことを，キャリア教育に携わる者は強く意識する必要があるのではないか。

【注】

1)　景気基準日付：内閣府経済社会総合研究所は，景気循環の局面判断や各循環における経済活動の比較などのために，主要経済指標の中心的な転換点である景気基準日付（山・谷）を設定している。
http://www.esri.cao.go.jp/jp/stat/di/150724hiduke.html（2015 年 8 月 31 日閲覧）

2) 学士力の13要素：(1)多文化・異文化に関する知識の理解，(2)人類の文化，社会と自然に関する知識の理解，(3)コミュニケーション・スキル，(4)数量的スキル，(5)情報リテラシー，(6)論理的思考力，(7)問題解決力，(8)自己管理力，(9)チームワーク，リーダーシップ，(10)倫理観，(11)市民としての社会的責任，(12)生涯学習力，(13)統合的な学習経験と創造的思考力。

3) 景気基準日付によれば，この全循環83か月（拡張期間51か月，後退期間32か月）の景気循環を第11循環とする。

4) (1)主体的な判断力「社会的・職業的に自立した人間として，郷土や我が国が育んできた伝統や文化に立脚した広い視野と深い知識を持ち，理想を実現しようとする高い志や意欲を持って，個性や能力を生かしながら，社会の激しい変化の中でも何が重要かを主体的に判断できる人間であること」，(2)多様な人々との協働「他者に対して自分の考え等を根拠とともに明確に説明しながら，対話や議論を通じて相手の考えを理解したり考え方を広げたりし，多様な人々と協働していくことができる人間であること」，(3)新たな価値の創造「社会の中で自ら問いを立て，解決方法を探索して計画を実行し，問題を解決に導き新たな価値を創造していくとともに新たな問題の発見・解決につなげていくことのできる人間であること」。

5) 景気基準日付によれば，第11循環の後，第12循環（全循環63か月：1993年10月〜1999年1月，拡張期間43か月，後退期間20か月），第13循環（全循環36か月：1999年1月〜2002年1月，拡張期間22か月，後退期間14か月），第14循環（全循環86か月：2002年1月〜2009年3月，拡張期間73か月，後退期間13か月），第15循環（全循環44か月：2009年3月〜2012年11月，拡張期間36か月，後退期間8か月）までが定められている。

6) 生き残る仕事：ソーシャルワーカー，外科医，コンピュータシステムアナリスト，聴覚訓練士，振付師，学芸員，作業療法士，セールスエンジニア，看護師，口腔外科医，小学校の先生，聖職者，内科医，心理カウンセラー，マーケティング責任者，栄養士，人事マネージャー，経営者。

7) 主な消える職業，なくなる職業：銀行の融資担当者，税務申告書代行者，スポーツの審判，図書館員の補助，不動産ブローカー，データ入

力作業員，レストランの案内係，彫刻師，保険の審査担当者，苦情の処理・調査担当者，動物のブリーダー，簿記・会計・監査の事務，電話オペレーター，検査・分類・見本採取・測定を行う作業員，給与・福利厚生担当者，映写技師，レジ係，カメラ・撮影機器の修理工，娯楽施設の案内係・チケットもぎり係，金融機関のクレジットアナリスト，カジノのディーラー，メガネ・コンタクトレンズの技術者，ネイリスト，殺虫剤の混合・散布の技術者，クレジットカード申込者の承認・調査を行う作業員，義歯制作技術者，集金人，測量技術者・地図作製技術者，パラリーガル・弁護士助手，造園・用地管理の作業員，ホテルの受付係，建設機器のオペレーター，電話販売員，訪問販売員・路上新聞売り・露店商人，仕立屋（手縫い），塗装工・壁紙張り職人，時計修理工など。

8) AI に取って代わられる主な仕事：電話営業員，不動産仲介業，小売り営業員，手縫い裁縫師，ローン審査員，医療事務員，不動産ブローカー，銀行窓口係，モデル，税務申告書作成者，タクシー運転手，コールセンターのオペレーター，経理担当者，法律事務所の事務員，秘書，飛び込み営業員，データ入力者，レジ係，保険営業員，保険契約の審査員，クレジットカードの審査員など。

9) 例えば，Robot Counsellor, Company Culture Ambassador, Simplicity Expert, Auto-transport Analyst, Mind Instructor など。

10) 1991 年にジョージ・ブッシュ元大統領が，「世界レベルの教育水準達成を目指す」という方針の下に策定されたレポート．今後 50 年，産業構造がどんなに変化しても必要になる職業能力を「基礎力」とし，5 つのコンピテンシー（能力）と 3 つの基本スキルがその要件として定義された。

11) コンピテンシー：Resources（資源），Interpersonal（人間関係），Information（情報），Systems（システム），Technology（テクノロジー）。基本スキル：Basic Skills（読み書き計算など），Thinking Skills（思考スキル），Personal Qualities（人間的資質）

【文献】

経済産業省産業人材政策室（2005）社会人基礎力に関する研究会－「中間取りまとめ」－

http://www.meti.go.jp/policy/kisoryoku/chukanhon.pdf（2016 年 8 月 31 日

閲覧）

現代ビジネス（2014）賢者の知恵　オックスフォード大学が認定　あと 10
年で「消える職業」「なくなる仕事」702 業種を徹底調査してわかった.
2014.11.8. 講談社.

http://gendai.ismedia.jp/articles/-/40925（2016 年 8 月 31 日閲覧）

菅原良・村木英治（2011）e ラーニングをめぐる教育学理論の展開. 渡部信
一（監修）東北大学大学院教育情報学研究部（編）高度情報化時代の
「学び」と教育. 東北大学出版会.

Drucker P. F（1993）Post Capitalist Society, Harpercollins（P・F・ドラッカー,
上田惇生（訳），田代正美（訳），佐々木実智男（訳）（1993）ポスト
資本主義社会—21 世紀の組織と人間はどう変わるか. ダイヤモンド社.
P・F・ドラッカー，上田惇生（訳）（2007）ポスト資本主義社会. ダイ
ヤモンド社.）

Drucker P. F（1999）Management challenges for the 21st Century,
HarperBusiness（P・F・ドラッカー，上田惇生（1999）明日を支配する
もの—21 世紀のマネジメント革命. ダイヤモンド社.）

中野明（2014）ドラッカーが指摘した知識社会の姿，ドラッカー・プロ
ジェクト〜ピーター・F・ドラッカー，その人物と生涯，ドラッカー理
論のすべて〜

http://www.pcatwork.com/drucker/d003/d003.html（2016 年 8 月 31 日閲覧）

日経 WOMAN（2015）10 年後になくなる仕事，残る仕事　あなたの仕事は？
2015.8.10. 日経 BP

http://www.nikkei.com/article/DGXMZO89795300X20C15A7000000/
（2016 年 8 月 31 日閲覧）

Frey C. B, Osborne M. A（2013）THE FUTURE OF EMPLOYMENT: HOW
SUSCEPTIBLE ARE JOBS TO COMPUTERISATION?
http://www.oxfordmartin.ox.ac.uk/downloads/academic/The_Future_of_
Employment.pdf（2016 年 8 月 31 日閲覧）

文部科学省（2005）OECD における「キー・コンピテンシー」について
http://www.mext.go.jp/b_menu/shingi/chukyo/chukyo3/016/
siryo/06092005/002/001.htm（2016 年 8 月 31 日閲覧）

文部科学省中央教育審議会大学分科会 制度・教育部会（2009）学士課程教
育の構築に向けて（審議のまとめ）

http://www.mext.go.jp/component/b_menu/shingi/toushin/__icsFiles/afiel
dfile/2013/05/13/1212958_001.pdf（2016 年 8 月 31 日閲覧）

文部科学省大学審議会（2000）グローバル化時代に求められる高等教育の
在り方について
http://www.mext.go.jp/b_menu/shingi/old_chukyo/old_daigaku_index/
toushin/1315960.htm（2016 年 8 月 31 日閲覧）

文部科学省生涯学習政策局（2000）教育振興基本計画
http://www.mext.go.jp/a_menu/keikaku/detail/__icsFiles/afieldfi
le/2013/05/16/1335023_002.pdf（2016 年 8 月 31 日閲覧）

文部科学省中央教育審議会初等中等教育分科会教育課程部会（2015）教育
課程企画特別部会　論点整理（案）
http://www.mext.go.jp/b_menu/shingi/chukyo/chukyo3/004/siryo/
attach/1362063.htm（2016 年 8 月 31 日閲覧）

OECD（1997）Definition and Selection of Competencies（DeSeCo）
http://www.oecd.org/education/skills-beyond-school/definitionandselection
ofcompetenciesdeseco.htm（2016 年 8 月 31 日閲覧）

リクルートワークス研究所（2015）2025 年働くを再発明する時代がやって
くる．リクルートワークス研究所
http://www.works-i.com/pdf/150528_2025yosoku.pdf（2016 年 8 月 31 日
閲覧）

UNITED STATES DEPARTMENT OF LABOR（1992）Secretary of Labor
and members of the secretary's Commission on Achieving Necessary Skills.

第一編

高等学校の生徒指導・進路指導と大学の
キャリア教育との「接続」

序論　「キャリア教育」における高等学校と大学との「接続」

木村　拓也

第一編では，「キャリア教育」における高等学校と大学との「接続」に関する論考が集録されてる。日本キャリア教育学会が1953年に「日本職業指導学会」として設立され，1978年に「日本進路指導学会」に改組，2005年4月から現在の名称に改称した（日本キャリア教育学会2008）ことに象徴的に表れているように，現在「キャリア教育」と巷で呼ばれるものの中に含意されている事柄が実に多彩な広がりをもっているであろうことを容易に想像させる。その意味で，第一編で論じられる高等学校以下の教育で行われてきたことと大学とのそれとの「接続」が，必然的に各論者によって多様な切り口から描かれることになるが，そのことこそがこの問題設定の奥深さと供に困難さを感じさせるのではないだろうか。

政策的な潮流に関して簡単に述べれば，「キャリア教育」なる用語が初めて登場したといわれている（例えば，児美川2013）のが，1999年の中央教育審議会答申『初等中等教育と高等教育との接続の改善について』である。「主体的な進路選択」の項で，偏差値によって選択した「入れる大学」より，自身の能力・適性，関心を考慮した「入りたい大学」へと選択する方向性を打ち出し，それを可能にするために「学校教育と職業生活の円滑な接続を図るため，望ましい職業観・勤労観及び職業に関する知識や技能を身に付けさせるとともに，自己の個性を理解し，主体的に進路を選択する能力・態度を育てる教育（キャリア教育）を発達段階に応じて実施する必要がある」（中央教育審議会1999）としている。それに伴い入学入学者選抜の変更をも求める改革動向は15年を経た現在も続いており，それを意図した側からすれば，偏差値に依らない，真正なる「キャリア教育」を実現するための大学入学者選抜改革は「未完の改革」と言っても過言ではない。

第一編　高等学校の生徒指導・進路指導と大学のキャリア教育との「接続」

　更に，2004年の『キャリア教育の推進に関する総合的調査研究協力者会議報告書〜児童生徒一人一人の勤労観，職業観を育てるために〜』では，国立教育政策研究所生徒指導・進路指導研究センターが作成した「職業観・勤労観を育む学習プログラムの枠組み（例）」を参照し，「今後，この例をもとに，各学校の実情に応じて学習プログラムの枠組み等を作成」（文部科学省2004）とされたことから，到達目標を規定する枠組みとして機能してしまった感がある。その枠組みとは，「人間関係形成能力」（自他の理解能力，コミュニケーション能力），「情報活用能力」（情報収集，探索能力），「将来設計能力」（役割把握・認識能力，計画実行能力），「意思決定能力」（選択能力，課題解決能力）の4領域8能力であり，小学校（低学年・中学年・高学年）・中学校・高等学校とのマトリックスで示されている（文部科学省2004）。

　続いて，2011年の中央教育審議会答申『今後の学校におけるキャリア教育・職業教育の在り方について』では，「1人1人の社会的・職業的自立に向け，必要な基盤となる能力や態度を育てることを通して，キャリア発達を促す教育」（中央教育審議会2011）として，進路指導や職業発達に力点が置かれた上で，どちらにも偏らない，ある意味便利な用語として「キャリア教育」を包括概念を形成してきたのが，現在にいたる「キャリア教育」の大まかな流れではないかと思われる。それに応じて，4領域8能力論も，「仕事に就く」ということに焦点化したという説明付きで「基礎的・汎用的能力」として「人間関係形成・社会形成能力」，「自己理解・自己管理能力」，「課題対応能力」，「キャリアプランニング能力」という4つの能力に整理されたのである（中央教育審議会2011）。

　では，そうした「キャリア教育」は如何に語られてきたのか。例えば，「学校や大学においてキャリア教育に取り組んでいる教師たちは，本当に熱心である。現場には『善意』が溢れている。しかし，善意はつねに良い結果をもたらすとは限らない。よかれと思ってやったことが，子どもや若者を追い込んでしまったり，逆に，リアリティを欠いた『夢想』の世界に走らせたり，既存の秩序への『適応』を強引に迫ったりすることもあ

る」と児美川（2013）が述べるように，文部科学省が強烈に押し進めてきた施策に対するアンチ・キャリア教育政策論ともいうべき批判的視座をもつものも多いように思われる。こうした見方も，ある意味「キャリア教育」が，若者の就労問題に関連し，一時，隆盛を極めたことへの今うな反動としては十分に理解できるものである。ただ，一度立ち止まって「キャリア教育」分野を俯瞰的に見てみれば，大まかに3つの分野からの分析視角が存在していることがわかる。その3つとは，心理測定論的視点，教育社会学的視点，教育経済学的視点である。

　まず，心理測定論の観点から見れば，例えば，川﨑（2008）の「生きる力尺度」（下位尺度は，「将来設計能力」「情報活用能力」「人間関係形成能力」「意思決定能力」），三川他（2013）の「キャリアデザイン力尺度」（下位尺度は，「社会形成力」「リーダーシップ力」「自己理解力」「問題解決能力」「職業理解力」）にみられるように，先述した「キャリア教育」の4領域8能力論などの各要素を整理し，測定する尺度開発の研究が多い。こうした心理尺度を用いた「キャリア教育」の効果測定は，1999年の中央教育審議会答申以前にも，例えば，坂柳（1996）の「キャリア・レディネス尺度（CRS）」のような研究も散見されてきたし，古典的な研究手法であるといっても過言ではない。ただ，先述のように，文部科学省や中央教育審議会が，「キャリア教育」における望ましい能力論をマトリックスで示したことにより，より心理測定論的な研究論理に乗りやすい環境を醸成してしまったことも否めない。想定した能力観に沿った物差しをつくるという心理測定論の学問的特性上，そこで測られる「キャリア教育」の効果というものは，当然のことながら，当該尺度が前提としている価値観（例えば，4領域8能力）を超え出るものではないということは踏まえておく必要がある。また，ある程度，その尺度内容は，文部科学省の政策や時代の雰囲気が醸し出す価値観に左右されることもあるであろうし，心理学が内在的に持つ「刺激 - 反応理論」（Stimulus-Response Theory）や教育的な可塑性・陶冶的前提を暗黙の前提としていることは指摘しておかねばならない。

第一編　高等学校の生徒指導・進路指導と大学のキャリア教育との「接続」

　次に，教育社会学的な観点から見れば，こうしたキャリア教育政策は心理測定が前提としたような，「刺激-反応理論」と同じ「施策」が即「効果」に繋がるという単純な図式をまずは想定してはいない。社会学には，アメリカの社会学者ロバート・マートンが提唱した「意図せざる結果」（マートン，R. 1949）という議論があるが，キャリア教育の一連の政策についても，教育社会学者たちは一様に懐疑の目を向ける。つまり「意図せざる結果」として，「主体的な進路選択」をした結果，「不本意入学」や「終わりなき自分探し」に明け暮れる学生を生み出してしまうことを指摘した望月（2007）や，「興味・関心」を掘り起こし，「将来の夢」を考えさせる教育改革が，中位・下位の高等学校では学業中心のカリキュラムからの変化を起こさせ，生徒が「興味・関心」や「将来の夢」に引きつけられるほど，メリトクラティックな（業績主義的）競争から逸脱させてしまう「クーリングアウト」を指摘した荒川（2008）が代表的である。「キャリア教育」は，こうした加熱されたアスピレーションを冷却する仕組みを持たない，不完全性とともに語られていることが興味深い。

　最後に，教育経済学的な観点から見れば，玄田他（2008）や森田他（2014）のように，経済的な指標を「キャリア教育」の成否の判断指標としている論考もある。玄田他（2008）は，20代から50代を調査対象とし，以前「職業教育」と呼ばれていた時代の経験の有無をコントロール変数にして，年収，中途退学確率，学卒後正社員就業確率，仕事へのやりがいに影響を与えたか否かを調査している。年収については差が見られなかった一方で，中途退学確率や学卒後正社員就業確率や仕事のやりがいなどには影響を与え，且つ，複数プログラムの受講によりその効果が高まったと実証している。また，森田他（2014）は，16歳から31歳までの就学中以外の男女を対象に，キャリア教育政策の実施前後で同じ学校卒で年収の獲得能力に差が生じたかという観点で分析している。実際に，キャリア教育政策の実施前後で同じ学校卒で年収の獲得能力が高まったことを実証しており，その規定要因として，親の学歴や中学でのリーダーシップ経験の有無の存在を明らかにしている。両者のデータの取り方や，年

序論 「キャリア教育」における高等学校と大学との「接続」

収効果の計測方法が若干異なるために結論は異なるものの、「キャリア教育」の効果を年収や就業率などの経済的な指標に求めていることが分かる。

以上、3つの学術的な観点から「キャリア教育」の「語られ方」を見てきたが、心理測定論的な観点からみれば、文部科学省や中央教育審議会が設置した能力観について成長が見られるか否かがその成否を分けて語られていた。教育社会学的な観点から見れば、文部科学省や中央教育審議会が押し進めた政策が本来の目的とは別な効果を持ったか否かでその成否を分けて語られていた。教育経済学的な観点からみれば、政策の設定した能力観や目的如何に関わらず、結果として、経済的な獲得があったか否かでその成否を分けて語られていた。このように、それぞれが依拠する学問分野によって、その「語られ方」の力点が異なっていたことがお分かり頂けたであろうか。もちろん、議論を分かりやすくするために、多少強引に上記の代表的な3分野に引きつけて整理した感もある。もちろん、3つの分野以外の観点も十分にあり得るだろうし、本章にはそのような3分野の枠に収まりきらない、或いはそれに対する批判も含めて論考が集録されている。まとめるならば、「キャリア教育」における高等学校と大学との「接続」やその「成否」が語られる際には、その前提としている学問分野、或いはそこから派生する暗黙の前提や価値観などに影響されていることが多い。

当然のことながら、どの観点から「キャリア教育」の「接続」を語るか、或いはどの観点からの「キャリア教育」の「接続」を論者が批判するかによって「成否」の結論は異なってくる。また、そこでの論証方法なども様々であるだろう。そうした論者の依拠する「立場」の違いも、この「接続」論議には欠かせない見方であることを指摘しておく。

【文献】

荒川葉（2009）「夢追い」型進路形成の功罪—高校改革の社会学，東信堂
玄田有史・佐藤香・永井暁子（2008）学校における職業教育の経済効果．クオリティ・エデュケーション，1, 51-68.

川﨑友嗣（2008）キャリア教育の効果と意義に関する研究—中学校における効果測定の試み.関西大学人間活動理論研究センター Technical Report，7，43-52.

国立教育政策研究所生徒指導・進路指導研究センター（2014）キャリア発達に関わる諸能力の育成に関する調査研究報告書，実業之日本社.

児美川孝一郎（2013）キャリア教育のウソ，ちくまプリマー新書.

Marton, R. K. (1949) Social Theory and Social Structure.（森東吾・森好夫・金沢実・中島竜太郎（訳）（1961）社会理論と社会構造，みすず書房）.

三川俊樹・石田典子・神田正恵・山口直子（2013）高等学校におけるキャリ教育・職業教育の効果に関する研究—キャリアデザイン力尺度の開発.追手門学院大学心理学部紀要，7，57-77.

文部科学省（2004）キャリア教育の推進に関する総合的調査研究協力者会議報告書〜児童生徒一人一人の勤労観，職業観を育てるために〜
http://www.mext.go.jp/b_menu/shingi/chousa/shotou/023/toushin/04012801/002/010.pdf

文部科学省（2012）高等学校キャリア教育の手引き，教育出版株式会社.

森田玉雪・山本公春・馬奈木俊介（2014）キャリア教育政策の効果分析.山形県立大学国際政策学部紀要，9，70-84.

望月由起（2007）進路形成に対する「在り方生き方指導」の功罪—高校進路指導の社会学，東信堂.

日本キャリア教育学会編（2008）キャリア教育概説，東洋館出版社.

坂柳恒夫（1996）大学生のキャリア成熟に関する研究—キャリア・レディネス尺度（CRS）の信頼性と妥当性の検討.愛知教育大学教科教育センター研究報告，20，9-18.

中央教育審議会答申（1999）初等中等教育と高等教育との接続の改善について.
http://www.nier.go.jp/shido/centerhp/20kyariasiryou/20kyariasiryou.hp/2-01.pdf

中央教育審議会（2011）今後の学校におけるキャリア教育・職業教育の在り方について
http://www.mext.go.jp/component/b_menu/shingi/toushin/__icsFiles/afieldfile/2011/02/01/1301878_1_1.pdf

第1章　高校生が抱いた「夢」や「希望」は，どの程度実現するのか？

—「加熱・冷却論」を内包したキャリア教育の構築—

木村　拓也

1.「進路変更の想定なし」という前提からの脱却

　1999 年の中央教育審議会答申『初等中等教育と高等教育との接続の改善について』では，「主体的な進路選択」の項で，偏差値によって選択した「入れる大学」より，自身の能力・適性・関心を考慮した「入りたい大学」へと選択する方向性を打ち出し，それを可能にするために「学校教育と職業生活の円滑な接続を図るため，望ましい職業観・勤労観及び職業に関する知識や技能を身に付けさせるとともに，自己の個性を理解し，主体的に進路を選択する能力・態度を育てる教育（キャリア教育）を発達段階に応じて実施する必要がある」（中央教育審議会 1999 : 39）と述べられている。

　平たく言えば，大学で学んだことが様々な職業にも活かされる，「潰しが利く」進路選択をする，という話は生徒や学生からよく耳にする言葉であり，そうした進路選択よりも，キャリア教育（「望ましい職業観・勤労観及び職業に関する知識や技能を身に付けさせるとともに，自己の個性を理解し，主体的に進路を選択する能力・態度を育てる教育」）が初等・中等教育段階で奨励され，さまざまな職業体験や進路学習が図られたのである。

　一方で，主に日本においては，大学進学時に，一部の大学を除き，専門分野（法学部や工学部，或いは学科単位）で選抜が行われ，尚且つ，転学科転学部が非常に困難な高等教育システムが存在している。そのシステムの中では，初等・中等教育段階での未成熟な職業イメージのまま，大学進学時に進路選択を安易にしてしまいがちなことが容易に想像がつく。だが，果たしてその高校時代に行った進路選択の「夢」や「希望」は，

第一編　高等学校の生徒指導・進路指導と大学のキャリア教育との「接続」

どの程度実現するのだろうか。

　加えて，「生産年齢人口の急減，労働生産性の低迷，グローバル化・多極化の荒波に挟まれた厳しい時代を迎えている我が国においても，世の中の流れは大人が予想するよりもはるかに速く，将来は職業の在り方も様変わりしている可能性が高い」（中央教育審議会2014：1）と述べたのは，2014（平成26）年12月に上梓された『新しい時代にふさわしい高大接続の実現に向けた高等学校教育，大学教育，大学入学者選抜の一体的改革について～すべての若者が夢や目標を芽吹かせ，未来に花開かせるために～』であり，「キャシー・デビッドソン氏（ニューヨーク市立大学大学院センター教授）の予測によれば，『2011年にアメリカの小学校に入学した子供たちの65％は，大学卒業後，今は存在していない職業に就く』とされている」（中央教育審議会2014：1）という注釈を加えている。このことが正しければ，果たして，高校時代に主体的に進路選択したのち，専門分野ごとに入試を受け，大学を卒業し，高校時代に主体的な進路選択をした職種に就職する，といういわゆる「進路変更の想定なし」の前提は全くもって崩れてしまうのではないか。「生産年齢人口の急減，労働生産性の低迷，グローバル化・多極化の荒波に挟まれた厳しい時代」に我々は何を前提にキャリア教育を構築していけばいいのだろうか。

2.　データで見る進路選択の状況

　次に，実際にデータをみて議論をしてみたい。表1は，生徒の職業希望と職業人口比のギャップをとったみたものである。これによれば，「A.専門・技術」への希望が，実際の職業比より大きく上回り，「C.事務」「D.販売」「I.生産工程・労務」への希望が，実際の職業比より大きく下回っている。つまり，多くの高校生は，専門職や技術職への就職を希望しながら，多くはそれに就けず，事務職・販売職・生産労務職に就くことがみてとれる。「希望」は叶っていない。また，荒川（2009）は，「人気が稀少で，学歴不問の職業を，人気（<u>A</u>ttractive）・稀少（<u>S</u>care）・学歴不問（<u>UnC</u>redentialized）職業」とし，「ASUC職業」を希求する現代の高校生

第 1 章　高校生が抱いた「夢」や「希望」は, どの程度実現するのか?

の様相を指摘している。そうした職業には, デザイナー, プロスポーツ選手, ミュージシャン, ダンサー, 俳優などがあり, 特に, 中位から下位の高校へ行くほど, その希望の割合が増す傾向がみられると指摘している。「興味・関心」を掘り起こし, 「将来の夢」を考えさせる教育改革は, その実, 一見聞こえはよさそうにみえるが, 実現不可能な「夢」や「希望」へと誘導する効果があり, 実際の職業適応を困難にする, という一面を孕んでいるのかもしれない。荒川 (2009) の指摘では, 中位・下位の高等学校では学業中心のカリキュラムからの変化が起きており, 生徒が「興味・関心」や「将来の夢」に引きつけられるほど, メリトクラティックな (業績主義的) 競争から逸脱させてしまうと言う。また, キャリア教育の「意図せざる結果」として, 「主体的な進路選択」をした結果, 「不本意入学」や「終わりなき自分探し」に明け暮れる学生を生み出してしまうという望月 (2007) の指摘もある。キャリア教育において, 「夢」や「希望」の探求を促せば, 多くの生徒とって実現不可能な方向性へと誘う結果となり, 具体的な「職業適応」を促せば, そして, 中央教育審議会答申の記述が正しければ, その職業自体の存続可能性が疑われる結果となり, 結局, 高校時代の主体的な進路選択の意義自体を疑わざるを得なくなるのが実情ではないだろうか。

　更に, 専門分野移動と職業移動の観点から, 高校生が抱いた「夢」や「希望」の結末を見ていきたい。少々データは古いが, 表 2 がある理系大学の入学時と研究室所属の第一志望調査時の志望学科の移動表であり, 表 3 が大学での専門分野と就職 2-3 年目の実際の専門分野の移動表である。表 2 をみると, 684 人中 396 人 (約 42%) が入試時の志望と専攻分属時の希望が異なる専攻を希望しており, 表 3 をみると, 就職 2-3 年目の専門分野で 858 人中 323 人 (約 37%) が大学時の専門分野とは違う分野で仕事をしていることがわかる。逆に言えば, 大学に入学後にやりたいことが変わった人は 42% であり, 変わらなかった人は, 100-42=58% である。就職 2-3 年目で大学と異なる専門分野で働く人は 38% であり, 同じ専門分野で働く人が 100-38=62% である。だとすれば, 本来, 事象は独

33

第一編　高等学校の生徒指導・進路指導と大学のキャリア教育との「接続」

立なので，その割合をそのまま掛け合わせることは，統計的に，必ずし
も適切ではないかもしれないが，仮に目安として，掛け合わせてみると，
58%×62%=36%となり，高校生が抱いた「夢」や「希望」を就職2-3年目
に叶えているのは，わずか36%しかおらず，あとの64%の人は異分野で
仕事をしていることがわかる。この値を読み解くのに注意すべきことは，
比較的，専門分野が安定しており，進路変更の想定が少ないと高校生が
一般的に考える「理系」のデータであるという事実である。文系では何を
か言わんやという状況である。しかも，いまから40年から50年ほど昔
のデータでもそうなっているのである。「進路変更の想定なし」でキャリ
ア教育を構築することは，ひと昔前の現実と照らし合わせても非現実的
であったのかもしれない。

表1　生徒の職業希望と職業人口比 * （高校2年生, 2001年）

	生徒の希望職業		実際の職業人口比
	N=4376		N=6158377
A.専門・技術	36.8	>	16.6
B.管理	1.2		3.7
C.事務	1.4	<	23.2
D.販売	1.4	<	17.6
E.サービス	5.1		10.3
F.保安	1.0		1.4
G.農林漁業	1.0		0.5
H.運輸・通信	0.4		3.2
I.生産工程・労務	1.8	<	20.9
J.分類不能な職業	26.0		2.8
公務員	3.5		
サラリーマン	2.2		
NA・DK	23.9		

＊ 荒川 (2009) のp.76の表I-4-8より作成。首都圏Z県34校対象に行われたた高校2年生4,376
　人対象の調査である。実際の職業人口比は，平成12年の国勢調査結果を用いている。

第 1 章　高校生が抱いた「夢」や「希望」は，どの程度実現するのか？

表 2　入学時と第一回志望調査時との間の志望学科の変化 *（1967 年）

入学時 ＼ 第一回調査	1.数学	2.物理	3.化学	4.応物	5.材料系	6.応化	7.機械系	8.制御	9.経営	10.電気系	11.建設系	計	歩留率
1.　数　学	22	0	4	5	1	1	3	0	3	1	2	42	52.4%
2.　物　理	2	30	5	11	3	2	5	1	0	4	9	72	41.7%
3.　化　学	0	0	9	2	1	5	0	0	0	2	1	20	45.0%
4.　応　物	0	5	3	10	2	0	2	3	0	1	2	28	35.7%
5.　材料系	0	0	0	0	0	1	0	0	0	0	1	2	0.0%
6.　応　化	1	1	14	2	3	21	6	3	3	4	10	68	30.9%
7.　機械系	0	0	1	1	1	4	67	8	1	1	14	98	68.4%
8.　制　御	1	0	0	1	0	1	1	7	0	2	5	18	38.9%
9.　経　営	0	0	0	0	0	1	1	0	9	0	2	14	64.3%
10.　電気系	2	5	4	9	5	13	15	10	1	111	11	186	59.7%
11.　建設系	1	2	0	2	0	0	7	3	3	6	110	136	80.9%
計	29	43	41	43	18	48	107	36	20	132	167	684	57.9%

＊ 林・山田（1975）の pp.128-129 の表 6-2 より作成.

表 3　専門分野の移動（就職 2-3 年目の若手の場合）*（1976 年）

大学での専門分野 ＼ 就職2-3年目の専門分野	1.数学	2.物理・応物	3.化学・応化	4.金融	5.機械	6.強電	7.弱電	8.情報処理	9.土木	10.建築	11.経営・管理工学	12.事務系	13.その他	14.不明	(%)	(N)
1.　数　学						9.1	18.2	72.7							100	11
2.　物理・応物	10.0	27.5	2.5	17.5	10.0	20.0	10.0				2.5				100	40
3.　化学・応化			90.1	0.5	2.6	2.6	1.0	1.6			0.5		0.5	0.5	100	192
4.　金　融			16.1	35.5	38.7	6.5		3.2							100	31
5.　機　械			8.2	0.4	73.4	2.6	5.6	9.0						0.9	100	233
6.　強　電			1.5		10.6	56.1	15.2	14.4				0.8		1.5	100	132
7.　弱　電			0.8		2.3	14.4	62.1	20.5							100	132
8.　情報処理			4.3			5.7	21.7	60.9			4.3				100	23
9.　土　木	4.3				13.0		4.3	4.3	60.9	8.7				4.3	100	23
10.　建　築					20.8			4.2	8.3	66.7					100	24
11.　経営・管理工学					33.3			50.0			16.7				100	6
12.　事　務　系																0
13.　そ　の　他			54.5										36.4		100	11
14.　不　　　明	1.0		15.3	3.1	25.3	11.2	19.2	11.2				1.0		3.1	100	98
(%)		6	233	17	247	124	152	113	18	20	4	2	5	9	53.4	956

＊ 荒井・塚原・山田（1977）の p.49 の表 2 より作成

第一編　高等学校の生徒指導・進路指導と大学のキャリア教育との「接続」

3. 「科学のライフサイクル」と「冷却論」という名のバイパス作り

　高校生が志望大学や志望学科を決める際，その領域で著名な研究が存在したり，著名な教授が在籍していたりする大学を選ぶかもしれない。果たしてそれは正しいと言えるのだろうか。例えば，ある研究で有名な教員は転出・退職するかもしれないし，その教員を有名にした研究は，すでに「達成され，終了した」研究である可能性が高い。教員が転出・退職してしまえば，その研究が古くなり行われなくなっていたとするならば，高校時代に希望した進路選択は叶わない可能性が高いのである。更に言えば，科学研究(やそれをもとにした産業構造)には，賞味期限がある，というように考える「科学のライフサイクル」という考え方を理解する必要があるのだと思う。この考えは，「リサーチ・オン・リサーチ(研究の研究)」という科学社会学領域の中で提唱された考え方であり，図1のように，論文数や特許数，研究費や学科数をプロットしたところ，それぞれピークがあり，生き物の一生のように，科学(研究)にも発展過程があり，それぞれ盛衰が存在するということになる。こうした現象を理解すれば，高校生の時代に見聞きした研究テーマがそのまま永続的に存在することはそれ自体が稀であると理解できるであろう。何より，学部から博士まではストレートにいっても，学部4年＋修士2年＋博士3年

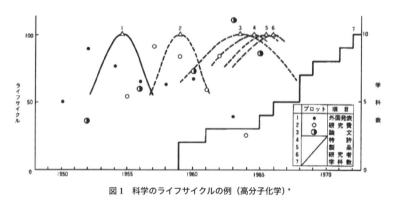

図1　科学のライフサイクルの例（高分子化学）*
　＊林・山田（1995）の pp.106-107 の図5-2 より作成

第1章　高校生が抱いた「夢」や「希望」は，どの程度実現するのか？

＝9年かかるのである。9年後も同じ研究がある保証はどこにもない。

となれば，高校時代に抱いた「夢」や「希望」といった加熱状態を冷却する機能もキャリア教育や進路指導には必要になってくる。その類型を表したのが，加熱-冷却論における「失敗への適応類型」(図2)である。横軸は，アスピレーション（熱意）が維持されるか，低下するかを表しており，縦軸は，価値が変換するか不変かを表している。その二軸に囲まれた各象限が，「夢」や「希望」が破れた時の適応化過程を表している。「再加熱」は，アスピレーション（熱意）や価値はそのままに，再挑戦することであり，「代替的加熱」はアスピレーション（熱意）はそのままに，価値を変換し，何か別のものにチャレンジしていくことであり，「縮小」は，価値はそのままに，アスピレーション（熱意）が低下して，次善の目標や策をとることであり，「冷却」は価値が転換し，アスピレーション（熱意）も低下して，何か別のものに消極的に取り組むというあり方である。「生産年齢人口の急減，労働生産性の低迷，グローバル化・多極化の荒波に挟まれた厳しい時代を迎えている我が国においても，世の中の流れは大人が予想するよりもはるかに早く，将来は職業の在り方も様変わりしている可能性が高い」（中央教育審議会2014:1）のであれば，「科学のライフサイクル」や「失敗の類型」も念頭に置いたキャリア教育のあり方を考えなければならない。

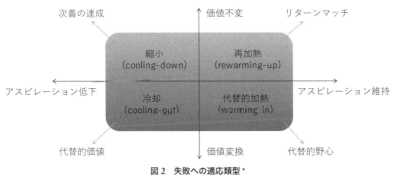

図2　失敗への適応類型*

*竹内1995:77の図2-3より作成

37

第一編　高等学校の生徒指導・進路指導と大学のキャリア教育との「接続」

4.　九州大学課題協学科目「知識と予測」での実践例

　九州大学では平成26年度より基幹教育カリキュラムが新たに開始され、「課題協学科目」が新設された。当該科目では、学部混成の学生集団に対するグループ活動が想定されており、学生が希望に応じてテーマ選択した150名程度の学生集団が学部構成比率を均等に50名ほどの3つのクラスに分けられ、文理混成の教員3名が順次クラスをまわり、3クラス共通に設定した文理融合テーマに基づいてグループ活動を想定した演習講義を行っていく。担当教員3名が、50名のクラスで2コマ連続のアクティブラーニング形式の演習講義を4回1セットで、3クラス講義をして回る。その中で、筆者が実践した「科学のライフサイクル」や「失敗の類型」も念頭に置いた大学初年次学生向けのキャリア教育「学問の盛衰を予測する?」を紹介する。

　「学問の盛衰を予測する?」の講義計画は表4のとおりである。まず、本章でも示した、「専門分野移動」や「科学のライフサイクル」の話をし、自身が抱いた進路に対する「夢」や「希望」を相対化する視点を与える。その際、航空産業が、研究・生産・運用をGHQによって1947年に禁止された事例研究（上原・塚原1986）を紹介し、その当時の専門家が自身の産業がなくなった中でどう生き抜いたのかというサバイバル戦略（職業移動・分野変更）の事例なども紹介する。

表4　クラス3「学問の盛衰を予測する?」の講義計画

	講義内容
1回目	グループワークへの導入 ミニ講義1「専門分野移動について」の後，各班で議論 ミニ講義2「禁止された産業—航空工学の事例」の後，各班で議論
2回目	ミニ講義3「科学のライフサイクル」の後， Cinii（論文検索サイト）でキーワードを入れて論文数を年代順にグラフ化する作業 宿題：5つのグラフを作成（図1を参照）
3回目	グラフをクラス内で交換（6回，計30枚のグラフ収集）
4回目	KJ法で35枚のグラフを分類し，どういう研究・学びを志すべきかを各班で議論

第1章 高校生が抱いた「夢」や「希望」は，どの程度実現するのか？

　社会科学として当該学問領域を形容する言葉としてしばしば用いられる「sollen（あるべきこと［当為should］）の学問ではなく，sein（であること［存在be］）の学問」であるという根幹を体験させ，データから言えることを冷静に分析し，自身の思い込みを相対化することを目的に図3のようなグラフを各自5枚作成させる。論文検索サイトCinii Aritcles（http://ci.nii.ac.jp/）で自身の高校時代に考えた研究分野や研究テーマを検索させ，その論文数をグラフ化させる（図3）。こうしたグラフをもとに，当該分野の論文数の増減の理由を考えさせる。そうしたプロセスを経て，科学研究のライフサイクルのサイクルを実感させる。このグラフを3回目の講義で教室のメンバーと1対1で7回交換し，手元に計35枚（自身のグラフを入れて40枚）のグラフを入手し，4回目にKJ法で分類し（図4），高校時代に考えた「夢」や「希望」を踏まえて，大学入学後，どのような研究を志すべきか，について考察させる。つまり，自身の加熱されたアスピレーションを冷却する効果を持たせるのである。

図3　論文数の推移グラフ例*

*太線が各年度の論文数を折れ線グラフで表したもの，細線が移動平均（3年）である。

第一編　高等学校の生徒指導・進路指導と大学のキャリア教育との「接続」

　この授業科目の最終成果物は，レポートである。各回の内容をまとめる形で，1節．高校時代に学ぼうと思っていた学問分野について（1回目），2節．大学で学ぶことや教養・専門について考えたことや航空産業の禁止を聞いて考えたこと（1回目），3節．自身が作成した年次グラフ（5個）についてのコメント（2回目），4節．自身作成グラフ（5個）と人と交換したグラフ（35個）（3回目）の類型化（4回目），5節．「研究とはどんな性質を持つものであり，それを踏まえてどういう学び・研究を目指すべきか」について自身の考えを述べる（4回目）というように，全ての回の演習内容をそのまま記録していくことでレポートになるように設計してある。

　講義の感想としては，以下のとおりである。抜粋ではあるが，いずれの感想も自身の加熱されたアスピレーションが冷却され，冷静に自身の進路選択を見つめており，その後の自身が立ち向かう将来に向けて思考をスタートさせている様子がうかがえる。

図4　学生がグラフを仕分けしている様子

・高校生の頃までは基本，先生に「自分のしたいことをしろ」と言われてきたので，論文数から今，流行している，流行していた，これから流行するであろう研究テーマを調べるということは考えた

第1章 高校生が抱いた「夢」や「希望」は，どの程度実現するのか？

こともありませんでした。これからの大学では「やりたいことをする」だけでは通らないかもしれないということを学び，将来のさらなる進路決定にも生かそうと思いました。

・研究にも流行り廃りがあるということを，自分が作成したグラフや他の学生からのグラフで直観的に理解できました。自分が取り組みたい分野も長くは続かないかもしれず，先行きはわかりません。自分の専門に対する熱意は持ちつつも，将来性を見据えてテーマを変える柔軟性も持つ必要があるように感じました。

・テレビに出ていたもの（例：IPS細胞）を自分たちが研究するころには時代遅れであるかもしれないということを知り，衝撃だった。自分の研究するテーマはその時にならないとわからないと思ったので，この時期にいろんな分野のことを学び，研究テーマを決めるときになったら柔軟に対応していきたいと思った。

・学歴が必要か，大学では何を学ぶべきか，どんな研究を目指すべきかなど，今まで考えてこなかったようなところを深く考えることができました。特に，「今みんなが目指している分野は10年後には廃れているかもしれない」という考え方は非常に新鮮で衝撃的でした。そこまで考えて将来どの分野に進むかを考えていなかったなと思いました。実際論文数を調べてみると，いま関心を持っているような「最先端」の技術に関する論文数は現在すでに減少傾向にあるものが多かったのが印象的でした。これから大学で学ぶ中で，自分の進む分野を慎重に決めていきたいと思います。

【文献】

荒井克弘・塚原修一・山田圭一（1977）科学技術者の高等教育に関する研究—科学技術者の側から見た大学教育と継続教育．日本教育社会学会

大会発表要旨収録，29，48-49.

荒川葉（2009）「夢追い」型進路形成の功罪—高校改革の社会学，東信堂.

林雄二郎・山田圭一（編）（1975）科学のライフサイクル，中央公論社.

望月由起（2007）進路形成に対する「在り方生き方指導」の功罪—高校進路指導の社会学，東信堂.

竹内洋（1995）日本のメリトクラシー—構造と心性，東京大学出版会.

中央教育審議会（1999）初等中等教育と高等教育との接続の改善について．http://www.mext.go.jp/b_menu/shingi/chuuou/toushin /991201.htm

中央教育審議会（2014）新しい時代にふさわしい高大接続の実現に向けた高等学校教育，大学教育，大学入学者選抜の一体的改革について〜すべての若者が夢や目標を芽吹かせ，未来に花開かせるために〜．http://www.mext.go.jp/b_menu/shingi/chukyo/chukyo0/toushin /__icsFiles/afieldfile/2015/01/14 /1354191.pdf

上原健一・塚原修一（1986）異なった分野への転換—航空工学のケース・スタディ．山田圭一・塚原修一（編），科学研究のライフサイクル，東京大学出版会.

山田圭一・塚原修一（編）（1986）科学研究のライフサイクル，東京大学出版会.

第2章　ライフキャリア・レジリエンスの早期教育の試み
—パラドキシカルな解決志向を持つキャリア発達理論と臨床心理学の視点から—

高橋　美保

1. はじめに

　本編の序論で木村が、「キャリア教育分野は大きく分けると、心理測定論的視点、教育社会学的視点、教育経済学的視点の3つの分野から論じられている」と述べている。しかし、本論のキャリア教育に対する立ち位置は、これらのいずれにも属さない。筆者は臨床心理学を専門とし、自らも臨床心理士として臨床現場で心理的援助を行う実践家でもあり、本論の立ち位置を敢えて明示するなら「臨床心理学的視点」となる。

　筆者自身はキャリアの専門家ではないが、筆者が実践を行う臨床現場や長年行ってきた失業者研究では、キャリアは日常的なテーマである。例えば、臨床実践におけるクライエントの主たる来談目的は心理相談であるが、心理的な問題あるいはメンタルヘルスの問題に、キャリアの問題が関係していることは少なくない。典型的な例の一つは、大学から社会人への移行期における就職の失敗である。就職活動をしても内定が出ない日々を送る中で、彼らは自身の社会における存在価値を問い始める。「自分は社会で不要な人間なのではないか」「有名な大企業に勤めるはずじゃなかったのか」「まわりは徐々に内定が出始めているのに、どうして自分だけがだめなんだ」という苦悩の声が漏れる。ストレスが高じ、中にはメンタルヘルス不調をきたすケースや、就職活動そのものから撤退してしまうケースもある。さらに、新卒で就職できなかった求職者が、その後も孤独と不安に耐えながら就職活動を続けるのは容易ではない。アルバイトやフリーター等、非正規雇用という形で就労することもあるが、中には今さら中途半端な形で仕事をするわけにもいかず、未就労のまま何年も経過してしまうこともある。結果として、ひきこもり

43

第一編　高等学校の生徒指導・進路指導と大学のキャリア教育との「接続」

やうつ，最悪の場合は自殺に至るケースもある。彼らの苦しみの多くは希望や期待通りの就職ができないことによる挫折感や無力感である。このような若者のキャリアにまつわるメンタルヘルスの問題を未然に防ぐことはできないのだろうか，と考えるようになった。

　さらに，筆者は働く人の心理的援助を行う中で，たとえ就職したとしてもストレスを抱えてメンタルヘルス不調に至るなど，思うように働けないケースに出会うことがある。また，失業研究を行う中で，終身雇用を信じて就職したにもかかわらず，リストラによって離職せざるを得なくなった中高年の事例に数多く触れてきた。これらの臨床実践や研究の中で，たとえ就職できたとしても，その後思ったような形で働き続けることが難しい時代となっていることを痛感している。

　現代を生きる人々にとって，新卒者の就職はもとより就職後も生涯に渡って自身のライフキャリアをいかに歩むかが，重要なテーマとなっているといえるのではないだろうか。そこで本論では，このような先行き不透明で不安定な時代を生き抜くことを意識した，パラドキシカルな解決志向を持つキャリア発達理論を紹介する。さらに，その理論を元に概念化したライフキャリア・レジリエンスについて解説するとともに，それを高めるためのライフキャリア教育プログラムの実践を紹介する。

2．大学生活から職業生活への移行

　上記のような筆者の想いと時を同じくして，2004年，「キャリア教育の推進に関する総合的調査研究協力者会議報告書」（文部科学省，2004）よりキャリア教育が本格化した。序論にあるように，キャリア教育は国立教育政策研究所生徒指導研究センター（2002）が例示した「人間関係形成能力」「情報活用能力」「将来設計能力」「意思決定能力」の4つの能力領域とそれぞれの能力領域ごとに提示された2つの能力を高めることを目的に，多くの小・中・高の学校教育現場で導入された（山崎，2006など）。さらに，その後中央教育審議会（2011）は，仕事に就くことに焦点を絞り，キャリア教育・職業教育の基本的方向性として「基礎的・汎用

的能力を確実に育成する」ことを打ち出した。他にも、様々な立場から社会で生きるため、あるいは職場で求められる資質や能力が提示されている。

しかし、就職にまつわる問題は本当に若者個人の要因のみによって起こっているのだろうか。就職活動が思うように進まない葛藤の背景には、「思い通りの仕事に就くべきである」あるいは「大企業に入らなくてはならない」とする自分や社会に対する信念と現実の間のギャップがあると考えられる。この信念は確かに個人が持つものである。しかし、自然発生的に生じるものではなく、恐らく、社会の価値観や評価基準の影響を受けて個人の中に醸成されるものであろう。社会はこのような将来に対する漠然とした価値評価や理想的な理念モデルを意図的あるいは無意識的に提供しているといえる。それ自体は決して悪いことではないが、同時に、その先にある将来の社会や就労の厳しい現実について伝える努力はなされていないのではないだろうか。

1995年、福岡県立城南高校はキャリア教育の先駆的活動とされる「ドリカムプラン」を立ち上げた。将来の夢を学習意欲につなげる指導は、キャリア教育の一つのモデルとなった[注1]。しかし、昨今のように、若年層が思うように就労できない雇用情勢では、若者が夢を持つことがある種の現実との乖離を生んでいるとも考えられる。もちろん夢を持つこと自体は問題ではないが、思った通りの就職、あるいは思った通りの人生が歩むことを保証できない社会情勢においては、思った通りの就職を目指すだけでなく、たとえ思うような就職ができなくても、生き抜くことが必要と考えられる。そのためには、社会の不透明性、雇用の不安定性を前提としたキャリア教育が必要である。

事実、高校でのキャリア教育や進路指導に期待している学習内容として「就職後の離職や失業など、将来起こり得る人生上の諸リスクへの対応に関する学習」を挙げているのは、高校生の23.1%、卒業生の26.1%、保護者の61.5%に上る（国立教育政策研究所、2013）。しかし、こういった学習の機会や内容は「なし」と答えた学校は49.3%と約半数を占めてい

ることから，先行き不透明な社会で自らの就職や人生を歩むことを視野に入れたキャリア教育が求められながらも，十分に応えられていないのが現状といえる。

　一方，大学においても，2011年4月に大学設置基準の改正が行われ，キャリア教育（職業教育）が義務化された。2011年の中教審答申「今後の学校におけるキャリア教育・職業教育の在り方」では，「大学，短期大学においては，社会的・職業的自立に関する指導について教育課程を通じて，それぞれの個性・特色や学問分野に応じた取組を行うほか，厚生補導を通じて，学生に対する各種の職業意識の形成や就職支援を行っている。これは単に卒業時点の就職を目指すものではなく，生涯を通じた持続的な就業力の育成を目指し，豊かな人間形成と人生設計に資することを目的として行われるものである」としている。これは単なる就職支援ではなく，生涯にわたる生き方教育に近い発想といえるだろう。これを受けて，各大学には就職支援センターやキャリアサポートセンターが設置され，インターンシップなども導入されつつある。高大接続という点から考えれば，職業に直結する専門職を志向する場合には，大学に入る前に職業を意識した職業教育を受けておくことは極めて重要といえる。ただし，多くの人にとって，高校卒業段階で具体的な職業選択をすることは現実的ではなく，特に大学に進学する場合には進路選択の方がリアルな問題となる。また，中には高校を卒業して就職する人もいることから，まずは高校の段階で生き方教育としてのキャリア教育を行っておくことが重要と考えられる。

3. 臨床心理学の視点の重要性

　以上より，たとえ就職時の雇用情勢が厳しく不安定で，思うような就職や就労が難しい場合にもメンタルヘルス不調に陥ることなく，自分なりのキャリアを歩むために必要な教育や援助が必要と考えられる。では，先行き不透明な社会で自らの就職や人生を歩むことを視野に入れたキャリア教育とはどういうものだろうか。

筆者は，そのヒントが臨床心理学にあると考えている。上述のように，キャリアの問題は結果的にストレス，抑うつ，自殺などのメンタルヘルスの問題に繋がる場合がある。キャリア教育のゴールはメンタルヘルスの維持向上そのものにあるわけではない。しかし，結果的にメンタルヘルス不調に繋がっているのが実情であり，最悪の場合，メンタルヘルスの問題がキャリアに支障を来たすこともある。このような理由からキャリア教育にメンタルヘルスの視点を含めることは有効であり，メンタルヘルスを専門とする臨床心理学の知見はキャリア教育に活かされるであろう。

また，キャリアの問題がメンタルヘルスの問題に繋がるプロセスを理解し，予防的介入をするにあたり，臨床心理学，特に認知行動療法的アプローチが有効と考えられる。例えば，臨床実践の現場ではキャリアの問題がどのようにストレスやメンタルヘルスの問題につながるのか，そのメカニズムを明らかにする。さらに，その問題の理解に基づき，心理的な介入を行う。これら一連の対処プロセスについて人生早期に臨床心理学的な心理教育を行うことは，将来，その後の人生で起こりうる問題に対して予防的に介入することにつながる。また，集団に対する予防的介入は個人のメンタルヘルスのためだけでなく，将来の労働力や医療費といった社会的視点からも極めて重要と考えられる。

しかし，キャリアの問題とメンタルヘルスの間は必ずしも直結するわけではなく，多くの場合，その間に何がしかの関連要因を想定することができる。それによってキャリアの問題がメンタルヘルスの問題につながることもあれば，そうでもないこともある。ここで改めて，思うような就職ができなかったり，思うような人生が歩めなくてもそれに屈せず，メンタルヘルスを悪化させないために必要な変数とは何かを考えてみる。昨今，多くの学問領域で苦境を生き抜く力としてレジリエンスという言葉が使われている。Rutter（1985）はレジリエンスを「深刻な危険性にもかかわらず，適応的な機能を維持しようとする現象」と定義しているが，もし，職業や人生を生き抜くレジリエンスがあれば，メンタルヘルスの

第一編　高等学校の生徒指導・進路指導と大学のキャリア教育との「接続」

悪化は抑制されるのではないだろうか。つまり，職業や人生にまつわる問題に介入するためには，まずはキャリアを生き抜くレジリエンスを高め，それによって，たとえキャリアの危機に陥ってもメンタルヘルスの悪化を抑制することができると考えられる。しかし，臨床心理学の領域では，職業や人生にまつわるレジリエンスについて論じた研究は見られない。

4．キャリア発達理論の展開

　ここで改めて，キャリア教育が大きな影響を受けたと考えられるキャリア発達理論に立ち返り，昨今の不透明な社会における不安定雇用がどのように捉えられてきたかを概観しておきたい。キャリア発達の古典的理論の一つにSuper（1980）のライフキャリア・レインボーがある。キャリアの時間軸をライフ・スパン，キャリアの空間軸ともいうべき役割をキャリア・スペースという二次元で表現した。また，個人と環境のマッチングをダイナミックなプロセスとして捉えようとしたHolland（1997）は，Vocational Preference Inventory（VPI職業興味検査）を開発し，六角形モデルと呼ばれるパーソナリティ・タイプを提示した。しかし，昨今のような不安定で不透明性の高い社会では，もはや直線的で安定的なキャリア発達を望むことは難しくなっている。

　Savickas（2011）はこれらの伝統的なキャリア発達理論について，「理論の意義深さや有用性によって，これらの理論はこれからも支持されるであろう。しかし，これらの理論は柔軟性の高い組織や流動性の高い社会で生きる流動的な就労者のニーズに応えることはできない。したがって，これらの理論は補われなくてはならない」と指摘するように，先駆的な理論に加えて，今の時代の要請に応える新たな理論が求められている。Savickas（2011）はこのような新しい理論の一つとして，自身の構築理論（Savickas, 2002）を提唱している。この他にも，このような不透明な社会情勢や不安定な雇用情勢を前提としたポストSuperのキャリア発達理論として，偶発理論（Mitchell, Levin & Krumboltz, 1999）や統合的

48

ライフプランニング（Hansen, 1997）などが提示されている。

　このような不安定な社会や雇用情勢を生き抜くための一つの視点として，Amundson（2009）がパラドキシカルな解決志向と呼ぶアプローチは興味深い。パラドキシカルな解決志向とは，キャリア発達を志向する上で常に相反する姿勢を同時並行的に併せ持つということである。一見矛盾しているようにも見えるが，ある種の矛盾を抱えた状態であることが実はいかなる変化にも柔軟に対応することにつながると考えられる。Amundson（2009）はこのアプローチに，以下の4つの理論を含めた。第1は，認知的（革新的）理論家であるGelatt（1989）が提唱した「不確実性に対する積極性」である。この理論は，自分のすることに対してポジティブでありながら，同時に不確実であることを求めるものである。第2は，心理学者のKrumboltz（Mitchell, Levin & Krumboltz, 1999; Krumboltz & Levin, 2010）が提唱した「計画的偶発性」であり，これは偶然性と計画性の両方を内包している。第3は，組織分析家であるHandy（1994）が提唱した「S字カーブ」であり，これはうまくいっている時に変化を求めるという特徴を持つ。第4は，収束性と突発性を併せ持つ「カオス理論」であり，これはPryor & Bright（2003）やBloch（2005）が言及している。いずれの理論も一つの理論の中に相反する要素を内包している。Superのライフキャリア・レインボーのような，画一的で直線的なキャリア発達が見込めない時代を迎えつつある現代では，外界の状況がどのように変化しようとも，状況に応じて，常に全方向的な対応ができることが重要と考えられる。相反する姿勢をバランスよく保つことで，流動的で不安定な状況に柔軟に対応することができるのである。

5．ライフキャリア・レジリエンス

　上述のパラドキシカルな解決志向を持つキャリア発達理論は，いかなる苦境や逆境にあってもそれに屈しないレジリエンスに通じるものがある。ここで，改めてキャリアとレジリエンスの関係性に関する先行研究を概観しておきたい。

第一編　高等学校の生徒指導・進路指導と大学のキャリア教育との「接続」

　London（1983）はキャリア・モチベーションの概念の一つとしてキャリア・レジリエンスに言及している。「キャリア・モチベーションは多次元から構成されており、その次元はキャリア・アイデンティティ、キャリア洞察力、キャリア・レジリエンスの3つの領域から成る」と述べている（London, 1983）。キャリア・レジリエンスについては、「最悪の状況の中でも、困難なキャリアに立ち向かう抵抗力」とし（London, 1983）、下位領域として自己効力感、リスクテイク、依存性の3つがあると指摘している（London, 1983）。しかし、この段階では、まだ理論的な枠組みを提示したに過ぎなかった。

　この後、London（1993）は17項目、Noe, Noe, & Bachhuber（1990）は27項目、Carson & Bedeian（1994）は12項目、Grzeda & Prince（1997）は30項目からなるキャリア・モチベーションを測定する尺度を作成した。しかし、London（1993）の尺度は態度に注目しているのに対して、Noe, Noe, & Bachhuber（1990）の尺度は行動に、Carson & Bedeian（1994）の尺度は仕事に注力する際の価値に注目しているという違いが指摘されている（London & Noe, 1997）。中でも、キャリア・レジリエンスの項目の内容を吟味すると、いずれの尺度も職業生活をイメージした項目が多いという特徴がある。Waterman, Waterman, & Collard（1994）も労働者の市場価値という視点からキャリア・レジリエンスに言及していることから、キャリア・レジリエンスは"職業としてのキャリア"に焦点化した概念といえる。

　しかし、先行きが不透明な社会においては、就労そのものが不安定であり、継続的、安定的な職業生活を前提としたキャリアプランが立てにくくなる。そして、このような職業生活の危機は職業以外の生活にも多大な影響を及ぼす。そのため、今一度、働くことや職業生活を自分の人生や生活の中でどのように位置づけるのかを相対的、客観的に捉え直すことが重要となる。これは、Super（1980）がキャリア・スペースにおける役割という概念を提示したことにもつながるが、その意義は就労が不安定な時代にこそ重要となると考えられる。2007年には、国民的な取り

組みの方向性を示すものとして「仕事と生活の調和（ワーク・ライフ・バランス）憲章」が提示されたように，昨今はより積極的な意味で仕事と生活のバランスを強調する風潮も強くなっている。人々の生活や生き方，人生を職業も含めてトータルで考えることは近年，一層重視されつつあることから，レジリエンスについても職業生活（キャリア）だけではなく，職業以外の生活（ライフ）も視野に入れた人生全体を生き抜く力として捉える必要があると考えられる。以上より，筆者は「たとえ思うようにならないことがあっても自らのライフキャリアを自分らしく生き抜く力」に注目し，これをライフキャリア・レジリエンスと称して研究を進めてきた。

　ライフキャリア・レジリエンスの構成概念を検討するために，上述のパラドキシカルな解決志向をもつキャリア発達理論を元に，成人と中高生を対象としたライフキャリア・レジリエンス尺度を作成した（詳細は高橋，2015；高橋・石津・森田，2015を参照）。その結果，成人版，中高生版のいずれの尺度も長期的展望，継続的対処，多面的生活，楽観的思考，現実受容の5因子から構成されることが明らかとなった。

6. 高校生を対象としたライフキャリア教育の実践と大学への接続

　以上，本論では，現代のキャリアの問題をパラドキシカルな解決志向を持つキャリア発達理論から読み解き，キャリア・レジリエンスに関する先行研究を概観した。そこから，ライフキャリア・レジリエンスという概念を抽出するとともに，その因子構造を明らかにすることによって概念化を試みた。さらに，ライフキャリア・レジリエンスを早い段階で高めるために，高校生を対象としたライフキャリア教育の実践を試み，一定の効果が確認された（詳細は，高橋（2015）を参照）。

　今後の雇用情勢がいかなる状態になったとしても，社会や雇用情勢の不透明性，不安定性の高さは続く可能性がある。今を生きる子どもたちや若年者は，このような不安定な社会の中で，自らのライフキャリアを歩むことになる。遠からず起こりうるライフキャリアにまつわるメンタ

第一編　高等学校の生徒指導・進路指導と大学のキャリア教育との「接続」

ルヘルスの問題に対して，人生早期に予防的に介入する上で，学校教育は重要な役割を担う。

　本研究で取り上げた生き方教育としてのライフキャリア教育は，高校時代に受講すればそれで終わるものではなく，大学に入ってもその大学やその時代の状況に応じて継続的に行われるべきであろう。ただし，大学は大学の特徴や専門性によって職業とのつなぎとしての役割は多少異なると考えられることから，各大学に応じた職業教育がなされるべきである。その際，高大接続という視点を導入し，高校のキャリア教育と大学の職業教育の内容をすりあわせることによって，個々人の人生の中で，より効果的にライフキャリア・レジリエンスを培うことができると考えられる。

【注】

注1）筆者は2013年11月に同校を視察訪問し，ドリカムプランについて話を伺っている。城南高校のドリカムプランは現在も継続されているが，画一的なキャリア教育の確立とその安定的な運用を目指しているのではなく，時代の変化の中で常に今あるべきキャリア教育の在り方が柔軟に模索されている。

【文献】

Amundson, N. E. (2003) Active Engagement Edition three, Ergon Communications.

Bloch, D. P. (2005) Complexity, chaos, and nonlinear dynamics: A new perspective on career development theory, Career Development Quarterly, 53 (3). 194-207.

Bruch, M &Bond F. W. (1998) Beyond Diagnosis: Case Formulation Approaches in CBT (Wiley Series in Clinical Psychology) Wiley, (下山晴彦 (2006) 認知行動療法ケースフォーミュレーション入門 (臨床心理学レクチャー) 金剛出版).

Carson, K. D. & Bedeian, A.G. (1994) Career commitment – construction of a measure and examination of its psychometric properties. Journal of Vocational behavior, 44 (3), 237-262

中央教育審議会（2011）今後の学校におけるキャリア教育・職業教育の在り方について（答申）

福岡県立城南高校（著），中留武昭（監修）（2002）生徒主体の進路学習ドリカムプラン─福岡県立城南高校の試み．学事出版．

Gelatt, H. B. (1989) Positive Uncertainty – A New Decision-Making Framework for Counseling, Journal of Counseling Psychology, 36 (2), 252-256.

Grzeda, M. & Prince, J. B. (1997) Career motivation measures : A test of convergent and discriminant validity. The International Journal of Human Resource Management, 8 (3), 172-196.

Handy, C. (1994) The age of paradox. Harvard Business School Press.

Hansen, L. S. (1996) Integrative Life Planning: Critical Tasks for Career Development and Changing Life Patterns, Jossey-Bass.

Holland, J. L. (1997) Making Vocational Choices : A Theory of Vocational Personalities and Work Environments Psychological Assessment Resources

国立教育政策研究所（2013）キャリア教育・進路指導に関する総合的実態調査第二次報告書．

国立教育政策研究所生徒指導研究センター（2002）児童生徒の職業観・勤労観を育む教育の推進について，調査研究報告書．

Krumboltz, J. D. & Levin, A. S. (2010) Luck Is No Accident : Making the Most of Happenstance in Your Life and Career, Impact Publishers.

London, M. (1983) Toward a theory of career motivation. Academy of Management Review, 8, 620-630.

London, M. (1993) 'Relationships between Career Molivatiun, Empowerment iuid Support for Career Development, Journal of Occupational and Organizational P.sychology, 66, 55-69.

London, M. & Noe, R, A, (1997) London's career motivation theory : An update on measurement and research, Journal of career assessment, 5 (1), 61-80.

Mitchell, K. E., Levin. A. S. & Krumboltz, J. D. (1999) Planned happenstance: Constructing unexpected career opportunities. Journal of Counseling &

Development, 77, 115-124.

文部科学省（2004）キャリア教育の推進に関する総合的調査研究協力者会議報告書.

文部科学省（2011）中央教育審議会答申　今後の学校におけるキャリア教育・職業教育の在り方について.

内閣府，仕事と生活の調和（ワーク・ライフ・バランス）憲章
http://wwwa.cao.go.jp/wlb/government/20barrier_html/20html/charter.html.（2014 年 12 月 21 日アクセス）

Noe, R. A., Noe, A. W. & Bachhuber, J. A.（1990）An Investigation of the Correlates of Career Motivation, Journal of Vocational behavior, 37, 340-356

Pryor, R. G. L., & Bright, J. E. H., 2005, "Chaos in practice: Techniques for career counsellors." Australian Journal of Career Development, 14(1), 18-29

Rutter, M.（1985）Psychosocial resilience and protective mechanisms. American Journal of Orthopsychiatry, 57(3), 316-331.

Savickas, M. L.（2011）Career Counseling（Theories of Psychotherapy）, Amer Psychological Assn.

Savickas, M. L.（2002）Career construction: A developmental theory of vocational beh avior. In Brown, D. and associates, Career Choice and Development（4th ed.）San Fransisco, CA : Jossey-Bass, 149-205.

職業教育・進路指導研究会（1998）平成 8・9 年度文部省委託研究「職業教育及び進路指導に関する基礎的研究」.

Super, D. E.（1980）A life-span, life-space approach to career development. Journal of Vocational Behavior, 13, 282-298.

高橋美保（2015）中高生を対象としたライフキャリア教育プログラムの開発と効果研究 - ライフキャリア・レジリエンスを高めるために . 東京大学教育学部カリキュラム・イノベーション研究会（編），カリキュラム・イノベーション―新しい学びの創造へ向けて，147-161，東京大学出版会.

高橋美保・石津和子・森田慎一郎（2015）成人版ライフキャリア・レジリエンス尺度の作成. 臨床心理学. 507-516.

Waterman　R. H., Waterman, J. A., & Collard B. A.（1994）Toward a career-resilient workforce. Harvard Business Review, 72(4), 87-95.

山崎保寿（2006）キャリア教育が高校を変える　その効果的な導入に向け
て，学事出版.

【付記】

　本研究は，平成24年度科学研究費補助金基盤A（課題番号：23243080）
の交付を受けて行われた。

第3章 社会構成主義キャリアカウンセリングを活用して
　　　　高校と大学をつなぐ，学校教育と職業生活をつなぐ
　　　　―社会化は「自分のこと化」から―

　　　　　　　　　　　　　　　　　　　　　　　　　　渡部　昌平

1. はじめに

　中央教育審議会はキャリア教育について「学校教育と職業生活の円滑
な接続を図るため，望ましい職業観・勤労観及び職業に関する知識や技
能を身につけさせるとともに，自己の個性を理解し，主体的に進路を選
択する能力・態度を育てる教育（キャリア教育）を発達段階に応じて実
施する必要がある」（中央教育審議会, 1999）としている。しかし高校
（多くは普通高校）を卒業して大学に入ってくる学生をみると，「自己の
個性を理解し，主体的に進路を選択する」についてはまがりなりにも大
学・学部・学科を選んだのであるから一定程度はできているとしたとし
ても，「望ましい職業観・勤労観」「職業に関する知識や技能」のほうは
少々心許ない気がする。そもそも「学校生活と職業生活を円滑に接続し
よう」「自分の未来の人生（職業生活）に向け，必要なことを大学のうち
に自ら構築しよう」と強い気持ちを持って大学に入り，行動する学生は
少ないのが現状である。文部科学省中央教育審議会大学分科会大学教育
部会（2012）は「生涯学び続け，どんな環境においても"答のない問題"
に最善解を導くことができる能力を育成することが人学教育の直面する
大きな目標となる」としているが，溝上（2009）らの調査によれば予習・
復習をしていない学生が多いという実態がある。また卒業要件ちょうど
の単位数で卒業する学生がほとんどであり，教養科目にせよ専門科目に
せよ単位を多めに取って（もしくは専攻を超えて自由に単位を取って）卒
業する学生は一部を除きほとんどいないのが現状である。これは「人生
における大学生活の意味・意義」を見いだせない学生が多いことを示し
ているのではないだろうか。実際，溝上（2010）は「日常生活と人生が接

続している学生はあまりに少ない」と指摘し，奥田・半澤（2003）も「未来の目標と現在との間がない」学生を指摘するなど，過去・現在と未来をつなげない学生は多いのである。渡部（2012）においても，目標は「ある程度」持っているものの，目標達成に向けて「あまり行動していない」学生が多いことが指摘されている。

　このように，そもそも「大学卒業後の目標を持つ（職業観・勤労観）」だけでなく「高校生活と大学生活をつなぐ」「大学生活自体に目標を持つ」こともできていない学生が多いのである。即ち就業観・職業観以前に「自分の人生をどうしたいのか」「人生における大学生活の意味や意義」を把握できていない学生も少なくないということである。「就職に有利だから大学に行く」「みんなが行くから行く」という学生も少なくない。大学進学希望者が高校までに「自分のこととしての，今後の人生」について考える機会は少ない現状にある。多くの学生は大学の早い段階では「自分の今後の人生をどうしていきたいか」「そのためにこれまで何をしてきたか，これから何をするか」を言うことができず，ようやく就職活動に入ってから（即ち大学3年次後半以降に）志望動機や自己PRを慌ててひねり出している状況である。これは4年間の大学生活を有意義に満喫する上でも，将来必要となる知識や経験（キャリア）を大学時代に蓄積する上でも，大きな問題ではないだろうか。学生が「これまでの人生の意義・意味」を振り返り，「これからの人生の意義・意味」を自ら構築していくのを支援していくことが求められている。その支援を効果的に実践できるようになるために，本章では後述する社会構成主義の理論について紹介する。

2. 大学生活から職業生活への移行

　理系学部，特に工学部系では就職後の退職率が低い代わりに在学中の中途退学率が高く，文系学部では一般に在学中の中途退学は少ない代わりに就職後の退職率が高いのではないかと感じている。本学（秋田県立大学）を含め理系大学では，何だかんだ言って半数以上の学生が専門かそれに関連する分野の業種・職種に就職しているのではないだろうか。

即ち，「専門の講義や実験・演習そのものが，キャリア教育となり得る」のである。このため，中途退学させないための数学や物理などの補習的講義(リメディアル教育)もキャリア形成の観点からは重要となっている。また逆に，学生の側も「講義や実験・演習そのものが，キャリア形成の蓄積となる」という意識を持って大学生活を送らないと，しっかりとした知識や経験を積めないことになる。

　一方で文系大学では，専門の学問を直接活かして就職できるケースは必ずしも多くはない。このため近年ではPBL型インターンシップ等と称して，企業内で商品やサービスの企画・マーケティング，人事施策の企画・立案など実際の業務と類似したことを行うことが流行しているように感じている。確かにこれら（PBL型を含めた）インターンシップは学生に「社会の刺激」を提供し，未来を考えるきっかけとなる。しかし一方で，参加学生・参加企業が増えれば増えるほど「みんながやっているから」「就職・採用に有利だから」というお客様的な学生・企業が増え，その効果は低減してしまうように感じている。労働政策研究・研修機構(2008)は，中学校の職場体験（インターンシップ）に関し，「明瞭化（職場体験に行って自分がやりたい仕事がはっきりした，自分の将来の目標がはっきりした等)」「情動(職場体験先で仕事をするのが面白かった，全体的に面白かった等)」「理解(職場体験に行って職場の重要さが分かった，働くことの大切さが分かった等)」の高い生徒ほど職場体験（インターンシップ）に効果があったことを示している。即ち，未来の仕事や人生への「明瞭化」「情動」「理解」を促進する事前事後の仕掛けが重要となってくるのである。「明瞭化」「情動」「理解」を通じた職場体験の自分にとっての意味づけ，職場体験から自分自身の未来に向けた意味づけが必要なのである。中学生と大学生では異なると言われそうであるが，企業や社会を知らないという意味では大きな差はないように感じている。

3. 社会構成主義キャリアカウンセリング

　近年欧米，特にアメリカにおいて社会構成主義キャリアカウンセリン

グが著しい進展を見せている。日本でも Savickas, M. L. のキャリア構築理論，Cochran, L. のナラティブ・アプローチ，Peavy, R. V. のソシオダイナミック・カウンセリングなどが紹介され始めている（例えば渡辺（2007），野淵（2008），楡野（2008），下村（2013）など）。

　宗方（2012）は社会構成主義ではなく「構成主義的」という単語を用いて，「構成主義的キャリアカウンセリングに関する主要な書籍は（中略）1990年代終盤から出版され始め，最近多くなっている。学術雑誌に関しては，職業心理学分野で定評のある Journal of Vocational Behavior が2004年に Constructivism, Social Constructionism and Career という特集号を組み，構成主義がキャリア領域の研究と実践に与える影響および研究動向を明らかにした。2011年までに Journal of Vocational Behavior に掲載された構成主義的キャリアカウンセリングに関する89本の論文のうち，78本が2000年以降に公刊されたことからも最近の関心の高さが分る。こうした実態から，1990年代から今日にかけてキャリア研究における構成主義の影響は，米国を中心に目覚しい進展があったといえよう」としている。そしてさらに「構成主義的なキャリアカウンセリングでは，クライエントが過去および現在のキャリアについて語り，そして将来のキャリアを構成することを援助する。キャリアカウンセラーの仕事は，クライエントのキャリアナラティブをより意味あるものへと導くことにあるとされる」と整理している（下線筆者）。社会構成主義キャリアカウンセリングでは，構造的な質問等（後述する質的キャリアアセスメント）を通じ，過去や現在に存在する「あって欲しい未来」の軸となるような興味や関心を見つけ，合わせて「あって欲しい未来」の構築に向けた資源を探していく。

　また社会構成主義キャリアカウンセリングのメリットとして，回数・時間がかからないことが挙げられる。実際，Savickas（2011）は「典型的には，キャリア構築の実践家は最初のセッションでクライエントのキャリア・ストーリー・インタビューからキャリア構築を引き出し，第2セッションでクライエントの再構築されたストーリーを語りクライエントと

の共同構築をはじめ，第3セッションもしくは最終セッションでカウンセリングを終結する」と3回程度での終結を想定している。

　最近のように「何が正解か分からない」「どうしていいか分からない」「大企業すらつぶれてしまう」変化の激しい時代，また学生の主体性のなさ・不安の強さが指摘される時代背景を踏まえ，今回はこの社会構成主義キャリアカウンセリングに準拠して，学生支援の具体的な方法について社会構成主義的に論を進めたい。

4. 質的キャリアアセスメント

　下村（2013）は「キャリアガイダンスツールの研究領域では，近年大きな変化が起こっている」とし，「量的アセスメントから質的アセスメントへの転換」を指摘している。「最近のキャリアガイダンス論の問題関心は，人と職業のマッチングをいかに支援するかというよりは，むしろ人がキャリアを作り上げることをいかに支援するかという方向に変わってきている」「質的アセスメントは，海外で爆発的に関心が寄せられている研究領域であり，その重要性・有効性は研究者の間ではほぼ共有されている」からである。即ち，「変化が激しいキャリア環境下においては，テストに回答させ，客観的な数量によって適職や適性を判定し，適切なマッチングに向けて診断を下すというアプローチに限界」があり，「むしろ，テストとは違った形で，本人の主観的なストーリーを引き出し，自分なりの方向性を表出させ，自分なりにキャリアをコンストラクトしていけるように協力するというアプローチが望ましい」と考えられているからである（下線筆者）。

　質的キャリアアセスメントとは，社会構成主義キャリアカウンセリングを行う実践家が用いる，クライエントの過去・現在の価値観やライフ・ストーリーを紡ぎ出すための手法であり，「質的」キャリアアセスメントの名のとおり，量的に標準化されたものではなく，個人の特徴や差異を重視したものである。

　例えばSavickas（2011）のキャリア構築理論ではクライエントに(1)ロー

第一編　高等学校の生徒指導・進路指導と大学のキャリア教育との「接続」

ルモデル(2)よく見た雑誌やテレビ番組(3)好きなストーリー(4)モットー(5)初期記憶を問う。これによりクライエントの職業観・人生観・生きがいなどを把握することを目指している。

　Cochran (1997) のナラティブ・アプローチでは，ナラティブを強化するものとして(1)ライフライン(これまでの人生を上下行する曲線で描く)(2)ライフチャプター (自叙伝をイメージし，各時期に章名をつける)(3)成功体験のリスト化(4)家族の布置 (家族の特徴を聞く，自分との違いを確認する等)(5)ロールモデル (尊敬する人，ロールモデルと自分の相同・相違を確認する等)(6)早期記憶を挙げ，また「未来の語り」を作り上げるためにこの他に(7)導かれたファンタジー (未来を見通す人，守護神からのアドバイス)(8)未来の自叙伝等のテクニックを用いている。

　また Peavy, R. V. (2010) のソシオダイナミック・カウンセリングでは，(1)複数のライフ・ストーリーを傾聴し(2)人生の多数の面 (例：ライター，講師，夫，田舎暮らし，農家) の声をマッピングし(3)人生の章の名付け(4)自己の特徴やキャパシティー，ポジティブな特性の明確化(5)ライフ・スペースの作成 (マッピング) へと進んでいく。

　Osborn & Zunker (2012) は「これらのツールはここ数十年 (decades)，キャリアカウンセラーの介入方法の一部となっている」とし，「標準化されたツールでは近づきがたい，キャリア決定に影響を与えるイシューについての会話を開くことができる」「クライエントの興味や関心を自分のこと (personalized) とすることができる」としている。また Gysbers (2006) は，質的キャリアアセスメントは「クライエントの積極的役割を促進」し，「自分自身について学ぶという概念を強調する」ため効果的であるとしている。

　これらを踏まえると質的キャリアアセスメントの活用は，標準化されたアセスメントのように「結果を与える」のではなく，学生自身がアセスメントや分析に主体的に参加せざるを得ないために，学生の参加感・納得感・積極性が増すのではないかと考えている。学生が自らの過去・現在から「未来 (に活かしたいもの)」を見つけることで，未来と過去・現

第3章　社会構成主義キャリアカウンセリングを活用して高校と大学をつなぐ，
学校教育と職業生活をつなぐ

在を容易に結びつけられるようになる，即ち未来に向けて今を生きるように
うになると感じている。

5．学生集団への実践例

　高校（以前）と大学の接続を考えた場合，特に大学初年次で質的キャ
リアアセスメントを実施する場合は，主として「高校時代（以前）の経
験・価値観」が出てくることになる。部活でも学園祭でももちろん授業で
も，感情や思考が動くようなインパクトのある経験をしていると，それ
が「どういう大学生活を送りたいか」「どういう人生を送りたいか」「ど
ういう未来を作りたいか」を明確化する手助けとなる。特に普通高校で
は，大学進学の指導はしていても「その先の就職」や「その先の人生」に
ついて考える機会は決して多くない。しかし高校（以前）で各種の感情や
思考が動かされるような体験をしていれば，大学に入ってから振り返る
ことで，学生たちの「未来の礎となるきっかけ」を発見することができる。
　筆者が講義やガイダンスで実際に集団実施しているワークシートの例
を章末に示す（図1：やりたいこと，図2：1日を振り返る，図3：5つの人
生，図4：職業カードソート，図5：方向確認シート，図6：ライフロール，
図7：頑張ったこと）。図1〜3はOsborn & Zunker（2012）で紹介されてい
る20Things, Ideal Day, Five Livesを筆者が意訳したものである。これらは
主として集団実施で利用しているが，個別相談にも活用可能である。実
施に当たっては，個々のクラスや学生の状態，時間に応じて，複数のア
セスメントを組み合わせて実施している。これらワークシートに学生が
記入するに当たっては，高校までの体験によって構成された価値観等を
踏まえて回答することとなる。
　「やりたいこと」「1日を振り返る」「職業カードソート」は多くの学生
に受け入れられやすいようだ（実施が容易な上に，「体を動かすのが好
き」「動物が好き」「人と一緒にいるのが好き」「旅行を計画するのが好
き」「実験が楽しい」「インドア派」等の個人の価値観や特徴が出やすい）
が，自分の枠を壊せない学生には「5つの人生」が効果的との印象を持っ

第一編　高等学校の生徒指導・進路指導と大学のキャリア教育との「接続」

ている。いずれにせよ高校までの生活を含めた過去・現在の体験や価値観（：自分のこと）を「未来につなぐ」方向での働きかけが重要だと感じている。

　こうした質的キャリアアセスメントを複数回実施した講義で，講義1回目と講義15回目における時間的展望体験尺度（白井，1994）の目標指向性下位尺度が有意に増加したことが報告されている（渡部，2013）。

　また実施の際にはグループ同士で「見せ合い」「感想の言い合い」をすることで，「人と自分は違う」「人の意見も参考になる」ことを意識させるようにしている。目標が明確でない学生が，目標を持つ学生に啓発されることも少なくない。謂わば，未来に向けた新たなロールモデルを持てるようになるのである。

6. 応用へのヒント

　A大学ではインターンシップ実施報告書について，「実習のまとめ」としてインターンシップで実施した作業，実習から得た知識や経験を記載させることに加えて，「実習を踏まえた今後の学生生活における目標」も記載するように様式を変更した。インターンシップ経験を未来につなげるような記載を学生にさせたことにより，インターンシップ事後報告会での学生の発表が活発になり，事後報告会の満足度が急上昇した（「とても満足」26.8%（前年度）→52.4%（当該年度））。またコメント（自由回答）欄でも「自分の不足する所がわかった」「今後の就活に向けて参考にすべきところがいろいろとあった」等，振り返りの効果が見られるような回答が多く見られるようになった。インターンシップ経験を踏まえて今後の目標を設定させることで，当該経験を踏まえた興味や価値観の明確化・能力不足の把握が行われ，当該経験を「自分のこと化」できたのだと分析している。

　またA大学では同様に，企業見学ツアーや企業講演会においても事後アンケートで「得たものは何か」「得たものを踏まえて今後どう行動するか」と自らの経験を未来につなぐような設問を設定している。

第3章　社会構成主義キャリアカウンセリングを活用して高校と大学をつなぐ，
学校教育と職業生活をつなぐ

このように課外イベントだけでなく講義や日常生活も含めて（もちろん高校までの経験も含めて），自分の興味や関心，価値観を明確化できれば，「今後どういう人生にしたいか・すべきか」「どうすればそういう人生を送ることができるか」を考えることができ，これからの行動についても「それは自分の人生にとってどういう意味があるのか」「そのために大学生活でもっと何をすべきなのか」と考えられるようになる。

7．課題

　質的キャリアアセスメントにより高校までの経験，そして大学での経験を振り返り・意味付け（再構築）することで，多くの学生の目標設定を支援することができる。しかし目標を立てたからと言って直ちに行動を起こすとは限らない（渡部，2012）。特に低学年の学生にとって「新しい行動」「他人と違う行動」はリスキーと受け取られがちである。新たに行動を起こしたりコミュニケーションを取ったりするためには，一定の練習や訓練が必要だと感じている。特に普通高校ではそうした練習・訓練が行われている例は少ないと感じており，A大学では席指定・席替えをしながらの1対1の挨拶や少人数グループワーク等を通じて，学生が行動・コミュニケーションに「慣れる」ことを試みている。

　またそもそも高校までに多くの経験を積んでいない学生も少なくない。その場合は大学生活においていろいろな経験をすることを推奨する必要がある。多くの大学では2，3年次の職場体験（インターンシップ）を推奨していると思うが，それだけでなく海外（短期）留学や企業見学・企業講演，もちろん授業や実験・演習，読書，部活・サークルなども啓発的体験となり得る。また職業観・勤労観が形成されていない中で，「頑張っている企業・社会人」（ロールモデルとなる企業・社会人）を知ることも効果的と考えている。A大学では坂本光司『日本でいちばん大切にしたい会社』（あさ出版），『小さくても大きな日本の会社力』（同友館）等の書籍を読ませ，感想を書かせることで直接経験の不足を補っている。

　第1次産業・第2次産業が衰退しサービス産業化が進む中で，「頑張る

第一編　高等学校の生徒指導・進路指導と大学のキャリア教育との「接続」

大人の後ろ姿」が見えなくなっている。また世帯が豊かになりサービス産業化・外注化が進む中で，子どもたち自身が「自ら作り出す側」から「モノやサービスを受け取る側」へと変化し，いろいろな経験をする機会が減ってきている。学生に対する経験の支援も視野に入れたキャリア教育が必要な時代となってきているのかもしれないと考えている。

8. まとめ

　全米キャリア発達指針（National Career Development Guidelines）では，個人的社会的発達領域の最初の目標として「ポジティブな自己概念を構築・維持するための自己理解の開発」を挙げ，具体的には「興味，好き，嫌いの明確化」「能力，強み，スキル，才能の明確化」「ポジティブな特徴（例：正直さ，信頼性，責任感，完全性，忠実さ）の明確化」「働くことの価値・必要性の明確化」等の項目を挙げている。即ち，社会化を目指すに当たっては，「自分のどういう興味・能力・特徴を活かして社会化していくのか，成長していくのか」ということを最初に考える必要がある，ということである。一部は高校までの教育で行われているものもあるが，必ずしも十分とは言えない。

　質的キャリアアセスメントは，高校までの経験にプラスして大学での経験を整理・意味付けすることで未来に向けた個人の興味・能力・特徴を明確化し，「未来のあるべき自分の姿」を想像しやすくする。即ち高校と大学をつなぐ，学校教育と職業生活をつなぐ役割を果たす。また1対1の相談場面だけでなく，集団実施も可能である。さらに応用として，インターンシップや企業見学などの前後の研修・ガイダンスにも応用可能である。一方で，質的キャリアアセスメントは欧米においても比較的新しい手法であり，その対象範囲・効果について実践・研究の蓄積，成果の共有が必要である。今後，本邦の多くの実践家が実践・研究・報告をすることで，集合知を形成していくことが必要だと考えている。

9. おわりに

　最近，臨床心理学の分野ではソリューションフォーカストアプローチ（解決志向アプローチ）という技法が注目を浴びている。症状や課題に関し，「もしその症状や課題がなくなったらどうなるか」と改善した後の未来を考えさせるものである。とらわれている症状や課題を「外在化」「限定化」して，一旦距離を取らせる。それだけで症状が消失・改善したり，症状へのこだわりが減って改善方法が見つかりやすくなったりすることが知られている。「できるできない」「0か1か」ではなく，例えば10段階のスケーリングを通じて「今は第何段階か」「1進めるにはどうしたらいいか」「卒業までにどのくらい成長したいか」というような手法も用いる。別名で短期療法（ブリーフセラピー）と名がつくように，社会構成主義キャリアカウンセリングと同様，早期の問題解決が期待される技法である。

　考えてみると，学生に「過去を改善せよ」と言ってもそれは物理的に無理で，「今を有意義に生きよ」といっても今だけを見るとついつい楽なほうに流されがちである。明確な目標・目的なしに「今すぐ何かをする」のは負担感があり，億劫にもなりがちである。しかし「あって欲しい未来を考えよう」であれば容易に考えられるし，「その未来のために，今何をすべきか」と言えば過去を責めることなくこれからの行動に弾みがつく。これが社会構成主義アプローチの利点であり，誰でも抵抗なく導入できる。

　「未来」や「夢」「希望」を強調するキャリア教育について，「学生を絵空事に放り込んでいる」「永遠の自分探し」と批判する人たちがいることは承知している。しかし「点としての未来」ではなく，そこから「未来を自分のこととして考える」「未来と現在をつなぐ」，学校生活と職業生活をつなぐことで具体的・積極的な行動が生まれてくるのではないだろうか。未来に向けた行動が生まれることで（実際に行動することで），現実や社会との擦り合わせも進むのではないだろうか。そのためにも社会構成主義キャリアカウンセリングのように，まず「人生（生活）の自分のこと化（personalized）」「自分の未来を漠然とでもいいのでイメージすること」が必要だと考えている。

第一編　高等学校の生徒指導・進路指導と大学のキャリア教育との「接続」

　一方「社会体験が先」「社会体験がない若者に仕事は選べない」と主張する人たちもいる。確かに体験が先でも構わないし，仕事の面白さはやってみないとわからない面がある。しかし教えられることに慣れた現代若者にとって，「いいから行動しなさい」「理由や理屈を考えずに，やってみろ」というのは受け入れられにくいという印象を持っている。だとすれば彼らの中にある興味や関心を，質的キャリアアセスメントなどの技法で紡ぎ出し，彼らが納得する方向性へ進むのを支援することが現実的ではないだろうか。学生たちは(仕事や社会体験とは言わないまでも)学園祭や体育祭，委員会，部活，サークル等で一定の役割分担・責任を果たしてきている。

　質的キャリアアセスメントを説明し理解してもらうに当たっては，理論的な理解と並行して，まず実際にやってもらうようにしている。言葉のみの説明では，なかなか伝わらないからである。ある先生は「ストレッチみたいだね」と言われ，また別の先生は「アタマを整理しているようだ」というような表現を使われていた。人により感じ方はそれぞれのようである。

　傾聴して「待つ」カウンセリングでは，経験の少ない若者から「やりたい仕事」「社会に適応的な働き方」はなかなか出てこない。しかし彼らも高校までに授業や実験，就学旅行や運動会，部活やクラブ，おけいことなどでいろいろな感情・思考経験をしているし，役割分担をしてきている。その中で「体を動かすのが好き」「物を作るのが好き」「人と一緒にいることが好き」「1人でコツコツやるほうが楽」などの価値観や方向性を持っている。ただそれがうまく自分の中で整理・優先化されていないだけだ，と言うこともできる。そうした言語化を助けるのが質的キャリアアセスメントであり，社会構成主義キャリアカウンセリングなのである。

　筆者が心理学，特にカウンセリングをバックグラウンドとしていることもあるが，学生一人ひとりの「これまでの経験から得た，大切にしたい感情」，そしてそれを未来につなぐこと，それを重視したキャリア教

育またはキャリア支援が重要なのではないかと考えている。筆者のキャリア教育の評価の前提は，学生の「経済的成功」でも「4領域8能力の達成」でもなく，学生の納得感・満足感である。カウンセリングを基礎とした，「学生本人の興味や価値観の掘り起こし」「学生本人の興味や価値観に基づいた，あって欲しい未来の構築に向けた行動の支援」である。

　異論や反論も多いかもしれないが，個人的には教育社会学・教育経済学は問題や課題を一般化するが解決のための実践を伴わず，キャリア教育や心理学（カウンセリング）はその性格上，解決のための実践を当然に伴うもののトートロジー（正しいことをしているから，正しいのだ）に陥りやすく，自らの評価を苦手としているように感じている。

　だからこそ本書のように，各分野の研究者が自説を開陳し，建設的に情報・意見交換できることが重要だと考えている。各学会で各種シンポジウムが開かれてはいるが，どうしても分野や意見が近いメンバーで構成されることが多くなる。本書はキャリア教育を切り口として，各研究者がそれぞれの分野から，その実践内容・技法，また課題や評価について立体的に検討したものとなっている。読者は自らの分野を踏まえつつ他分野の研究者の意見を参考にすることで，キャリア教育の理論と実践を立体的に捉えることができるようになるのではないだろうか。

【文献】

中央教育審議会（1999）初等中等教育と高等教育との接続の改善について（答申）

Cochran,L.（1997）Career Counseling – A Narrative Approach, SAGE Publications, California.

Gysbers,N.C.（2006）Using qualitative assessments in career counseling with adults, Int J Educ Vocat Guid, 6, 95-108.

榧野潤（2008）キャリア教育の実践とソシオダイナミック・カウンセリング　進路指導，81（6），76-79.

溝上慎一（2010）「大学生活の過ごし方」から見た学生の学びと成長の検討．電通育英会調査レポート．

文部科学省中央教育審議会大学分科会大学教育部会（2012）予測困難な時代において生涯学び続け，主体的に考える力を育成する大学へ（審議まとめ）

宗方比佐子（2012）構成主義的キャリアカウンセリングの現代的意義と課題．金城学院大学論集人文科学編，8(2)，125-134.

野淵龍雄（2008）スーパー，D. E. の後に来るもの－サヴィカス，M. L. とコフラン，L. に注目して－．キャリア教育研究，27，9-14.

奥田雄一郎・半澤礼之（2003）大学生の時間的展望の構造についての研究（I）－新入生は自らの過去・現在・未来をどのように構造化しているのか－．第 11 回日本青年心理学会大会発表論文集，42-43.

Osborn,D.S.& Zunker.V.G.，（2012）Using Assessment Results for Career Development（8th ed），BLOOKS/COLE, CA.

Peavy, R. V.（2010）"SocioDynamic Counselling – A practical Approach to Meaning Making" A Taos Institute Publication, Ohio.

労働政策研究・研修機構（2008）学校段階の若者のキャリア形成支援とキャリア発達－キャリア教育との連携に向けて．労働政策研究報告書，104

Saviskas, M. L.（2011）"Career Counseling" American Psychology Association, Washington, DC.

下村英雄（2013）成人キャリア発達とキャリアガイダンス－成人キャリア・コンサルティングの理論的・実践的・政策的基盤－．労働政策研究・研修機構．

白井利明（1994）時間的展望体験尺度の作成に関する研究．心理学研究, 65(1)，54-60.

渡辺三枝子編（2007）新版キャリアの心理学．ナカニシヤ出版，173-197.

渡部昌平（2013）キャリア教育による目標志向性の変容可能性について．日本リメディアル学会関西支部大会予稿集原稿．

渡部昌平・土屋梨恵（2012）本学におけるキャリア教育の方向性の検討(1)～学生の実態把握を中心に．秋田県立大学総合科学研究彙報, 13, 53-58.

第3章　社会構成主義キャリアカウンセリングを活用して高校と大学をつなぐ，
学校教育と職業生活をつなぐ

表1　今／これからやりたいこと（例：読書，映画，ドライブ…）

	やりたいこと	※マーク	最後にやった日

※練習したほうが上手になるものには「練習」，計画が必要なものには「計画」，1人で楽しむものには「1人」，みんなで楽しむものには「みんな」と記入。

表2　1日を振り返る（朝起きてから夜寝るまで）

時刻	できごと	起こった思考・感情
（例）	朝ご飯（ごはん・味噌汁・焼鮭） 1限の講義 休み時間	朝はご飯に限る 遺伝学に興味 1人で過ごすのが好き　等

表3　5つの人生（全く異なる5つの人生を歩めるとしたら？）

	どんな人生？	具体的には？
（例）	お医者さん（外科医）	病気の人を助ける ・人の命をできるだけ救う ・周りの人に尊敬される
第1		
第2		
第3		
第4		
第5		

第一編　高等学校の生徒指導・進路指導と大学のキャリア教育との「接続」

表4　職業カードソートの技法を用いた「仕事に対する価値観発掘シート」

できるできないでなく「面白そう」「やりたい」に○	大企業の社長，医師，ロボットの開発，カウンセラー，警察官，市役所職員，社長秘書，画家，大学教授，プロ・サッカーチームの監督，リニアモーターカーの開発，薬剤師，パイロット，花屋さん，ホテルのフロント，陶芸家，動物園の飼育係，弁護士，レスキュー隊員，魚屋さん，レストランのコック，コンビニの店長，料理研究家，俳優，自動車整備士，カーレーサー		
○をつけた職業について，自分なりにグループ分けをして，それぞれに「選んだ理由」を書く（※）		○をつけなかった職業について，自分なりにグループ分けをして，それぞれに「選ばなかった理由」を書く	
全体をみて自分の価値観は？優先順位は？			

※「好きだから」「かっこいいから」で済ませずに，なぜ好きなのか，どこがかっこいいのかも考えてみよう。

表5　私がこれまで選んできたこと～私の方向・傾向

好きだったテレビ・マンガ・本・雑誌・映画・ヒーロー（なぜそれを選んだ？）
選んだ部活・サークル・お稽古ごと（なぜそれを選んだ？）
尊敬する人・憧れた人・真似した人（なぜその人？）
好きな言葉・ことわざ・モットー

第3章　社会構成主義キャリアカウンセリングを活用して高校と大学をつなぐ，
学校教育と職業生活をつなぐ

表6　私のこれまでの「役割」「立場」〜ライフ・ロールを考える〜

役割経験（家のお手伝い，係・クラブ・部活動など）で面白かったことは？
（例：ベンチで応援した野球部，学園祭での裏方・・・）

教育・訓練の中で興味を持ったこと／持てなかったことは？
（例：数学は難しくても答えが1つなので好き，歴史は退屈なので嫌い）

好きな余暇活動（趣味・娯楽・レジャー），その理由
（例：家族旅行が楽しかった，普段と違う家族の笑顔が見られた）

大学（学部・学科）を選んだ理由は？
（例：理科が得意だった，その学科に興味，就職率が高いから）

表7　好きなこと（やりたい仕事）を見つけるための「キャリアシート」（簡易版）

1．これまでの経験・体験で「面白かったこと」「楽しかったこと」

（なぜ，どういうところが，面白かった・楽しかったですか？）

2．これまでの経験・体験で「頑張ったこと」

（なぜ，どういうところを，頑張りましたか？）

3．これまでの経験・体験で「感心・感動したこと」「心に残っていること」

（なぜ，どういうところが，心に残っていますか？）

※将来に向けて自分を成長させる上でも，「自分はどういう人間になりたいか，
　どういう職業に就きたいか」「それはなぜか」という観点で見てみましょう。

第4章　キャリア教育の視点から見た大学初年次教育授業実践

鈴木　浩子

1．はじめに

　「キャリア」や「キャリア教育」という言葉は，少なくとも教育の場においては，日常的な言葉になりつつある。しかし多くの場面で指摘されているように，その言葉が何を指しているのかという点については，様々な解釈が存在している。卒業後の進路選択や就職活動を支援するための「狭義のキャリア教育」「キャリア形成支援」と，自分自身で人生を選択していかに生きるか，卒業後の人生をどのように切り拓いていくかという準備のための「広義のキャリア教育」と二分されることも多いが，それぞれに含まれる内容は明確になってはいない。高等学校の生徒指導・進路指導と大学のキャリア教育との「接続」が何を指すのかも，一括りにして論じることは難しいといえる。

　2004年の『キャリア教育の推進に関する総合的調査研究協力者会議報告書～児童生徒一人一人の勤労観，職業観を育てるために～』では，「キャリア」を「個々人が生涯にわたって遂行する様々な立場や役割の連鎖及びその過程における自己と働くこととの関係付けや価値づけの累積」と定義した。ここからは，「人生における役割」「自己」「働くこと」「関係付けや価値づけ」「累積（積み重なるもの）」といったキーソードを拾うことができる。キャリア教育の中に，人生全体を見通した視点や，自分自身や社会に関する理解，自己肯定感育成等の要素が取り入れられていることにつながる考え方である。また社会で生きていくために必要なスキルとして，「問題解決能力」「コミュニケーション能力」などが想定されており，こういったスキル獲得もキャリア教育の範囲に入っている。当報告書にはタイトルに「勤労観・職業観を育てるために」という語句が入っているために，「職業に就いて働く」観点で書かれている印象がある

第一編　高等学校の生徒指導・進路指導と大学のキャリア教育との「接続」

が，実際のところキャリア教育は幅広く描かれている。

　スーパー(1980)によれば「人生における役割」には，子ども，学生，余暇人，市民，労働者，家庭人（配偶者，親など），その他（年金生活者など）がある。キャリア教育が，「こどもと若者の『将来への準備教育』」（児美川 2015）であるならば，大学に入学したばかりの1年生にとって，それは卒業後の様々な役割への準備であるだけでなく，これからの大学生活で「学生」という役割を果たす為の準備であるともいえるであろう。大学生にとってのキャリアの1つは「学生としてのキャリア」であり，その意味で，初年次教育は，高校までのキャリア教育と大学のキャリア教育との接続点であると捉えることもできる。本稿では，こういった観点から，初年次教育を高校と大学との接続を目指すキャリア教育の一形態と捉え，その学びを深めていくための方法論について，実践事例を紹介しながら論じていく。

　筆者が担当している初年次教育授業では，大学は自ら学ぼうとする意志を持った「学生」のための場であり，高校までの「生徒」とは異なると説明しているが，それでも多くの学生が自らを「生徒」と呼ぶ。これは一部の学生の特徴ではなく，大学と高校との境界が曖昧になっているからだといえるのではないか。大学1年生の「高校4年生化」（初年次教育学会 2013）が進んでいるともいわれ，初年次教育をはじめとする大学教育も転換が求められている。そういった学生にとって，大学の授業は不親切で学習についていくことが難しくなっている。教員が一方的に話す講義形式から，アクティブ・ラーニング型の授業への転換は最も顕著な，そして必要とされている転換であろう。アクティブ・ラーニング型の授業は，主体的学びを形作るためのものであるが，一方全く受動的な学生を相手に効果的にアクティブ・ラーニングを実践するには工夫が必要になる。学生が自ら学ぶ姿勢を獲得していてはじめて，効果的なアクティブ・ラーニングが成立する。本章はこのような学び方の転換をいかに起こしていくかという観点からも論じていく。

2. 初年次教育とキャリア教育

　文部科学省の定義によれば，初年次教育は「高等学校から大学への円滑な移行を図り，大学での学問的・社会的な諸条件を成功させるべく，主として大学新入生を対象に作られた総合的教育プログラム。高等学校までに習得しておくべき基礎学力の補完を目的とする補習教育とは異なり，新入生に最初に提供されることが強く意識されたもの」となる。

　川嶋（2006）は，「今日の大学には，高等学校教育から大学教育への移行」を「意図的・総合的に支援する取り組みが不可欠である」として，初年次教育を「高校（と他大学）からの円滑な移行を図り，学習および人格的な成長に向けて大学での学問的・社会的な諸経験を"成功"させるべく，主に大学新入生を対象に総合的につくられた教育プログラム」と定義している。さらに具体的な"成功"の中身として，(1)学問的・知的能力の発達，(2)人間関係の確立とその維持，(3)アイデンティティの発達，(4)キャリアと人生設計の決定，(5)肉体的・心理的健康の保持，(6)人生観の確立，を指すとした。大学におけるキャリア教育を「学生としてのキャリア」も含めて考えていくならば，この初年次教育の目指す姿（成功）の(1)から(6)まですべてをキャリア教育と捉えることができる。

　文部科学省の「大学における教育内容等の改革状況について（平成25年度）」によれば，初年次教育を実施する大学数は，平成23年度は651大学（88.3%），平成25年度690大学（93.5%）となっている。平成25年度の主な取り組み内容は，「レポート・論文の書き方等文章作法関連」84.1%，「プレゼンテーションやディスカッション等の口頭発表の技法関連」75.9%，「将来の職業生活や進路選択に対する動機・方向付け関連」72.6%，「学問や大学教育全般に対する動機・方向付け関連」72.4%である（いずれも初年次教育を実施している大学における%）。なお，この報告書では，キャリア教育の実施状況についても調査を行っており，平成25年度において学部段階でキャリア教育を実施している大学は731大学（99.1%）である。そのうち教育課程内で実施しているのが707大学（95.8%）で，「勤労観・職業観の育成を目的とした授業科目の開設」「コ

第一編　高等学校の生徒指導・進路指導と大学のキャリア教育との「接続」

ミュニケーション能力，課題発見・解決能力，論理的思考力等の能力の育成を目的とした授業科目の開設」に取り組む大学が多い傾向がある。また教育課程外で実施しているのは686大学（93.0%）であり，「企業関係者，OB，OG等の講演等の実施」「学生のキャリア形成を支援するための助言者の配置や相談体制の整備」「資格取得・就職対策等を目的とした特別講義等の開設」が多く取り組まれている。

　これらのデータから，ほぼ全ての大学で初年次教育，キャリア教育が実施されるようになっている現状が分かる。また川嶋が言うように，キャリア教育の中に「学問的・知的能力の発達の成功」が含まれるのであれば，いわゆるキャリア教育科目を取り上げただけでは不十分で，大学1年次の初年次教育を含めて，「大学におけるキャリア教育」を語る必要があることが分かる。

3. 初年次教育授業実践例

　ここからは，筆者が勤務する大学で実施されている初年次教育授業を例に挙げて，キャリア教育としての初年次教育の方法論について見ていく。「学生としてのキャリア」への準備教育，つまり高校のキャリア教育と大学のキャリア教育の接続の観点から，初年次教育を取り上げる。

3-1. 授業の概要

　明星大学の初年次教育授業「自立と体験1」は，1年前期必修科目として，2010年に開講した。教育目標は「明星大学に学ぶ学生としての自分を理解し，各自の理想や目的を明確にしていくこと」，到達目標は「他者との関わりを通して自己理解を深め，明星大学で学ぶ自分自身を理解すること」である。

　授業形態は，グループワーク，体験からの学びを主とするアクティブ・ラーニング型で，学部学科横断の少人数クラス（30人程度）で実施される。授業を実施するのは専任教員で，複数クラスの学習内容を揃えるために共通教案（学習指導案）を用いている。同時に各クラスの担当

教員の多様性，学部学科横断クラスの学生の多様性もこの授業の特徴であり，クラスの状況や担当教員の個性に合わせて，ある程度のバリエーションも認めている。また，学生向けテキストとしてポートフォリオを取り入れ，学生の主体的な学びをサポートしている。

　主な学習内容として，①自分を理解し目的を見つける，②人と関わる力をつける，③考える力をつける，の3点をあげ，授業内容に合わせて，毎回の授業のねらいを設定している。なおこのねらいは，ポートフォリオに記載してあり，学生自身もねらいを理解して授業に臨むことになっている。

　各回のねらいに加え，授業を通して身に付ける力として「学ぶ力」15項目を設定し，授業の1回目，5回目，13回目でセルフチェックを行うことにより学習成果を確認できる仕組みをつくっている。これは，経済産業省の「社会人基礎力」を大学生活場面に当てはめて表現したもので，大学生が取り組むべき仕事＝学業に必要な力を身に付けることが，やがて社会に出てから役立つ力につながっていくという考えで設定している。例えば，「前に踏み出す力（アクション）」の中の「主体性」は，「授業の中の演習などでは，教員から指示されたことだけでなく，自ら『これをやってみよう』と考え，積極的に取り組んでいる」と表現されている。この学ぶ力は各回の授業のねらいに関連する内容が含まれている場合もあるが，授業のプロセスの中で獲得すべき力として設定されているものも多くある。授業の途中でセルフチェックを行うことは，学生に対して「こういった力を授業内で獲得することが推奨される」という意識付けとなっている。また，何が身に付いていて何が不足しているのかを可視化する手段にもなっている。

　明星大学の1年生はこの授業を通して，高校までの受動的な学びから大学での主体的・能動的な学びへと転換していく。全学70弱のクラスの担当教員の殆どが，学生の変化を実感している。もちろん個々の学生により差はあるが，人と関わることに自信をつけ，人と関わる楽しさを実感し，自らの学びを振り返る習慣づけができる。また大学生活で何をし

第一編　高等学校の生徒指導・進路指導と大学のキャリア教育との「接続」

たいのか，卒業後にどんなことをしたいかを考えることができる。それにより主体的な学びの態度へと変化していく。

　それでは，こういった学生の変化を引き出す学びとはどのようなものなのか。具体例を挙げながら見ていくことにする。

3-2. 授業での学び
① 　主体的な学び（アクティブ・ラーニング）

　アクティブ・ラーニングは，教員がいかに教えるかではなく，学生がいかに学ぶかという学習形態のパラダイム転換から見ることができる。「何が学習されたかは，何が教えられたかということとは同じとはいえない」（レイヴ，ウェンガー 1993）のであり，学習と意図的教授とは根本的に区別される。

　溝上（2015）は，アクティブ・ラーニングを「一方向的な知識伝達型講義を聴くという（受動的）学習を乗り越える意味での，あらゆる能動的な学習のこと。能動的な学習には，書く・話す・発表するなどの活動への関与とそこで生じる認知プロセスの外化を伴う」と定義している。アクティブ・ラーニングは，行動を伴うものと捉えられがちだが，学生同士が話し合っていればアクティブなのではなく，思考がアクティブに学習内容に関与していることが必要である。その上で，溝上はさらに認知プロセスを外化することを加えている。

　学習は学生の関与から始まる。「授業の内容に関心を持ち，目の前の課題に没頭し，高次の思考スキルを使っている」（バークレー 2015）状態が作り出せれば，有効な学習が起こる。新しい情報を既知の事柄と結びつけて自分なりの意味と意義を構成することができる。アクティブ・ラーニング型授業は，学習者が一人ひとり異なる意味を自分の中に構成していくプロセスを作るための支援を，学習環境，学習メンバー，教員からの働きかけによって作り出す試みなのである。

　「自立と体験1」のポートフォリオには，授業ルールがいくつか記載されている。まず，表紙裏には次のような記述がある。

> 　明星大学に入学してきた学生の皆さんは，学部学科の垣根を越えて，全員が「自立と体験1」を受講します。
> 　授業の中で，さまざまな人と出会い，深く考え，新しい自分を発見し，大学生としての自分を確立することができるよう，主体的に取り組んでください。
> 　この冊子は「ポートフォリオ」と呼びます。
> 　「自立と体験1」のポートフォリオはあなたが授業の中でどのようなことを考え，感じ，学んだかを書き込んで，記録しておくものです。ポートフォリオを活用しながら，考え，感じ，学んでいきましょう。

　さらに，授業の行動目標や進め方を説明した前段部分の「授業に臨むにあたって」には，参加態度として次のように記されている。

・皆が安心して自分の考えを表すことができるよう，お互いに信頼し合い尊重し合うことを意識しましょう。
・学部学科を越えた多様なメンバーとの交流を通して，多角的なものの見方や考え方を身につけましょう。
・この授業は，グループメンバー同士で学び合うことが大切な要素です。クラスメンバーと協力しながら，有意義な学びの環境を作りましょう。

　つまり，この授業は，多様性，主体的取り組み，自分で考える，自分の考えを表現する，お互い同士信頼し合う，自分たちで授業をつくるという価値観を重視している授業であり，学生たちはそういう場に参加して授業を受けることで，おのずとその場に共有されている価値観や態度を身につけていく。

　この価値観や態度は，協同学習の基本要素と重なるものである。安永（2015）は，(1)肯定的相互依存，(2)積極的相互交流，(3)個人の2つの責任（自分の学び・仲間の学び）(4)社会的スキルの促進，(5)活動のふり返り，

第一編　高等学校の生徒指導・進路指導と大学のキャリア教育との「接続」

の5つの要素が満たされているグループ学習を，一方的なグループ学習と区別して協同学習と呼んでいる。または最初からすべてが満たされていなくても，意識しながら取り組んでいるグループ活動も協同学習であるとしている。

　さらに，協同学習では，授業内容の価値に加え，学生主体のグループ活動を中心とした授業形態を採用することの価値も，学生に理解させる必要がある。「学生が授業の価値を自分のこととして納得しない限り，学びに対する学生の動機づけは高まらない」（安永 2015）のである。

　「自立と体験1」は，学生主体のグループ活動が授業の特徴であり，協同学習理論によるグループ活動を行う基盤として，前述の「多様性，主体的取組，自分で考える，自分の考えを表現する，お互い同士信頼し合う，自分たちで授業をつくるという価値観を重視している」というメッセージを学生に伝え続けている。このように学生が学んでいることの中に価値を見出すよう援助していくことにより，学生の活動は主体的，自己目的的になり，関与を高めることが可能となる。

　第1回と第15回の授業では，同一の質問項目からなる無記名のアンケートを実施し，授業の学習効果を確認している。その中の「学生時代にするべきことを考えていますか?」という設問には，第15回で例年84〜90%の学生が肯定的に回答している。これは第1回での結果に比べて8〜10%高くなっており，さらに「とてもそう思う」という比率が上がっている。こういった態度やスキルが身についた実感を持っているということは，それを得ることができる授業の意義を感じていると考えることができる。

②　プロセスからの学び

　「自立と体験1」では，複数の専任教員により授業が実施されることから，事前に「授業手法に関する説明会」を行い，学生が授業内で何をどのように学ぶのか，そのためにどのような教授法を用いるのかについて教員間での共通理解を図っている。その中で，授業のテーマとして，自校

教育やキャリアデザイン，レポートの作成法・図書館の利用法などのスタディ・スキルを学ぶのに対して，学生としての態度や学習習慣などのスチューデント・スキルは授業のプロセスの中から学ぶと説明している。プロセスから学ぶとは，「教員が知識を伝達し，学生はそれを習得して転用する」という学び方ではなく，「学生が授業の中で何らかの経験をし，そこでの気付きを振り返り自分の言葉で概念化することにより次の行動につなげる」という学び方である。この「自立と体験1」での学習モデルは，「体験学習のプロセス」として，ポートフォリオに記述し，学生にも意識をさせている。

体験学習のプロセス

・授業の中で様々な体験やワークに取り組む
・授業以外の場でも，様々な体験に取り組む

・体験する ・ワーク

・振り返る ・観察する

・体験やワークの中で，どんなことが起こっているか観察する
・振り返って書き出す・話す

・行動する ・試行

・考える ・概念化

・体験から気づいたことを他の場面（次の授業）でも生かしてみる
・実際に行動してみて試してみる

・自分にとっての体験の意味を考える
・体験から学んだことを概念化する（他の場面にも当てはめて考える）

　体験学習のプロセスは，コルブの経験学習モデル（経験→省察→概念化→実践→）をもとにしたものである。「学び方を学ぶ」というコルブの経験学習は，1980年代後半にビジネス分野で注目を浴びた（中原2006）。実社会での学習に近い学び方であり，「自らの経験から独自の知見（マイセオリー）を紡ぎだすこと」ができれば，日々の出来事（経験）はすべて学びの場になる。

　「自立と体験1」では，演習ごとの小さな振り返りはもちろん，毎回の授業の最後10分程度を使い学習の振り返りを行う。ポートフォリオの振り返り欄に個人で記入し，その後グループ内やペアで共有する。振り返り欄の問いは，内省・概念化を助けるような内容となっており，また

第一編　高等学校の生徒指導・進路指導と大学のキャリア教育との「接続」

それをグループ内で共有することで，他者の学びから学ぶこともできる。このように振り返りのプロセスを繰り返すことで，「学び方を学ぶこと」も授業目的の1つだという点を学生に伝えている。それにより，学生自身が価値を感じて学ぶ習慣をつける，つまり主体的に学ぶことができるようになる。

　体験学習のプロセスを支援するためには，教員のファシリテーターとしての関わりが必要となる。津村（2012）はラボラトリー方式の体験学習を「ファシリテーターから提示される特別に設計されたグループ体験（実験）やコミュニケーション体験（実験）を通して学習者がプロセスに気づき，そのプロセスを素材にしながら，体験学習の循環過程を活用し，自分の対人関係のありようや他者，グループなどの理解を深め個人とグループがともに成長をすることを探究する活動である」とし，「教育者の役割は，学習者がプロセスに気づき，そのプロセス・データを分析することから学習者が取り組むべき課題を学習者が見出すことを支援すること」だと述べている。「自立と体験1」での教員は，学習者が主体的に学習できるようにする働きかけとともに，プロセスから学び，その学びを実践することができるようにする働きかけができるファシリテーターを目指している。具体的には，「体験ができる場づくり」「体験活動の促進」「振り返りの場づくり（時間・雰囲気）」「概念化のための教員のコメント」「試行への動機づけ」「学習の積み重ねを意識させる働きかけ」を，体験学習のプロセスに沿って行っていく。知識付与型の講義を実施することが多い教員にとっては，これらの行動はかなり意識して行うことが必要なものである。最も異なるのは，答えは学生それぞれが持っているもので，教員からは与えないという点である。授業内のワークにはそれぞれ実施の意図があり，ファシリテーターとしての教員はそれを意識して学生に問いを投げるなどの働きかけを行う。これはあくまで意図であり，「唯一の正解」ではない。教員の働きかけにより，学生がもともとの意図とは異なる気づきを得ることもあるので，教員はその学生それぞれの気付き（意味づけ）を大切にしていくことが必要である。教員はついつ

い自分の意図を前面に出してしまいがちだが，それはポケットに入れておくくらいがちょうどよい。そうでないと誘導的になってしまう恐れがある。

学生それぞれが自分なりの意味と意義を構成することによる学びは，構成主義的な学びと考えることもできる。ギャニオンとコレイ（2015）は，CLD（Constructivist Learning Design）の概念では，「学びとは個人と社会の双方で意味を構築する過程であるという信念に基づいている」と述べている。教師の役割は，「教える計画を立てることより，学びを体系化すること」であり，学習者が何を学ぶかに焦点を絞り，「教師はその学びを励まし，支援するために何ができるかということを考える」のである。これは「自立と体験1」で目指す教員のあり方である。

③　参加による学び

前述のとおり「自立と体験1」で学ぶ学生は，授業に参加することにより「自立と体験1」固有の考え方を身につけ，その後の大学生活や人生の中で活用することが期待されている。つまり，「多様性，主体的取り組み，自分で考える，自分の考えを表現する，お互い同士信頼し合う，自分たちで授業をつくるという価値観や態度」である。学生たちはそういう場に参加して授業を受けることで，おのずとその場に共有されている価値観や態度を身につけていく。授業に参加することによって学ぶということである。

状況に埋め込まれた学習「正統的周辺参加」は，知識獲得と知識の効果的な活用とを結びつけるものとして，周辺参加の新参者が共同体の社会文化的実践の十全的参加へと移行していくプロセスとして学習を捉える考え方である（レイヴ，ウェンガー1993）。架空の場面ではなく，正統的な「本当の仕事」の中での学びの重要性を説いている。学習はそれ自体で存在するのではなく，状況に埋め込まれ，その中で個人個人により意味づけられるのである。

「自立と体験1」の意義のひとつに，学科の授業で専門知識を活用する

第一編　高等学校の生徒指導・進路指導と大学のキャリア教育との「接続」

アクティブ・ラーニングを開始する前に，アクティブ・ラーニングに必要な基本スキルを身につけるということがある。この場合のアクティブ・ラーニングを協同的なグループワークを伴う学習とすると，自分の意見を持ち表現する，他者の意見を聴く，他者と話し合う，異なる価値観を理解するといった学習行動が取れてはじめて，他者と協同的に学習することが可能となる。もちろん授業を行いながら協同的な態度も学習していくのだが，学科の専門知識を必要とする授業では，専門知識の難しさと協同的な態度の難しさが相まって，授業がスムーズに進まず，アクティブ・ラーニングの効果が出ないという状況が起こってくる。そのため，初年次教育で基本スキルを身につけておく，つまり正統的周辺参加者，新参者として学び，やがて熟練者へと発展していくのである。

レイヴとウェンガーは「学校については実質的には論じない」としながらも，社会化という観点から見れば「子供たちは大人の現実社会におけるまがうことなき正統的周辺参加者である」とも述べている。協同的な学びは，社会における学びともつながる考え方である。この意味で「自立と体験1」は，学生にとってのキャリア（学習活動）のための授業であるとともに，卒業後のキャリア（社会での学習）のための授業だともいえるのではないだろうか。

協同的な態度の学習については，認知と態度の同時学習という点も挙げられる。協同に基づく活動性の高い授業を展開すると，1つの授業科目で認知的側面と態度的側面が同時に獲得できる（安永 2015）。ここでの認知は，授業内容の理解や知識・スキルなどを含む認知能力全般を指す。認知の一側面の成績とともに，学習スキル，読解スキル，コミュニケーション・スキル，対人関係スキルなどのスキルの向上も見込まれる。態度は，協同に対する認識，学びに対する動機づけ，学習や学習仲間や学校に対する見方である。

協同学習を繰り返し行うことで，協同の良さを実感し，学習に対する動機づけが高まり，学業や対人関係に対する認識が改善される。安永は，「協同学習で授業を仕組むことにより，認知と態度が同時に獲得される

ことは教師にとって福音となる」と述べている。初年次教育にスチューデント・スキルに関わる学習内容が必要だと考えると，学習指導と学生指導が1つの授業のなかで実現可能な協同学習は，非常に効果的な学習方法だといえる。

4. キャリア教育としての大学初年次教育

　ここまで「学生としてのキャリア」への準備教育として初年次教育を取り上げて論じてきた。最後に「キャリア教育」の別の側面，「勤労観・職業観の育成」という点についてもふれておこう。勤労観・職業観は「なぜ（どのような目的で）仕事をするのか」「自分の人生の中で仕事や職業をどのように位置づけるのか」といった価値観で構成される。

　「自立と体験1」の中でも，卒業後の職業について考える内容が取り入れられているが，「どんな仕事に興味があるか」「そのために大学時代に何をしておくか」というアプローチであり，「なぜ（どのような目的で）仕事をするのか」という観点は取り入れられていない。2年生以降のキャリア教育授業では「なぜ仕事をするのか」を具体的に考えるようになっており，初年次教育ではそこまでの取り組みは必要ないだろうと考えていたためである。

　一方，「勤労観・職業観」に関連して初年次で取り組んでいる内容としては，「自分にとっての意味づけを考える」という観点がある。体験を振り返り自分にとっての意味づけを考えるプロセスを積み重ねることで，高学年になって「自分の人生の中で仕事や職業をどのように位置づけるのか」を考える基礎力を身につけることができると考える。また協同の精神は，社会で多様な他者と関わりながら生きていくための基礎となる考え方である。授業に参加することで，協同の精神を理解することは，卒業後の人生につながっていくのである。

　大学初年次教育をキャリア教育という観点で見た場合，「学生としてのキャリアを考える力」と「卒業後のキャリアを考えるための基礎的スキルと考え方」を身につけるという意義を見出すことができる。初年次教

第一編　高等学校の生徒指導・進路指導と大学のキャリア教育との「接続」

育は，卒業後だけでなく，大学4年間の中でも非常に重要な意味を持つ「キャリア教育」なのである。

【文献】

初年次教育学会（2013）初年次教育の現状と未来，世界思想社．

明星大学明星教育センター編（2016）自立と体験1ポートフォリオ，明星大学出版部．

文部科学省（2004）キャリア教育の推進に関する総合的調査研究協力者会議報告書～児童生徒一人一人の勤労観，職業観を育てるために～．

文部科学省（2015.9.10）大学における教育内容等の改革状況について（平成25年度）．

www.mext.go.jp/a_menu/koutou/daigaku/04052801/1361916.htm，2016年2月29日

E. F. バークレー（著）・松下佳代（訳）（2015）関与の条件－大学授業への学生の関与を理解し促すということ－．ディープ・アクティブラーニング，勁草書房．

G. W. ギャニオン・M. コレイ（著）／菅原良（監訳）（2015）構成主義的な学びのデザイン，青山ライフ出版．

川嶋太津夫（2006）初年次教育の意味と意義．濱名篤・川島太津夫（編著）初年次教育　歴史・理論・実践と世界の動向，丸善．

児美川孝一郎（2015）まず教育論から変えよう，太郎次郎社エディタス．

ジーン・レイヴ，エティエンヌ・ウェンガー（著）佐伯胖（訳）（1993）状況に埋め込まれた学習　正統的周辺参加，産業図書．

溝上慎一（2015）アクティブラーニング論から見たディープ・アクティブラーニング．松下佳代（編著）ディープ・アクティブラーニング，勁草書房．

溝上慎一（2014）アクティブラーニングと教授学習パラダイムの転換，東信堂．

F. マルトン（著）松下佳代（訳）（2015）学習の教授学理論に向けて．ディープ・アクティブラーニング，勁草書房．

中原淳（編著）（2006）企業内人材育成入門，ダイヤモンド社．

D.E.Super (1980) A Life-Span, Life-Space Approach to Career Development.

Journal of Vocational Behavior 16, 282-289.

鈴木克明（2015）研修設計マニュアル　人材育成のためのインストラクショナルデザイン，北大路書房.

津村俊充（2012）プロセス・エデュケーション　学びを支援するファシリテーションの理論と実践，金子書房.

安永悟（2015）協同による活動性の高い授業づくり－深い変化成長を実感できる授業をめざして－．松下佳代（編著），ディープ・アクティブラーニング，勁草書房.

第一編

大学におけるキャリア教育と専門教育との「交流」

序論　大学におけるキャリア教育と専門教育との「交流」

松下　慶太

　他の編で取り扱う高校から大学，あるいは大学から社会への「移行」が縦の関係であるとするならば，本編で取り扱うキャリア教育と専門教育との「交流」は横の関係を見ていくものと位置づけることができる。

　21世紀以降，慢性的な不況，卒業後3年以内の離職率の高さ，フリーターやニートなど若年層の雇用問題への対策として，2003年に文部科学大臣，厚生労働大臣，経済産業大臣，経済財政政策担当大臣により「若者自立・挑戦プラン」が発表された。そこではジョブカフェ，若者自立塾などさまざまな政策が実施に移された。その中で教育政策としてはキャリア教育の強化が挙げられた。とりわけ高等教育においては2006年に「実践的総合キャリア教育」推進プログラムが現代GP（Good Practice）として競争的資金のひとつの項目として設定されたことにより各大学のキャリア教育への取り組みが進んでいくことになった。さらに文部科学省が大学設置基準を見直したことにより，2011年度より大学において就職対策講座にとどまらず，正規のカリキュラムでのキャリア教育が義務化された。これを皮切りに多くの大学でキャリア教育科目が広がっていくこととなった。

　こうした背景から設置されるようになったキャリア教育科目はキャリアガイダンス，就職対策講座など就職支援を目的としたものだけではなく，キャリアそのものを考えることによる学生の職業観・勤労観の育成が目指されている。そのため，それまで就職部，キャリアセンターが提供してきたような就職支援という意味合いが強いキャリア教育に加えてどのようなキャリア教育を展開していくか，また，専門科目においてどのようにキャリア教育的な要素を組み入れていくのかということが大学のキャリア教育における課題となった。大学におけるキャリア教育と専

第二編　大学におけるキャリア教育と専門教育との「交流」

門教育との「交流」を考えるためには以上のような前提を抑えておく必要があるだろう。

　それではキャリア教育と専門教育とはどのような関係として捉えることができるのだろうか。例えば，数学や文学のように専門教育が必ずしも就職活動やその後の職業に役立つという意味でキャリア教育と重ならない学問領域もあるだろう。こうした領域を学んでいる学生にとっては，就職活動や社会に出る前にどのように自分のキャリアをデザインするのかという科目は必要になってくる。一方で，医学，栄養，教育などの領域においては専門教育が職業に直結している科目であり，キャリア教育そのものに非常に近しい。確かに，学生はそれらの専門職になるためにその学部を選択しているために，彼ら彼女らにとってのキャリアは自明と言える。しかしながら，それぞれの専門職をどのように捉えるべきか，自分がどうあるべきかといった問いを考えるためのキャリア教育は重要であろう。このように，ひとくちに専門教育といってもキャリア教育との接合点，関係性は多様である。そのため大学，またそこで働く教職員は，こうした領域の特色を踏まえつつ，どのように全体的なカリキュラムの中にキャリア教育を位置づけるか，あるいはその中で専門教育あるいはキャリア教育の科目をどのようにデザインするのかが問われてくることになる。

　こうした試みのひとつにコーオプ教育（Cooperative Education）がある。コーオプ教育とは大学における専門教育と企業での職業体験を含む職業教育とを有機的に結びつける教育方略を指す。アメリカでは多くの大学が取り入れているものであったが，日本でも京都産業大学などをはじめ徐々に広まってきている。インターンシップは企業主導で行われるのに対し，コーオプ教育では大学もインターンシップを意識したような教育，あるいはインターンシップを踏まえた教育を展開することに重点が置かれている。また，地域の様々な活動に参加するサービス・ラーニングを取り入れる大学も増えている。サービス・ラーニングでは「現場で学ぶ，現場のために学ぶ，現場を通して学ぶ」ことを基本にし，ボランティア

94

序論　大学におけるキャリア教育と専門教育との「交流」

活動を学びと結びつけようとするものである。木村・河井（2012）はサービス・ラーニングの効用について，地域活性化ボランティアを事例に調査した結果，学生の経験と学習成果は有機的に結びついていること，そしてそこには教員やコーディネーターによる支援が重要であることを示した。そういった意味で，教員やコーディネーターは知識を伝達する，あるいは現場を紹介するだけではなく，振り返りなどを通して，学生の体験を学びと有機的に結びつけることが重要になっている。近年では以上で紹介したようなコーオプ教育，サービス・ラーニング，またPBL（Project Based Learning）などを包括し，「Work Integrated Learning（職業統合学習）」と呼ばれることもある。これらは経験から学ぶという意味で「経験学習」と言える。20世紀初期に「Learning by Doing（為すことで学ぶ）」と，経験学習の重要性を唱えたデューイ（1938）は経験学習の中で「経験の質」，すなわち，経験がその後の経験に影響を及ぼすという経験の連続性を重視した。また，コルブ（1984）は「経験（Concrete Experience）→省察（Reflective Observation）→概念化（Abstract Conceptualization）→実践（Active Experimentation）」といったサイクル，すなわち経験を振り返り，そこから学んだことを概念化し，それを活用し実践するというサイクルによって経験学習を理論化している。

　以上のような活動をキャリア教育科目として捉えた場合，他の科目との関連性はどのように捉えることができるのだろうか。大学における科目間のつながりと学びを考える際に足がかりとなる枠組みとして「Learning Bridge（学びの架け橋）」がある。河井（2012）はLearning Bridgeを「学生の学習にとって，越境や境界横断に内包される複数の文脈の統合＜複数の場面における学習を架橋すること＞」と定義している。教育・学習における境界の横断・越境として，(1)授業外での学習と授業での学習との架橋，(2)ある授業での学習と異なる授業での架橋，(3)時間的に異なる複数の学習の架橋（これまでの学習やこれからの学習と現在の学習との架橋），の3つに分類している。それではそれぞれでどのような効果がでるのだろうか。実際に大学生への調査から「Learning Bridge」がど

のような意義を持つかについて，(2)の異なる授業間での架橋は，学習の対象との関係において「深い学習」を可能にし，それが学習内容につながる一方で，(3)の異時点間の架橋，は活動の関係を調整し，接続意識・行動を通して，人生・生活の積極的調整につながっていることが示され，(1)の授業内外での架橋はこうした2つの学習のちょうど中間にあり，それらの学習の関係を調整・組織化していることが示されている（河井・溝上 2012）。

　キャリア教育と専門教育との「交流」に引き付ければ，(2)ある授業での学習と異なる授業での架橋，はとりわけ重要であろう。すなわちキャリア教育と専門教育との「交流」は「深い学習」を可能にするものであり，それぞれの授業内容に加えて，「交流」することによる「深い学び」をどのように引き起こすかを意識した授業，あるいはカリキュラムのデザインが求められるだろう。それと同時に，「深い学習」，あるいは経験そのものをどのように評価するのかという「評価」の問題についても今後取り組まれるべき課題である。

【文献】

　J. デューイ（著），市村尚久（訳）(2004) 経験と教育，講談社学術文庫（原典：1938）.

　河井亨・溝上慎一 (2012) 学生の学習と成長に対する授業外実践コミュニティへの参加とラーニング・ブリッジングの役割．日本教育工学会論文誌 35(4)，297-308.

　河井亨 (2012) 学生の学習と成長に対する授業外実践コミュニティへの参加とラーニング・ブリッジングの役割．日本教育工学会論文誌，35(4)，297-308.

　河井亨 (2014) 大学生の学習ダイナミクス，東信堂.

　Kolb, D. (1984) Experiential Learning as the Science of Learning and Development, Englewood Cliffs : Prentice Hall.

第5章　授業担当者の授業デザインを支える学習観

久川　伸子

1.　はじめに

　キャリア科目が大学の単位を伴う授業として積極的に設置されるように
なり，初年度教育や専門教育との連携をも視野にいれた内容へと変化
しつつある現在，様々な専門や経験をもつ担当者がキャリア科目の「授
業デザイン」を担当している[1]。授業担当者[2]は，その科目で何をどのよ
うに教えるかを考え，シラバスを作成し，授業を進めることになるわけ
であるが，その際，担当者は，その一連の行為をどの程度「授業デザイ
ン」として意識しているのだろうか。更に「授業デザイン」を支える学習
観となると，言語化できる程度までには意識されていないことも多いの
ではないだろうか。

　高等教育研究においては，「学びの転換」という大テーマの下，授業研
究の蓄積や様々な場での議論を通じて，学習観の意識化，共有化も徐々
に進んでいる。しかし，研究はそれぞれのテーマ別に発表されることが
多いため，一つのテーマだけを授業デザインに取り入れようとすると，
授業としてバランスを欠くものになる恐れがあり，研究を部分的に取り
入れた「工夫」で終わってしまうこともある。また，学習観を意識化，言
語化しないまま授業デザインを「模倣」すると，学習者に授業デザインの
意図が十分に伝わらず，納得のいく授業ができない，だが原因がわから
ない，といったことが起きてしまう。

　そこで本章では，授業担当者が，自らの学習観を複数の視点で重層的
に意識化，言語化することを通じて，担当する科目の授業デザインを振
り返り，授業改善をおこなうための手がかりを提示する。様々な背景を
もつキャリア科目担当者の授業改善に役立つよう，科目担当者の目線で
(1)授業を支える複数の学習観を概観し(2)自らの学習観を意識化・言語化
するための「問いのリスト」を示し(3)授業デザインに複数の学習観を反映

第二編　大学におけるキャリア教育と専門教育との「交流」

した事例を紹介する。

2.　学習パラダイムへの転換

　大学で授業を担当することになった授業担当者は，教える内容や順序を考えながらシラバスを作成する。けれども，大学ごとのカリキュラムにおける担当科目の位置付けや，他の科目との関係性等，担当科目の外の状況を考慮した上で授業をデザインするのでなければ，授業の意義も効果も十全であるとはいえないだろう。更に，大学間で共通に起きている「パラダイム転換」に目を向ければ，大学の教育についての捉え方が大きく変わってきており，授業担当者もこれを無視することはできない[3]。そこで，まずは「教育パラダイム」から「学習パラダイム」への転換を取り上げる。

　1990年代以降の大学教育において「教授（ティーチング）から学習（ラーニング）」への転換が言われてきたが，それは単に教員中心から学生中心の学習への転換にとどまるものではなく，知識と内容への焦点化から能力（コンピテンシー）への焦点化，伝統的キャリア（官吏，教師，聖職者など）の想定から学問的・職業的キャリアの明確化への転換などへの広がりを意味するものだった（松下・松田 2012）。

　伝統的パラダイムを「教育パラダイム」，新しいパラダイムを「学習パラダイム」と呼んで「学習パラダイム」への転換を主張するバー＆ダグ（2014）は，大学が教育を提供する機関から学習（ラーニング）を生み出すために存在する機関へと転換することが必要，かつ，求められていることであるといい，①使命と目的　②成果の基準　③教育/学習の機構　④学習理論　⑤生産性と資金配分　⑥役割の性質という6つの観点から2つのパラダイムの違いについて詳細に述べている。

　学習パラダイムへの転換というとき，授業担当者がまず着目するのは，「教育を提供/伝授する」ことから「学習を生み出す」ことへの転換であり，教師の役割が「講義者」から「学習方法や環境の設計者」へ転換するという点である。しかし，更に一歩すすんで，学習パラダイムへの転換

98

の広がりを知れば，その中に，授業担当者個人の授業をどう位置付けるかという問いが生まれるはずである。大学という機関自体が変化し，社会の大学に対する見方，学習に対する考え方が変化していることを無視して，自分の担当する授業の中にのみ集中したとしても，それが必ずしも最良の授業であるとは言えないであろう。自分の担当する授業の外への視野をもち，パラダイム転換の中で自分はどうあるべきか，何をすべきか，という問いに対する答えを持ち続けることが，授業担当者にとって必要とされているのである。

【学習観を意識化・言語化するための問い①】

学習パラダイムへの転換を意識しているか。
学習パラダイムへの転換の背景を認識しているか。
パラダイム転換の必要性を感じているか。それはなぜか。
パラダイムの差異をどのように認識しているか。
パラダイム転換を授業デザインに反映しているか。
パラダイム転換のために，更に必要なこと/できること　は何か。

3. 行動主義からの転換

「教育パラダイム」から「学習パラダイム」へ転換することを意識した授業担当者は，あらためて学習とは何かという問いに向かい合うことになる。

20世紀に主流であった行動主義の学習観は，外部から観察可能な行動上の変化を学習と定義する。行動の変化は古典的条件づけとオペラント条件づけによって主に説明されるが，この学習観の背後にあるのは報酬と罰である。

しかし，人間の学習は報酬によって成功するとは限らず，強い知的好奇心こそが学習を成功に導くという考え方のもと，人間の中で起きている情報処理プロセスや学習のメカニズムを科学的に明らかにしようという認知科学の立場からの学習観が20世紀後半に広まってきた。認知科学の学習観は，学びを「知識の変容」ととらえるが，この場合の知識[4]と

第二編　大学におけるキャリア教育と専門教育との「交流」

は，言語的，意識的に答えられる知識だけを指すのではなく，意識に上らず，言語化もできない，体が覚えている知識をも含み，後者の知識を重要視している（今井ほか2003）。

　行動主義や認知科学の情報処理アプローチをもとにした従来の教育理論（客観主義の理論）は，知識を客観的に把握できる実体と捉え，状況から知識を分離してこれを分析し，法則化することで効果的な学習ができると考える。教師の役割は，知識構造をわかりやすく細分化し，順序立てて提示すること（客観的知識の伝授）と，結果の測定（客観的なテスト）をすることにある。

　一方，「知識はその社会の構成している人々の相互作用によって構築される」という考えのもとに展開される構成主義的教育理論は，客観的な知識の構造よりも，学習者の理解の仕方に目を向けている。知識は状況から分離することはできず，学習者自身が共同体の相互作用の中で知識を構築していく過程を学習と捉える。教師の役割は，学習の援助者となることであり，学習者自身が知識を構築していくことのできるような環境をデザインする[5]ことにある（久保田2000）。学習環境のデザインはICTの導入，普及とともに語られることが多いのであるが，「学習者自身が知識を構築できる」環境作りを目指すならば，講義で配布するレジュメをワークシートに変えることや，課題の出し方を工夫することも学習環境のデザインに含まれる。専門教育においても，キャリア教育においても，教室のウチでの学びにとどまらず，教室のソト，大学のソトでのさまざまな学びが実施，報告されているが，学生が「どのように知識を再構築したか」に焦点を絞って振り返ることで，客観テストの結果とは異なる視点での授業の検討が可能となるであろう。

【学習観を意識化・言語化するための問い②】

行動主義の学習観に依る授業とは具体的にどのようなものか。
行動主義の学習観の何が問題なのか。それはなぜか。
認知科学の学習観に依る授業とは具体的にどのようなものか。

第5章　授業担当者の授業デザインを支える学習観

> 構成主義の学習観に依る授業とは具体的にどのようなものか。
> 自身の授業デザインは，どの学習観にどの程度依っているか。
> 今後の授業デザインは，どのような学習観に依るべきだろうか。

4.　授業の質と評価

　行動主義に依る学習観からの転換を意識した授業担当者は，「授業の質をどのように捉えるか」「他者と共有するために，それをどのように示すか」という問いに答えなければならない。

　行動主義に依る学習観では，観察可能な，言語化できる変化だけを学習と捉えるため，学習の前と後で客観テストをおこない，その差異を学習の成果として示すことで，授業の「正当性」を主張することができる。また，学習内容を目に見える形で取り出して細分化し，順序立てて，言語を用いて学習者に伝達するという授業形態は，外部からの確認も評価も比較的容易である。

　一方，認知科学に依る学習観では，言語化できる知識だけでなく，言語化されず意識にものぼらない知識も変容することが学習であると考えるため，従来の基準に当てはめた場合，学習の成果が見えにくいといえる。

　また，構成主義の立場では，知識は状況から切り離すことはできず，学びは共同体の相互作用の中で構築されるものと考えるが，相互作用の過程をどう評価し，それを「良い」授業とみなすかどうかは，行動主義に依る授業の場合ほど容易ではない。

　ここで，一旦，視点を授業中の学生に移し，「良い」授業をしたいと願う授業担当者がそうするように，授業に参加している学生のことを想像してみよう。「良い」授業では，「学生がいきいきと授業に参加しているようにみえる」「ずっと下を向いていたり，よそ見をしたりしている学生はいない」「異なる意見を言い合える」「すすんで質問をしにくる」等，「良い」と考える授業での学生の様子を思い浮かべることができることだろう。

　秋田（2012）は，教育の過程を具体的にどのように捉えるかは，「教師

第二編　大学におけるキャリア教育と専門教育との「交流」

たちが専門的に培ってきた，生徒の学習過程をとらえる見識としての感性とそのことばが重要」であり，「教室において生徒が，能動的に参加し深く学びこむ状況に入っている様子は，次の二つの姿から捉えられる」と述べている。

深い理解を得るためにメタ認知的方略を用いている様子
・自分の理解を見直し，対象化したり，振り返りをしたりしている
・その内容についてより精緻に，丁寧に考えている
・すでに持っている知識と新たな学習内容を結びつけて，お互いに語り合う
・モニタリングが相互に行われている
学級全体でさまざまな生徒が対話に参加している様子
・教室での発言がより精緻化され，長く複雑なものになっていく
・一つの内容について深く理解していることを示す談話構造になっている

秋田（2012：24-25）をもとに作表

　大学の授業担当者もまた，このような学生の様子を自身の授業で観察できた時，学生が能動的に学びに参加していることを実感するのではないだろうか。ゼミ等の少人数の授業だけでなく，大教室のいわゆる講義形式の授業においても，「対話」の方法は異なるかもしれないが，深い理解を得るための学生の様子は，このようなことばで表現することも，観察することもできるだろう。

　エントウィスル（2010）は，学生の学習に対するアプローチに関する先行研究を検討し，自らの研究における「学生の記述」を挙げている。その記述によると，一人の学生は，必死で書き写し，それが抜け落ちないように繰り返し見直して，試験では講義のどこで扱った問題かを思い出している（浅いアプローチ）。もう一人はノートを完璧にとり，明確でないところを見直し，試験を講義で学んだ理論が使えるかどうか試す良い機会と捉え，問題の背後にあるものを理解してそれに取り組んでいる（深いアプローチ）。深いアプローチをとる後者の学生は，意味的理解や，進むべき方向性にまで言及している。

第5章　授業担当者の授業デザインを支える学習観

　また，エントウィスル（同掲）は，学生の理解の差異が，異なる動機（課題に答えること⇔主体的に理解すること）から生まれ，学習についての対照的なプロセス（暗記—再生⇔関連付け，原理の探求，検証，等の複雑な過程）を引き起こすと述べ，さらに，一つのプロセスを比較的取りがちである学生でも，教師やコースによって異なる反応を示すとし，アプローチは基本的に変化するものと捉えている。また，評価が学生を強く「動機づけ」，学生の学習に対する姿勢を大きく左右する要因となる可能性についても指摘している。

　評価が学生の学びのプロセスを大きく変える可能性をもっていることに気づいた授業担当者は，評価を単なる結果の測定として実施するのではなく，学習を支援するためのものとして位置付けることで，学生を深い理解へと導くことができるだろう。例えば，近年，大学の授業にもルーブリック[6]が導入され始めているが，ルーブリックも成績をつけるための手段としてのみ扱われるのではなく，まず，学びの支援の方法として作成されることが望まれる。

　学生の学びを支援するための評価[7]が，それを積み重ねることにより（例えばポートフォリオのように），やがて，授業の質の評価へとつながる。授業担当者も，このような評価と能動的に向き合うことで，深い学びへのアプローチをとる学生と同様，授業から学び，次の授業へとつながるサイクルを生み出すことができるであろう。

【学習観を意識化・言語化するための問い③】

「良い」授業における学生はどのような様子として観察できるだろうか。
学生の様子を学びの成果として評価しているか/評価は可能か。
学びへの「浅い」/「深い」アプローチについての認識があるか。
「深い」アプローチへ導くための方策があるか。
評価の多様性，多義性に対する認識があるか。
評価が学生の学びに対する取り組み方を変えるという認識があるか。
評価によって学生を支援しているか/どのように支援しているか。
評価によってどのような学びを産出しているか。
評価によって授業の創造-改善につながるサイクルを産出しているか。

103

第二編　大学におけるキャリア教育と専門教育との「交流」

5. 「主体的」のもう一つの意味

　ここまで見てきた学習観は，学習者が「能動的な学びによって，主体的に深い学びを得る」ことに着目してきた。しかし，「主体的」という概念には，もう一つの意味がある[8]。それは，学習者自身が「学びという行為における主体」であるということだ。

　理想的な「学習者主体」の概念では，学習者が自らの学びを「主体として」選択できるべきなのだが，現実の授業は科目担当者がデザインし，学習者に提供されている。その科目は大学という機関の定める枠組みの中で提供され，大学という機関は，「更に外側のルール」によって規定されている。この現実をふまえて，しかも「学習者主体」をできる限り実現しようとする時，授業担当者は，自身の授業デザインを，「学習者が主体として参加可能か」という視点からふりかえることになるだろう。

　伝統的な知識伝達型の授業では，まず伝達すべき知識から授業を組み立てる。一方，「学習者主体」の学習観を持つ授業担当者は，授業デザインをするにあたり，まず「どのような学習者が授業に参加するのか」を想定する。

　大学の伝統的な授業が見直され，キャリア教育の重要性が強調されるようになった背景として，大学のユニバーサル化（トロウ 2000）が指摘されてきた。進学率の上昇，大学全入化の時代にあって，「これまでの大学が想定するのとは異なる学習行動を持つ学生が授業に加わる」という状況に対応する必要性が学習観の転換を後押ししており，新しい学生像を想定した授業デザインが求められている。

　新しい学生像を想定するにあたっては，留学生，複数言語背景の学生，障がいを持つ学生，飛び級による18歳以下の学生，社会人等の多様な背景をもつ学生も含まれるだろう。社会人といっても，企業人として働きながら学ぶ学生もいれば，いわゆるシルバー世代の学生もいる。大学に入学する理由も様々である。多様な背景をもつ学生が，個人として「少なくとも排除されない」という最低限の主体性について，授業担当者はどれだけ意識化し，それを授業デザインに反映できるだろうか。

秋田（前掲）が提示する5つの原理「参加の保障」「対話の保障」「共有の保障」「多様性の保障」「探求の保障」は，子どもたちの教室だけでなく，広く学びの場の原理として検討されるべきであろう。

「参加の保障」「多様性の保障」のある授業で，学生は居場所をみつけることができる。「対話の保障」「共有の保障」のある授業で，学生は対話によって深い学びを得，それを共有することができる。「探求の保障」のある授業で，学生はまさに「探究」し，深い学びを得ることができる。

多様な背景をもつ学生たちを想定した授業デザインにおいても，これらの原理が保障されることにより，学習者は主体性を認められていると実感するだろう。

「学習者主体」のもう一つの意味を意識する授業担当者は，授業がうまくいかないと感じる時，これらの原理に立ち返って授業を振り返ることで，進むべき方向性を見出すことができるかもしれない。

【学習観を意識化・言語化するための問い④】

「学習者主体」の2つの概念を区別して考えているか。
「学習者の主体性」を重視するとはどういうことか。
具体的な学習者像を想定して授業をデザインしているか。
どのような学習者を想定して授業をデザインしているか。
学習者の多様性を考慮して授業をデザインしているか。
学習者の多様性に十分対応できない時，どうするか。
「学習者の主体性」をどの程度保障できているか。

6. 学習観の変化を反映した授業デザインの変更事例

これまでみてきたような学習観の変化を意識した授業担当者は，自らの授業実践においても，授業デザインを工夫し，「改善」しようと試みるだろう。そこで，次に，具体的な授業デザインの変更を通じて，学習観がどのように反映されているかをみていくことにする。

＜授業デザインの概要＞

・「ビジネス日本語」の授業，履修者25名（留学生）

第二編　大学におけるキャリア教育と専門教育との「交流」

・それまでの「説明→課題」という授業デザインを見直す
・変更のきっかけは，受動的な学習態度の学生が多くなったと感じたため
・グループ学習は第1回から取り入れ，学生は経験済み
・第5回の授業デザインで，事後学習だった課題を事前学習の課題にした

A　学習を生み出す（変更後）	B　内容を伝達する（変更前）
①事前学習「業界研究，A4で1枚」 想定される質問「業界研究って何をすれ ばいいんですか」答え「何をすればいいか， から自分で考えましょう」	①事前学習「テキスト指定箇所を読む」 想定される質問　特になし
②授業の流れ 「グループにわかれて，それぞれが調べ てきたことを報告し合いましょう。」 グループ内で報告し合う グループごとに発表 授業のふりかえり	②授業の流れ 「今日は業界研究について説明します。 テキストを見てください。」 業界研究の説明，研究事例の紹介 授業のふりかえり
③事後学習 「業界研究，（事前課題をより深く）」	③（事後学習） 「業界研究，（A4で1枚）」

Aは2014年度実施，Bは2013年以前の授業を簡略化したもの

① 　事後学習の課題を事前学習にする

　伝統的な「教育パラダイム」の授業に慣れた授業担当者は，自分が教え
るつもりの内容を事前学習とし，しかも，何を調べて報告するかまで全
面的に学生に任せることに抵抗があるかもしれない。また，学生，とく
に評価基準に敏感な学生は，「どうすればいいか＝どうすればいい点がも
らえるか」という質問をしながら，高い評価を得るための答えを探るだ
ろう。このような状況では，「何を学ぶか＝何を教えるか」の主導権は依
然として授業担当者側が握っている。

　この課題の意図は，少し大げさに言えば「学習を学習者の手に取り戻
す」ことにある。この課題の重要な点は，「学習者の行為から学習を始め
る」ということである。「何を調べればよいか」についての判断を一旦学
生に委ねることで，学生自身が主体的に考えることから始めるという設

106

計になっている。
→「学習パラダイム」への転換，「参加の保障」「探究の保障」を反映

② グループ・ワーク中心の授業

　学生がグループ内で事前学習の報告をしている間に，授業担当者はグループを回り，学生の様子を観察しながら，各学生の知識，能力についての情報を得る。授業担当者は，この作業を通じて，専門家として何を補えばいいか，今後どう支援すればよいかを知ることができる。

　グループ及びフロアーでの共有プロセスにより，学生も授業担当者も，知識を増やすだけでなく，価値観の多様性を実感することができる。
→「認知科学の学習観」「構成主義の学習観」「多様性の保障」「共有の保障」「対話の保障」を反映

③ 事後学習

　AとBの授業デザインをみてみると，Bでは，事後学習までの間，学生が受動的な学びになりやすいことがわかるであろう。更に事後学習までも「良い成績」或いは「単位取得」を目的として行われた場合，そういう学生は「浅いアプローチ」の学びで終わってしまう恐れがある。

　これに対し，Aでは，事前学習，授業内発言，授業の参加者の相互作用を経た振り返りの記述，事後学習という一連のプロセスを通じて，学生が能動的に「深いアプローチ」で学ぶための環境が設計され，同時に，これらが学生の学びを支援するための評価の仕組みにもなっている。
→「学びへの深いアプローチ」，「学びの支援としての評価」を反映

④ フィードバック

　Aの授業デザインにもとづく実際の授業では，一連のプロセスの随所で，授業担当者の学習観を反映させたフィードバックを行う。

　例えば，事前課題は，内容の出来だけに言及するのではなく，「なぜ，その業界を選んだか」「どのように調べたか」「もし，A4で2枚だったら，

第二編　大学におけるキャリア教育と専門教育との「交流」

どんな内容を取り上げたか」などを問い，その答えによって「学びの深いアプローチ」を経験した学生を高く評価する。グループ活動では，秋田（前掲）の5つの原理が保障されているグループを高く評価する。また，学生相互のフィードバックは，深い学びを促すことができると同時に，授業担当者が学生の学習観を理解するのに有効な方法であるため，積極的に授業に取り入れる。こうして共有化された学習観は，次回以降の授業デザインの変更にも反映されていく。

　このように，学習観を反映させたフィードバックを細かくおこないながら，授業担当者は学生と学習観を共有し，学生の学びを支援していく。Aのような授業デザインの小さな変更であっても，重層的な学習観をそこに組み込むことで，学びの大きな変化への流れを生み出すことができるのである。

7. おわりに

　本章で概観した学習観の意識化，言語化は，これを学生と共有するためにも不可欠であるといえる。伝統的な授業，評価に価値をおく学生であれば，異なる価値観でデザインされた授業に戸惑い，反発し，期待するような学習が生成されないことは十分予想できるからである[9]。このような事態を防ぎ，学生が学びに積極的価値を見出せるよう，授業がどのような学習観，つまり価値観にもとづいているかを言語化し，学生に説明することが授業担当者には求められている。

　授業デザインを支える学習観は，一つの大きな視点というわけではなく，複数の視点が重なり合って構成されている。その重なり方や意識化の程度は，授業担当者ごとに異なっているであろう。しかし，今の授業を振り返り，将来の授業を創り上げていくためには，やはり，「何をどう教えるか」だけでなく，どのような学習観をもって，どのような方向を目指すのかということを，ことばで語り合うことが必要となる。

　始めに述べたように，キャリア教育の担当者も専門教育の担当者も，各々の立場や背景が様々であることから，暗黙知としての学習観は多様

第5章　授業担当者の授業デザインを支える学習観

であり，また，教育研究になじみのない担当者もみられる。つまり，授業担当者も支援を必要としているといえる。そこで「良い」授業を目指す担当者たちは集い，学び合うことになるのであるが，その際，「何をどう教えるか」だけでなく，授業デザインを支えている学習観についても意識化・言語化することで，授業に関わる課題をより深く共有し，話し合えることであろう。

「学習パラダイム」への変換を選択しようとする授業担当者は，自身の教室における教え方を工夫するだけでなく，教室のソト[10]へと働きかけていくことになる。

それは，例えば「教室の椅子と机をアクション・ラーニングがしやすいように変えてほしい」といった教育設備に関することから，「社会人学生も納得できるキャリア科目の設置をすべきだ」というカリキュラムへの言及まで多岐にわたる。これらの実現のためには，関係者と学習観の概念を共有することが不可欠であり，関係者との話し合いのためにも，これを言語化しなければならない。

最後に，授業担当者としてunlearnし続けることを，学習観の一つとして提示したい。

松下（2010）は，「学びの転換」について「アンラーン（unlearn）」という概念を用いて考察しているが，unlearnには「学びほぐし」や「学び捨てる」「learn-unlearn-learnを続ける」という概念のバリエーションがあることを紹介した上で，学生のそれまでの学習を，学ぶ内容や問題意識と関わらせながら「学びほぐし」たり，「学び捨て」たりすることが，人学においての「学びの転換」においては重要になってくると指摘している。

このunlearnすることが，学生だけでなく，授業担当者にとっても重要であるといえる。授業を実践する者にとって，さまざまな学習観は，ある日突然現れて従来の学習観とすっかり入れ替わるというものではない。日々の実践，試行錯誤の中で，他者との関わりを通じて，自ら「学びほぐし」「学び捨て」「編み直し」を繰り返すことにより，意識的に学習観を生成し続けていくことが，批判に耐え得る授業，積極的価値を生

第二編　大学におけるキャリア教育と専門教育との「交流」

み出す授業デザインにつながっていくであろう。

【注】

1) 以下の調査結果からも，キャリア科目担当者の多様性がうかがえる。
授業の担当者について（複数回答）私学①専任教員（キャリア教育の
専門家）44.4%②非常勤教員（キャリア教育の専門家）50.5%③外部へ
のアウトソーシング 31.3%④一般教員 56.2%⑤その他 15.7%(リクルー
ト/リアセック・キャリア総合研究所「就業力育成に関する学長調査」
2010.7)

2) キャリア教育では，様々な背景をもつ者が科目を担当していることから，
本稿では，授業を実際に担当する者を「授業担当者」と呼んでいる。

3) 例えば，中央教育審議会答申「新たな未来を築くための大学教育の質的
転換に向けて〜生涯学び続け，主体的に考える力を育成する大学へ〜」
（平成 24 年 8 月 28 日）等を参照のこと。

4) 認知心理学では，前者の知識を「宣言的知識」後者の知識を「手続き
的知識」と呼んでいる。

5) 久保田（2000）は，2 つのパラダイムの折衷について批判的に検討を加
えている。その指摘は，「教育から学習へ」のパラダイム転換を図ろう
とする授業担当者が陥りやすい問題点を明確化している。

6) ルーブリックについての詳細は，ダネル＆レビ（2014）を参照のこと。

7) 「支援のための評価」については，ギップス（2001）を参照のこと。

8) 森（2012）は，日本語教育における「学習者主体」という概念につい
て，概ね言語学習や言語行為における学習者の「主体的」行為，ある
いは学習者自身が学びという行為における主体であるという意味での
「主体性」の二つに大別することができると述べている。

9) ウッズ（2001）は PBL(問題基盤型学習/問題に基づく学習)に取り組
む学生向けに PBL を理解するためのテキストを出版し，その第 1 章を
「変化に対する準備ができているか」という問いから始めている。

10) 久川（2007）は，教室のウチソトをつなぐ「日本語観察」の授業デザ
イン・実施・検証・修正過程を「組織（大学）の責任者と話し合う」
ところから始めており，久川（2013）では，担当科目の枠を超えて教
育プログラムを評価することが改善につながること，そのためには，

第5章　授業担当者の授業デザインを支える学習観

様々な領域の関係者との協働が必要であることを主張している。

【文献】

秋田喜代美（2012）学びの心理学　授業をデザインする．放送大学叢書，
　　左右社．

今井むつみ・野島久雄・岡田浩之（2003）新　人が学ぶということ―認知学
　　習論からの視点，北樹出版．

ウッズ・D（著）新道幸恵（訳）（2001）PBL Problem-based Learning：判断
　　能力を高める主体的学習，医学書院．

エントウィスル・N（著），山口栄一（訳）（2010）学生の理解を重視する大
　　学授業，玉川大学出版部．

ギップス・C・V（著），鈴木秀幸（訳）（2001）新しい評価を求めて―テス
　　ト教育の終焉，論創社．

久保田賢一（2000）構成主義パラダイムと学習環境デザイン，関西大学出
　　版部．

スティーブンス・D，レビ・A（著），佐藤浩章（監訳）（2014）大学教員の
　　ためのルーブリック評価入門，玉川大学出版部．

トロウ・M（著），喜多村和之（編訳）（2000）高度情報社会の大学：マスか
　　らユニバーサルへ，玉川大学出版部．

バー・R・B,ダグ・J（著）土持ゲーリー法一（監訳），主体的学び研究所
　　（編）（2014）教育から学習への転換－学士教育課程教育の新しいパラ
　　ダイム－．主体的学び　創刊号，3-31，東信堂．

久川伸子（2007）「日本語観察レポート」という課題の分析及び授業改善の
　　過程を振り返る．WEB 版日本語教育実践研究フォーラム報告，日本語
　　教育学会．

久川伸子（2013）日本の大学における学部留学生向け日本語プログラムの
　　現状と課題：改善のための協働．東京経済大学人文自然科学論集，134,
　　41-50.

松ト佳代（2010）大学における『学びの転換』とは－ unlearn 概念による検
　　討－．東北大学高等教育開発推進センター（編），大学における「学び
　　の転換」と学士教育課程の将来，5-15，東北大学出版会．

松下佳代・田口真奈（2012）大学授業．京都大学高等教育研究開発促進セ

第二編　大学におけるキャリア教育と専門教育との「交流」

　　ンター（編），生成する大学教育学，77-107，ナカニシヤ出版.

　森良太（2012）日本語教育における「学習者主体」論の再考．北海学園大
　　学人文論集，53，249-269.

第6章 キャリア教育におけるコンピテンシーとルーブリック活用
　　　―効果的なアセスメントの方法を探る―

竹内　一真

1. 大学における新たなキャリア教育の流れ

　近年の文部科学省が主導してきたインターンシップ推進や大学における職業指導の義務化などは，大学生に対する学校から社会への移行をより円滑に促すための一連の流れとして考えることができる。文部科学省が2014年度に発表した「大学における教育内容等の改革状況について」によると，これらの一連の施策の結果，「勤労観・職業観の育成を目的とした授業科目の開設」は79.2%の大学において，「インターンシップを取り入れた授業科目の開設」は70.7%になるまでに至っている。また，株式会社マイナビが大学・短期大学の就職支援に携わる部署を対象とした「2014年度キャリア・就職支援への取り組み調査」によると，キャリア教育は初年次の終わりまでに80%以上の大学において実施されていることが示されている。このように入学後の比較的早い段階で自らのキャリアについて考え，インターンシップなどを経験したのちに，大学三年次より就職支援を受け就職をするという大学から社会へと結ぶひとつの線が用意されているといえる。

　しかし，このような流れの中で問題として残るのが，インターンシップやキャリアデザインなどのキャリア教育系の科目とほかの科目との相互関連性である。特に専門教育とキャリア系科目との関係は非常に重要なものとして議論に浮上してくるものと思われる。以下，特に専門教育の例として専門ゼミナールを取り上げてみていくことにする。

　これまで大学三年次のキャリア支援といえば主として就職支援であり，大学での専門教育，特に三，四年次に配当されている専門ゼミナールが就職に及ぼす効果に関しては限定的にしか論じられてこなかった。言う

までもなく，大学ではこれまでも卒業後を見据え，特定の技術や知識の習得を目指す授業をゼミナールとして学生に提供してきた。例えば，金子(2013)のようにマーケティングの実践的な知識や技術の習得を目指すゼミナール活動は，経済や経営，教育や法学などでこれまでも多数行われてきた。これらの活動が卒業後の仕事という意味で何らかの連続性があるということは疑い得ない。一方で，例えば彼らが専門領域に属する知識や技術を学ぶとして，卒業後にどの程度それらの知識や技術を生かした職業に就くことができるのか問われれば，答えに窮せざるを得ない。全ての学生がマーケティングを専門に扱う職種に就くことは難しいであろう。また，上記したような経営に関する学問ならまだしも，芸術や歴史，文学といった就職と直接的な関連を見出すことが難しいような領域であったり，あるいは新卒で職に就くことが非常に難しいような専門領域であったりしては，いかにして学生は自らの専門教育と就職を結びつければ良いのだろうか。

　上記のような点を考えるにあたり，ゼミナールの効果検証自体が十分に行われてこなかったという背景に関しては十分に配慮しておく必要がある。例えば，伏木田ほか (2011) はゼミナールに関する先行研究において報告や記録に偏っており，学習者からの視点でとらえた効果検証が十分に行われていないと指摘している。効果検証が十分に行われなかった原因として，毛利はゼミナールの多様性やほかの実践との比較困難さを挙げている(毛利2006・2007)。毛利の指摘にあるゼミナールの多様性やそれに付随する比較困難性は，どのような軸でゼミナールの実践に関する効果を検証し，評価すればよいのかという問題に帰結するといってよい。

　この問題は大学教育において初年次から積み上げてきた専門教育へと至る学びの道はどのように社会へと接続するのかという大きな問題へと行き着くことになる。一般教養や通常の専門の講義などであれば効果検証は可能なのに，なぜゼミナールになった途端に効果を測る物差しがなくなり，比較が難しくなるのだろうか。一般教養を学び，専門教育で自らの専門を見つけ，ゼミナールでその専門を深める。このようにして

大学の出口に近づいていくとすれば，ゼミナールは社会へと至る最後の
チェックポイントといえる。その最後のチェックポイントで十分な効果
検証が行われていないとするならば，初年次から卒業に至るまでの大き
なグランドデザインに何か問題があるのではないだろうか。そもそも，
大学は卒業に至るまでの道で学生の何を，どのように育てるべきなのだ
ろうか。

　文部科学省が進めてきた施策によって，キャリア教育やインターン
シップ，就職支援などを通じた一連の大学から社会への移行という一つ
の流れはできた。しかし，一方で未だに十分に検証が行われていない部
分があり，それが初年次教育からスタートし，専門教育へと至り，さら
にはその後の社会へと続く道をどのように整備するのかという非常に大
きなテーマなのである。これは言ってしまえば大学教育をより社会の実
情や社会が望む人材像に沿ったものにするための大きな変革なのであり，
これまでの大学での講義やその仕組みを大きく変えていかなくてはいけ
ない可能性があるものと言える。本章ではこれまでよく見られたキャリ
ア教育実践の事例を取り上げるのではなく，むしろキャリア教育で伸ば
すべき対象とその評価という点に焦点を絞り，理論的な側面から検討
していく。以下，コンピテンシーとルーブリック評価という言葉を軸に，
大学におけるキャリア教育の新たな動きを見ていくことにする。

2. 大学教育におけるコンピテンシー

　一般教養から専門教育まで大学の中で教えられるあらゆる授業をまと
めてキャリアという観点から捉え直すことを可能にするのがコンピテン
シーという概念である。先に確認したように，何らかの専門を学び，深
めた学生が，必ずしもその学んだ専門的知識を使える場所で働くわけで
はない。しかし，大学教育の中で得た論理的思考やプレゼンテーション
能力，問題解決能力などの各種能力は実際の仕事の現場でも生かすこと
ができるし，就職活動においても応用可能なものとして捉えることがで
きる。

第二編　大学におけるキャリア教育と専門教育との「交流」

　このような背景から，近年注目されているのがコンピテンシーと言える。コンピテンシーとは「ある職務または状況に対し，基準に照らして効果的，または卓越した業績を生む原因として関わっている個人の根源的特性（Spencer・Spencer 1993：日本語訳p.21）」を指す。Spencerらの定義からも理解されるようにコンピテンシーとは狭い範囲の「能力」を指し示す概念ではない。理論的な深淵を探るならば，White（1959）によって措定された「ある特定の環境に対して効果的に影響を与えることができるような能力」に遡ることができる。そのため，仮に人がある特定の環境に対して効果的ではないような技能や能力を有していたとしたら，それはコンピテンシーとは呼べないのである（Klemp 1980）。このように，コンピテンシーは環境依存的な側面を持つものであり，ある会社や職務において求められるコンピテンシーは，必ずしも別の会社・職務で求められるものと同じではないという点が前提にある。もちろん，ある環境におけるコンピテンシーは一つだけというよりも複数の行動のレパートリーから成り立っているのが一般的といえるであろう。

　では，コンピテンシーはどのようにして捉えることができるのだろうか。通常，コンピテンシーを構成する行動は，当該の環境に身を置きながら高いパフォーマンスを上げているハイパフォーマーの分析から導き出される（Woodruffe 1993）。その際に利用されるのが，行動結果面接（Behavioral Event Interview：以下BEI）である（Boyatzis 1982）。BEIはFlanagan（1954）が開発したクリティカルインシデント法というインタビュー法が基になっている。クリティカルインシデント法ではインタビューイーがぶつかった困難やうまくいったことなどの特定の出来事を思い出してもらいながら話を聞いていくという半構造化インタビュー法の一つである。BEIの手法としては，基本的には二つのインタビューイーのグループを作る。一つの層は傑出した成績を残しているグループであり，トップ10%に入る人たちを対象とする。そして，それ以外に平均的な成績を残している人にもインタビューを行う。インタビューの内容は基本的には同じ構造で，彼らの経験の中でポジティブな経験とネガ

ティブな経験を合わせて計6つ語ってもらっている。そして，それぞれのグループの経験を比較し，傑出したグループはどのような能力を持っているのかを特定するというものである（McClelland 1998）。

　次に，コンピテンシーが求められる社会的な背景を見ていくことにする。コンピテンシーが注目される背景には社会において求められるようになってきた能力が変化してきたということが挙げられる。本田は現代において求められる能力をポスト近代型能力と呼び，知識量などの基礎学力を中心として評価される近代型能力と区別している。本田によれば，ポスト近代型能力とは意欲をはじめとする情動的な面を含み，変化に対して変化を産みだすような創造的な能力を要求されるとする。さらに，対人的には柔軟にネットワークを形成し，その時々に応じて他者をリソースとして使うことができるような能力を指すとしているのである（本田 2005）。

　また，Boyatiz（2008）はこれまで分析されてきたコンピテンシーをまとめる中で，細かい個々のコンピテンシーには相違はあるものの，国や文化に関係なく大きく三つのカテゴリーに分類されると主張している。一つ目がシステム思考やパターン認知などの認知的コンピテンシー（cognitive competencies），二つ目が自己管理や感情コントロールなどの情動知能コンピテンシー（emotional intelligence competencies），三つ目がチームワークや共感を通じた社会的関係のマネジメントを含む社会的知性コンピテンシー（social intelligence competencies）である。そして，これらのコンピテンシーにおいて，近年の研究の力点は認知的コンピテンシーに加え，情動知能コンピテンシーや社会的知性コンピテンシーへと移って起きており，それらの研究がより社会から求められてきていると主張する（Boyatiz 2008・2009）。

　これらの主張を裏付けるかのように，採用の現場においても認知的なコンピテンシー以外に情動的・社会的なコンピテンシーを求める傾向が明らかになっている。例えば，岩脇（2004・2006a）は東洋経済新報社「会社四季報学生就職版」の1991年度版と2001年度版に掲載された企業

第二編　大学におけるキャリア教育と専門教育との「交流」

別データから抜き出した企業の人材像に関する言説を比較分析している。その結果，2001年度版の方がより個人が独立した企業体のように自らの労働生産性を高め，自律的に動く人材を求める傾向が強くなっていることを明らかにしている。さらに，岩脇（2006b・2007）においては面接を含めた採用の現場における採用基準をインタビュー調査によって明らかにしており，二つの重要な知見を提示している。一つが新卒採用の現場では，入社後の訓練期間が短くても済むような高度な基礎能力を求めているという点であり，もう一つが面接の現場に置いてはBEIに近い手法を使って，企業の求める要件に合致するコンピテンシーを有する人材を探っているという点である。この岩脇の調査からも理解されるように，多くの企業において重要度の違いはあれども，コンピテンシーを利用して採用を行っていることが明らかになっているのであり，さらに，そうしたコンピテンシーを基軸にした採用がより意識的に行われているということを示しているのである。

　出口である採用がコンピテンシーをベースにして行われるのであれば，学生を出口に向けて送り出す大学側も自ずと教育の在り方を変化させざるを得なくなる。このような背景から近年では大学の中で認知的側面を重視した目標に加え，その他の複数のコンピテンシーを統合したものを育てるよう意識するということが行われ始めた。1999年には日本経済団体連合会がエンプロイアビリティという概念を，そして，2004年には厚生労働省が就業基礎能力，2006年には経済産業省による社会人基礎力，さらには2008年には文部科学省の学士力という概念が定義されることになる。このように1990年代後半から2000年代にかけて大学に対して社会の求める人材を明確し，それに合致するような人材を育成するように社会の側から大学に対して要請がなされるようになってきた。さらに，その後の2010年を前後して様々な大学で独自にコンピテンシーを定義し，学生に提示することを通じて質の保証を図ろうとする動きが出てくる。このように社会からの要請に対して大学側もそれをただ単に受容するだけでなく，大学の各種ポリシーと合致する形で独自に策定させると

いう形で応じているというのが現状といえる。

　ここまで見てきたように，大学卒業時に求められる能力というものが社会の側から突き付けられている以上，大学側もその能力に目を向けざるを得ない。その意味において，現状，大学生が単に卒業後のキャリアに関して見通しを持ったり，就業に対してよりポジティブな姿勢を持ったりするという意識の面を整えるだけでは不十分といえるのである。自らの内的な意識や気持ちを高めると同時に，社会の要望に応じたコンピテンシーを育てることが大学生には求められるのであり，それが大学全体に課せられた課題と言ってもよいであろう。このように一般教養からゼミナールをはじめとする専門教育に至るまで，専門的な知識の深化と社会の求めるコンピテンシー育成との緊密な連携がより重要になってくるのである。

3.　コンピテンシー評価としてのルーブリック活用

　では，コンピテンシーをどのように評価すればよいのだろうか。この評価の問題はコンピテンシーを考える上では非常に重要で，かつ運用においては失敗すれば致命的ともいえる。本田（2005）の言う基礎学力を重視する近代型能力であれば，ペーパーテストで事足りるだろう。しかし，コンピテンシーのような特定の能力を測ろうとするときに，そのパフォーマンスを自由記述などで測ろうとすれば限界や制約がどうしても生まれてきてしまう（田中 2013）。仮に，評価が一定でなかったり，十分に行われなかったりするということになれば，そもそも育成すること自体が不可能という結果になる。このような流れから近年の高等教育においてはコンピテンシーに関して学生の学習を深めるために，いかに評価するかということが非常に重要な問題となってきているのである（Dochy et al. 2006）。

　三藤ほか（2010）はパフォーマンスの評価に関して重要なポイントとして三点を挙げている。一つ目が知識や技能を単純に再生するのではなく，文脈において活用させるということである。二つ目が実際にパフォーマ

第二編　大学におけるキャリア教育と専門教育との「交流」

ンスを発揮させたうえで，評価をさせる必要があるということである。
最後がルーブリックを使って評価するということである。この中でもパ
フォーマンス評価の観点から近年特に注目されているのがルーブリック
と呼ばれるものである。ルーブリックとは「ある課題についてできるよ
うになってもらいたい特定の事柄を配置するための道具（Stevens・Levi
2013：日本語訳p.2)」であり，評価基準表を指す。一般的には評価項目
と，各評価の尺度に対応した段階ごとの質的な定義を有している必要が
ある。評価項目とは端的に言えばルーブリックの縦軸のことであり，評
価者が何を評価するかという項目のことを指す。また，段階ごとの質的
な定義とはルーブリックの横軸（尺度）と縦軸が交錯する点を指し，各
評価項目に対する達成基準の詳細な説明を指す（Popham 1997：Andrade
1997・2000・2001)。

　ルーブリックがコンピテンシーのパフォーマンスを評価するという点
は第一義的に重要な機能であるが，同じくらい重要なものとして，教
師が考える良いパフォーマンスを伝えるための教育的なツールという機
能が挙げられる。伝統的なペーパーテストであれば，あくまで学生の手
に渡るのはどこが正解で，どこが間違っていたのかという点と正解を足
し合わせた点数のみであろう。点数は100点であれば100点，80点であ
れば80点とあくまで数字でしか自らの理解度を推し量ることができな
い。一方でルーブリックは評価項目とそれぞれの質的な定義が学ぶべき
項目となっており，学生はそれを見ながら自分は何が足りないのかをよ
り質的に理解することができる。このような意味において，ルーブリッ
クはコンピテンシーの評価であるとともに，教師と学生のコミュニケー
ションツールであるということになる。また，レポートの添削を考えて
みてもわかるが，教師が全てのレポートに対して何が良く，何が悪い
のかということをコメントし，評価するというのは多大なる労力がか
かる。ルーブリックはこのような労力を少しでも簡易化したり，より明
確にしたりすることで，学生の学びを効果的に促す機能があると言える
（Andrade 2000)。

120

一方でルーブリックを使ったコンピテンシー評価には難しさもある。大きく分けて使い方の問題と評価そのものの問題という二つの問題が存在する。一点目の使い方の問題としては、ルーブリックは評価して学生に渡したらそれで完結するかというとそういうわけではないということがある。ルーブリックを使う際には事前にしっかりと説明を行う必要があるし、事後にもルーブリックを渡す以外にフィードバックも行っておくことが要求される。ルーブリックはあくまでそれ自体で機能するものではなく、教師自らの教育の中で位置づけられて初めて学生に伝わっていくのである（Andrade 2005）。

次に二点目の評価そのものの問題であるが、ルーブリックがコンピテンシーの評価であるならば、当然その評価の妥当性と信頼性が求められる。ここでいう妥当性、信頼性とは、しっかりと教師自身が測定しようとしているコンピテンシーが測れているのかという意味での妥当性の問題であり、測定によって得たデータがどれだけの精度を持っているのかという意味での信頼性の問題である。

最初に妥当性に関してであるが、これはルーブリックがコンピテンシーの質的な評価を行うことからもわかるように、ルーブリック内で使われる言葉が何よりも重要になる。仮にルーブリック内の言葉が曖昧で、つかみどころのないような言葉で構成されていれば、学生も何を測られているのかわからなくなる。一方であまりにも細かいことが詳細に書かれていれば、学生は教員が何を結局言いたいのかわからないということになる。このような状態を避けるために質的な定義に対しては記述の詳細さに対してバランスを取りながら、具体的な例などを載せることなどがより妥当性を高めることが知られている（Lapsley・Moody 2007）。また、ルーブリックは各コンピテンシー項目に段階が付されている。この段階は学習者の発達プロセスに沿っていなければ、測定の妥当性にも疑義が付される。従って、ルーブリックの評価項目の各段階がコンピテンシーの発達プロセスに沿って作られることが求められるのである（Stefl-Mabry 2004）。

第二編　大学におけるキャリア教育と専門教育との「交流」

　次に信頼性に関して，ルーブリックで一般的に問題になるのは評価者間の信頼性の問題と，評価者内の信頼性の問題がある（Moskal・Leydens 2000）。前者は評価者同士の評価に対するコンセンサスの問題であり，異なる評価者が同じパフォーマンスに対して同じ評価を行うかどうかということに関する信頼性を問題とする。一方，後者は一人の評価者の時間を置いた際の評価の一貫性に関わる問題であり，主として評価者の得点間の相関に関する信頼性を問題にする（Fleenor et al. 1996）。どちらの問題にしても，信頼性の問題で問われているのは一貫性ということになるだろう。評価者間の評価の一貫性という観点からは，事前に評価者に対してトレーニングを行うことがより信頼性を高めるということが研究においても示されている（Boulet et al. 2004）。他にも評価の基準を明確にしたり，評価者に対してパフォーマンス評価を行った後の評価者に対するフィードバックを与えたりすることなども推奨されている。

　ここまで，パフォーマンス評価という観点から本章ではルーブリックを取り上げた。もちろん，コンピテンシーを評価する方法は必ずしもルーブリックだけではない（例えば，平山ら（2009）の研究を参照）。松下（2007・2012）はパフォーマンス評価に必要な要件として分析性と間主観性を挙げている。評価基準が正誤の二値で行われるようなテストの場合は誰が評価しても同じ得点になるが，パフォーマンス評価ではどのような厳密さをもってしても主観性が入らざるをえない。そのような主観性をできる限り排除するためにも，適切な評価のツールを使うことと，学生とのコミュニケーションを通じた評価法のブラッシュアップが求められるといえるのである。

4. 大学教育の質的転換：全ての授業がキャリア教育へ

　実際，ルーブリック評価に関する研究はかなり進んできており，そのための方法論も整備されてきている。欧米の高等教育機関では1990年代からこのようなルーブリックを使ったコンピテンシー評価が進められてきた。一方で日本の高等教育機関においてルーブリックが導入され始

めたのは2000年に入ってからである。特に中央教育審議会が2012年に出した「新たな未来を築くための大学教育の質的転換に向けて」という答申の「大学が速やかに取り組むことが求められる事項」において，コンピテンシーの育成とその測定方法としてルーブリックがポートフォリオなどと並列されて言及されたことで加速度的にルーブリックが大学に取り入れられつつあるのが現状である。

　この流れは入学から卒業に至るまでの大学生の成長にも大きな影響を与えることになるだろう。これまで通り，初年次から学問に馴染みはじめ，三年，四年と上がっていくにつれて自らの専門を深めるということは変わることはない。しかし，このような専門を深めるという流れと同時に自らのコンピテンシーを高め，社会に必要とされる人材により近づいていくということが大学生にとって意識的か，無意識的かに関わらず行われるようになっていくことだろう。この流れはいってみれば大学の授業がすべてキャリア教育になるということなのであり，大学に所属する教員も必然的に変化を迫られることになる。

　今後とも，コンピテンシーを高めるための教育方法やその評価方法は探究が続くことは疑い得ない。重要なポイントとしては，大学は全体的に社会との結びつきがより密になるということであり，コンピテンシーやルーブリックの導入はその一里塚に過ぎないという点なのだということにある。

【文献】

Andrade, HG. (1997) Understanding rubrics. *Educational Leadership*, 54 (4), 14–17.

Andrade, HG. (2000) Using rubrics to promote thinking and learning Educational Leadership, 57 (5), 13-18.

Andrade, HG. (2001) The effects of instructional rubrics on learning to write. Current Issues in Education, 4 (4), 1-24.

Andrade, HG. (2005) Teaching with rubrics: The good, the bad, and the ugly.

College Teaching, 53 (1), 27-31.

Boulet, JR., Rebbecchi, TA., Denton, EC., McKinley, DW., & Whelan, GP. (2004) Assessing the written communication skills of medical school graduates. Advances in Health Sciences Education, 9 (1), 47-60.

Boyatzis, RE. (1982) The competent manager : A model for effective performance, Willy, NJ.

Boyatzis, RE. (2008) Competencies in the 21st century, Journal of Management Development, 27 (1), 5-12.

Boyatzis, R.E. (2009) Competencies as a behavioral approach to emotional intelligence. Journal of Management Development, 28 (9), 749-770.

Dochy, F., Gijbels, D., & Segers. M, (2006) Learning and the emerging new assessment culture, In Verschaffel, L. et al (Eds.), Instructional psychology: Past, present and future trends. Emerald Group Publishing, Oxford, 191-206.

平山朋子・松下佳代 (2009) 理学療法教育における自生的 FD 実践の検討―OSCE リフレクション法を契機として―. 京都大学高等教育研究, 15, 15-26.

Flanagan, JC. (1954) The critical incident technique, Psychological Bulletin, 51 (4), 327-358.

Fleenor, JW., Julie BF, & William FG. (1996) Interrater reliability and agreement of performance ratings: A methodological comparison. Journal of Business and Psychology, 10 (3), 367-380.

伏木田稚子・北村智・山内祐平 (2011) 学部 3, 4 年生を対象としたゼミナールにおける学習者要因・学習環境・学習成果の関係. 日本教育工学会論文誌, 35 (3), 157-168.

本田由紀 (2005) 多元化する「能力」と日本社会―ハイパー・メリトクラシー化のなかで―. NTT 出版.

岩脇千裕 (2004) 大学新卒者採用における「望ましい人材」像の研究―著名企業による言説の 2 時点比較をとおして. 教育社会学研究, 74, 309-327.

岩脇千裕 (2006a) 高度成長期以後の大学新卒者採用における望ましい人材像の変容. 京都大学大学院教育学研究科紀要, 52, 79-92.

岩脇千裕 (2006b) 大学新卒者に求める「能力」の構造と変容―企業は「即戦力」を求めているのか. Works Review, 1, 36-49.

岩脇千裕（2007）大学新卒者採用における面接評価の構造．日本労働研究
　　雑誌，567, 49-59.

金子能呼（2013）ゼミナールにおける実践的マーケティングによる教育効
　　果．経済教育，32, 84-89.

Klemp, GO., (1980) The Assessment of Occupational Competence, Report to
　　the National Institute of Education, Washington DC.

Lapsley, R., & Moody, R (2007) Teaching tip: structuring a rubric for online
　　course discussions to assess both traditional and non-traditional students.
　　Journal of American Academy of Business, 12(1), 167-172.

松下佳代（2007）パフォーマンス評価：子どもの思考と表現を評価する．日
　　本標準．

松下佳代（2012）パフォーマンス評価による学習の質の評価：学習評価の構
　　図の分析にもとづいて．京都大学高等教育研究，18, 75-114.

McClelland, DC. (1973) Testing for competence rather than for "intelligence."
　　American Psychologist, 28, 1-14.

McClelland, DC. (1998) Identifying competencies with behavioral-event
　　interviews. Psychological Science, 9(5), 331-339.

三藤あさみ・西岡加名恵（2010）パフォーマンス評価にどう取り組むか：
　　中学校社会科のカリキュラムと授業づくり，日本標準．

毛利猛（2006）ゼミナールの臨床教育学のために．香川大学教育実践総合
　　研究，12, 29-34.

毛利猛（2007）ゼミ形式の授業に関するFDの可能性と必要性．香川大学
　　教育実践総合研究，15, 1-6.

Moskal, B., & Leydens, L (2000) Scoring rubric development: Validity and
　　reliability. Practical Assessment, Research and Evaluation, 7(10), 71-81.

Popham, JW. (1997) What's wrong—and what's right—with rubrics.
　　Educational Leadership, 55(2), 72-75.

Spencer, LM., & Spencer, SM., (1993) Competence at Work, NJ : Willy. （梅津
　　祐良・成田攻・横山哲夫訳（2001）コンピテンシー・マネジメントの展
　　開，生産性出版）.

Stefl-Mabry, J. (2004) Building rubrics into powerful learning assessment tools.
　　Knowledge Quest, 32(5), 21-25.

Stevens,DD.,& Levi,AJ. （2011）Introduction to rubrics: An assessment tool

第二編　大学におけるキャリア教育と専門教育との「交流」

to save grading time, convey effective feedback, and promote student learning, VA: Stylus Publishing.（佐藤浩章・井上敏憲・俣野秀典（訳）（2014）大学教員のためのルーブリック評価入門，玉川大学出版）．

White, RW., (1959) Motivation reconsidered: the concept of competence. Psychological review, 66 (5) , 297-333.

Woodruffe, C. (1993) What is meant by a competency? Leadership &. Organization Development Journal, 14 (1) , 29-36.

第7章　経営学教育とキャリア形成

森　樹男

1．はじめに

　経営学とは何かと，毎年，大学に入学したばかりの学生に尋ねると，お金儲けの学問，社長になる人の学問，という答えが少なからず返ってくる。しかし，これは大きな誤解だといえる。このようなイメージで経営学教育を捉えると，まさに社長になるためのキャリア教育であり，いわゆる帝王学のようなものがイメージされるだろう。しかし，経営学はそのようなものではない。経営学とは企業を研究対象とし，企業が「良いことを上手に実現するための方法を学ぶ学問」（加護野・吉村 2012, p.2）なのである。こうしたことから，経営学教育は企業がどのようにしてよいことを上手に実現しているか（あるいは実現していないか）を教え，そこから企業経営のあり方について理論的，実証的に学生に考えさせるものということができるだろう。

　ところで，第二編序論において，大学の専門教育には，キャリア形成と直結するものとしないものがあると述べられている。経営学はどうだろうか。上述したとおり，経営学は企業経営のことを学ぶのだから，狭義の意味でキャリア教育に直結しているとみられる傾向がある。しかし，実際には直結するともしないともいえない微妙な立場にあるということができる。すなわち，経営学のなかには，組織と個人の関係，リーダーシップ論，働いている人の動機付け，人的資源管埋など個人のキャリアに関するテーマがある。そうしたなかで，個人のキャリア形成について考えることもある。だから，経営学教育はキャリア教育に直結しているということができる。

　しかしながら，筆者のこれまでの教育歴を振り返ってみると，キャリア教育を意識した経営学教育をおこなってきたとはいいがたい。なぜな

127

第二編　大学におけるキャリア教育と専門教育との「交流」

ら，学びの視点が異なっているからである。上述したように経営学では，企業経営のあり方について学習するものであり，自ずと企業の視点や経営者や管理者の視点から考えることになるからである。一方のキャリア教育は，個人の視点である。自分がどのように生きていくのか，その生き方を考えるという視点となるので，個人となる。すなわち，経営学は組織と個人の関係や，働くこととはどういうことかということを取り上げるものの，それは組織の問題として取り上げているのであり，個人のキャリア形成の問題と関連づけて取り上げているとはいいがたいということなのである。こうしたことから，経営学教育はキャリア教育と直結していない，ということもできるのである。

　しかしながら，近年，大学の授業では，キャリア形成を意識した取り組みが求められるようになってきている。経営学教育においても例外ではなく，学生たちのキャリア形成を意識した授業をおこなう必要が出てきている。

　そこで本章は，自律的なキャリア形成が求められる時代において経営学教育はどのようにあるべきか，ということを目的に論じていくこととする。そのため，経営学教育においてなぜキャリア教育が意識されてこなかったのか，日本企業における個人のキャリアに関する考え方を経営学的に考察するとともに，なぜ近年，経営学教育の中でもキャリア形成が意識されるようになったのか，そして，どのように経営学教育にキャリア教育を取り入れていくのか，課題解決型学習を実施している授業の実践事例について論じていくこととする。そして最後に，自律的なキャリア形成が求められる時代における経営学教育のあり方についてまとめていく。

2．個人の目標と組織の目標

　経営学には，経営管理論，経営戦略論，経営組織論，組織行動論，経営史，マーケティング論，国際経営論，人的資源管理論，などさまざまな専門分野がある。このうち，本書に関わる分野としては組織行動論

（ミクロ組織論）があげられる。この組織行動論は「組織を構成するメンバーの行動に直接的に焦点を当て，個人行動と小集団に固有の現象に関心を寄せる研究」（榊原2002，p.51）である。このうち組織における個人行動に着目した研究の代表的なものがモチベーション理論で，小集団に固有の現象に着目した研究がリーダーシップ論である。個人のキャリア形成について考えるということは，組織における個人行動であるので，以下ではモチベーション論を中心に論じていくこととする。

　モチベーションとは動機づけを意味していて，「目標達成のために高レベルの努力をおこなおうとする個人の意思」（同上書，p.51）と定義される。また，ここでいう目標には，「個人の目標」と「組織の目標」が含まれるとされ，その両者が一致していることが高い個人成果や高い組織成果をもたらすとされている（同上書）。そのため，組織は「組織の目標」を達成するために，個人に対しインセンティブ（誘因）を提示して，個人の貢献を引き出すこととなり，個人は組織に参加することが自らの目標の達成に繋がると信じる場合，高いモチベーションを持ち組織に参加するのである。

　ところで，組織に参加する個人は，さまざまな「個人の目標」をもっている。これについて，モチベーションの古典理論の代表である欲求階層理論は次のように論じている。すなわち，人間行動の欲求を満足化行動と仮定し，①生理学的欲求（生きたい，食べたいという欲求），②安全欲求（安全を確保したいという欲求），③所属欲求（集団に所属したいという欲求），④尊厳欲求（仲間に認められたいという欲求），⑤自己実現欲求という5つの欲求次元があり，低次の欲求が満たされると高次の欲求に移行するとされているのである。このように個人はさまざまな欲求をもっていて，それぞれの次元で求めるものが異なっているのである。本書の中心テーマとなる個人のキャリア形成は，自分がどのように生きていくのかを追求する「個人の目標」であり，それはまさに自己実現欲求の次元にある欲求だということができる。

　では，このような個人の目標（個人のキャリア形成）に応えるには，組

第二編　大学におけるキャリア教育と専門教育との「交流」

織はどのようなインセンティブを提示する必要があるのだろうか。伊丹・加護野（2003）によれば、インセンティブとは達成意欲を引き起こす源泉となるものであり、「個人が持っている欲求を刺激して個人のモチベーション（動機付け）を高め、モチベーションゆえに人々が組織の協働へと努力を注ぎ込むようにするために、組織が働く人々に与えるもののこと」（伊丹・加護野 2003, p.298）である。そして、組織が与えるインセンティブを次の5つに大別している。すなわち、①物質的インセンティブ（金銭的報酬）、②評価的インセンティブ（人々の、企業の中での行動を組織が何らかの形で評価すること自体が持つインセンティブ）、③人的インセンティブ（リーダーの魅力や仲間の居心地の良さなど）、④理念的インセンティブ（思想や価値観を達成意欲の源泉とするようなインセンティブ）、⑤自己実現的インセンティブ（仕事の達成やそれ以外の組織への貢献に対して自分自身での満足感を得られるような状況づくりを組織がする、という意味で組織が与えるインセンティブ）である。キャリア形成を考える個人は、自らのキャリアを伸ばすことができるかどうかに関心があるので、組織が与えるインセンティブの中では、自己実現的インセンティブに高い関心をもつものと考えられる。

　以上のことを踏まえると、現代は自己実現欲求を持つ個人が、「個人の目標」を達成するためのキャリア形成を考えるようになり、組織はそのような個人を取り込み「組織の目標」を達成するため、自己実現インセンティブを提示することが求められるようになってきたということであろう。

3.　日本的経営とキャリア形成

　ところが、これまで日本企業、すなわち20世紀型日本企業は、企業の中で個人がいかにキャリアを形成していくか、ということに関心を払ってきたが、個人の観点からのキャリア形成にはあまり関心を払ってこなかった。むしろ組織の発展が個人の幸せにつながると考えられ、組織の目標が優先されてきたといえる。なぜそのように組織の目標が優先されてきたのだろうか。

第7章 経営学教育とキャリア形成

　バブル経済が破綻し，リストラが盛んに行われていた頃，転職の際の面接で，「何ができますか」と聞かれると，「部長ができます」と答えたという笑えない話をよく耳にした。このような話に象徴されるように，日本の企業社会において個人のキャリア形成の意識は低かったのである。ではなぜ個人のキャリア形成の意識が低かったのだろうか。経営学的視点から考察すると，日本的経営といわれる経営慣行がそれらを考えさせる必要性をもたせなかったということにたどりつく。

　経営学の中では，日本企業は終身雇用制と年功序列制，そして企業別組合，いわゆる日本的経営という特徴をもつとされてきた。とくに前の2つ，終身雇用制と年功序列制は暗黙の経営慣行とされ，とくに大企業で働いている人々にとっては暗黙の了解になっていたといえる。

　終身雇用制は，定年まで同じ会社に勤め続けることができるというものである。また，年功序列とは，年齢に比例して職位や給与が上がっていくというものである。こうした制度のもとで企業に勤めるということは，自分のキャリアを自分自身で深く考えることは必要ない，ということを意味している。つまり，企業が用意したレールに沿って一生懸命働くことにより，給与や職位はあがっていき，終身雇用制のもとで仕事が保証されているのであれば，転職を考える必要もない。さらに，日本企業はスペシャリストよりもジェネラリストを重視してきたことから，ある分野での専門家になりたいという個人目標を叶えることもなく，社内における人事異動によりさまざまな部署を経験しながら職位があがっていき，ジェネラリストになっていった。したがって，このような制度のもとでは，個人がキャリアを考える必要もなく，また求められておらず，会社から辞令をもらいながら，企業内でのキャリアを深めていくことになる。こうした状況において，個人の目標を実現するために会社を辞める，という行為は例外とみなされることになる。

　ところが，これらの制度がうまく機能するには，企業が持続して拡大していくことが前提となっている。現代のように日本経済の成長が伸び悩み，企業の拡大が見込めないとなると，すべての社員が昇進するこ

131

第二編　大学におけるキャリア教育と専門教育との「交流」

とや，定年まで勤め続けることは難しくなっていく。そのため，場合に
よっては転職を余儀なくされることも出てくる。しかしながら，これまで
の日本企業の社員は，社内での評価を意識した働き方をおこなってきた
にすぎず，社外での評価を意識した働き方をしてこなかった。そのため，
自分のどのような能力が，どれだけ社外で通用するのかということをこ
れまで意識することもなくキャリアを積み上げてきたのである。そうした
ことから，転職にあたっても，「何ができますか」と聞かれると，「部長がで
きます」と答えることになってしまう。要するに日本的な雇用慣行が，日
本における個人のキャリア形成を妨げていたということである。

4.　個人のキャリアと企業の競争力

　これまで，日本企業は個人のキャリア形成について，企業内でのキャ
リア形成のみに関心を払っていて，社外で通用するキャリア形成には関
心を払ってこなかったということを述べてきた。ところが21世紀に入
り，企業を取り巻く環境の変化や個人の意識の変化により，個人のキャ
リア形成に対する企業の対応が変わってきている。以下では，21世紀型
日本企業の人材マネジメントの変化について述べていくこととする。

　島貫（2013, p.141）によれば「人材マネジメントの主たる目的は，企業
が戦略達成や長期的な競争力を維持向上するために人材という資源を確
保・活用すること」にあるという。そして，日本企業の伝統的な人材マネ
ジメントの特徴は，①長期雇用の慣行，②企業内部での人材育成，③能
力主義に基づく評価・処遇であると述べている（同上書, pp.143-144）。し
かしながら，彼によれば，この日本の人材マネジメントの特徴は，1990
年代のバブル崩壊後，大きく変化したという。すなわち，正規社員につ
いては，大企業を中心に成果主義に基づく評価・処遇が広がったり，従
来の長期的な昇進体系を修正し，早期選抜の仕組みを導入したりする企
業もでてきたのである。また，非正規社員の活用が拡大していった。そ
して彼は，こうしたことは日本企業の短期的な業績回復には効果があっ
たものの，企業における人材育成機能の低下という重大な経営課題が生

じていると述べている。

　こうしたなか，これからの人材マネジメントの方向性が論じられるようになった。その1つが，「人材マネジメントのデリバラブル」という考え方である(同上書，p.147)。これは従来の人材マネジメントがおこなってきた採用や育成，評価といった個別の活動に注目するのではなく，人材マネジメントが果たすべき役割や提供すべき価値という点から人材マネジメントの活動を考えるものだといわれている。そして，この人材マネジメントのデリバラブルには次の3つがあるという(同上書，pp.148-152)。すなわち，①戦略達成のための人材供給，②企業競争力を支える人材の確保，③働く人の尊重と人材価値の向上，である。

　①の戦略達成のための人材戦略とは，正規社員と非正規社員を区別し業務内容を分けるという考え方ではなく，戦略達成の貢献の違いに応じて必要な人材像を設定し，それぞれに適切な雇用形態の人材を組み合わせて活用するというものである。②の企業競争力を支える人材の確保とは，企業の競争力を支える中核人材の育成が必要だということである。そして③の働く人の尊重と人材価値の向上とは，「人材を1人の人間として尊重し，その人の働きがいや成長，キャリア形成を考えるという働く人の視点に基づく価値提供」(同上書，p.152)するというものである。

　この3つめの視点について島貫は次のように述べている。すなわち，働く人にとっては，仕事へのモチベーションや組織へのコミットメントだけでなく，仕事の達成感や自分自身の成長感，評価や処遇への公平感や納得性も重要な要素であるということである(同上書，p.153)。また，長い目で見れば一つひとつの仕事経験の積み重ねがその人のキャリアを形成していくとも述べている。その上で，彼は，「これからの人材マネジメントには，働く人の成長につながる仕事経験を提供したり，より働きやすい環境を整えたりすることによって，人材の長期的なキャリア形成を支援するという役割が不可欠」(同上書，p.153)だと主張している。

　では，なぜこれまで個人のキャリア形成に関心を払ってこなかった企業が，それに関心を払うようになったのだろうか。それには次のような

第二編　大学におけるキャリア教育と専門教育との「交流」

環境の変化がある(同上書, pp152-153)。すなわち，①少子高齢化が進むなかで，女性や高齢者を含めて多様な人材を活用していく必要が出てきたことと，②働く人が自分の意思と責任でキャリアを形成していきたいというキャリア自律意識の高まりである。このように，企業を取り巻く環境の変化と，個人の意識の変化が，企業に変化をもたらしているのである。

　また，松本(2012)も「キャリアデザインは自らのキャリアを主体的に考えるという個人の問題であるが，同時に企業のマネジメントに大きな影響を与えている」(松本2012, p.226)と述べていて，同様の主張をおこなっている。すなわち，国際的な競争にさらされている現代企業は，個々の従業員が最大限にその能力を発揮する環境づくりをすることが求められているが，「もし従業員のキャリアが不透明ではっきりしないものであるならば，十分に力を発揮できず，ひいては企業の競争力を削ぐ結果になる。企業が個人のキャリアデザインを支援し，個々の従業員と一緒に進める『キャリア開発』を行うならば，従業員はやる気をもってその能力や努力を発揮する」(同上書, p.226)といい，もはやキャリアデザインとキャリア開発はマネジメントの重要な課題のひとつである，と言い切っている。

　こうしたことから，現代の企業経営において個人のキャリア開発に注意を払うということは，企業の競争力を高めるためにも必要不可欠になっているということである。こうした企業の変化は，当然，大学における経営学教育にも影響を及ぼしてきている。そこで次に，大学における経営学教育とキャリア教育のあり方について，筆者の試みをもとに述べていくこととする。

5. 経営学におけるキャリア教育の試み

　経営学教育は一般的に積み上げ型の教育であり，経営学入門(かつては経営学総論とする大学が多かった)や簿記などの基礎科目から始まり，経営戦略論，経営管理論，経営組織論，経営史，そしてマーケティング

論や国際経営論などといった経営学科目や，簿記，会計学，原価計算といった会計学科目など，細かく分けられた専門分野の科目を学びながら学習の範囲を広げ，ゼミナールにおいて，自らの選択した分野を深く学ぶものとなっている。筆者が所属する大学では，こうした講義科目の他，事業計画演習といった演習科目，ビジネス戦略実習といった実習科目を加え，より実践的な教育を充実させている。

こうした標準的な経営学教育は，本章の冒頭で述べた「経営学とは企業を研究対象とし，企業が良いことを上手に実現するための方法を学ぶ」ために作られたカリキュラムである。このカリキュラムにキャリア教育をどのように「交流」させていくのか，ということが本章での課題となる。

われわれはこの課題に対して，図1のように演習・実習科目を交差点として，経営学教育とキャリア教育を交流させることとしている。すなわち，演習・実習科目は，経営学教育の中で学んだ知識を応用し，実践の場で活用する場であり，同時にキャリア教育の視点からは，キャリア教育科目で学んだことを，実践的に体験する，いわゆるインターンシップ的な位置づけとしてとらえ，仕事をおこなうことの意味を考える場，社会人基礎力を伸ばす場，地域の企業を知る場，として設定している。こうすることで，演習・実習を交差点とし，学生は2つの視点をもちながら学びを深めることになる。また，実習終了後は，経営学教育のアウトプットとして，実践を通して学んだ経営のあり方を踏まえた卒業研究をおこなうものとし，キャリア教育のアウトプットとしては，インターンシップの経験を就職活動に繋げるものとなっている。

ここで簡単にわれわれの実践している実習科目(ビジネス戦略実習)について説明していく。この実習科目の柱は「地域企業と連携しておこなっ課題解決型学習」であり，地域企業が抱える経営課題を素材に課題解決型学習を通して学生の企画提案力を育成するとともに，社会人基礎力などの向上も目指したものとなっている。

この地域企業と連携した課題解決型学習の特徴は，いわゆるPDCA

サイクル (Plan-Do-Check-Action) にしたがってすすめるところにある。すなわち，たんなる企画 (P) だけに留まることなく，学生が自らの企画提案を検証し (D)，その結果をもとに当初の企画提案を改善し (C)，より現実的で実行可能な企画提案に仕上げていくというプロセス (A) を体験するところにある。つまり，学生の企画が机上の空論で終わらないよう，市場での検証を通して，より現実的で実現可能性の高い最終企画提案を作り上げていくということである。

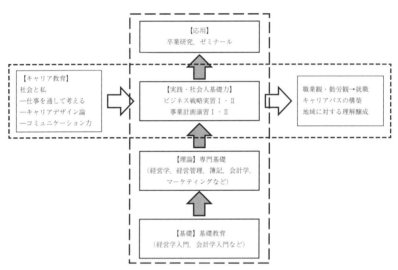

図1　経営学教育とキャリア教育の交差点としての実習（弘前大学の例）

　さて，以上のような実習を実施し，経営学教育とキャリア教育を交差させることでどのような効果がみられたのだろうか。

　まずは，学生たちが商品を企画し，市場で検証するという体験を通して，これまで経営学で学んできた知識を実践的に活用できることを知り，企業経営ということについて実感をもって考えることができるようになったことがあげられる。すなわち，通常の授業では実際の企業を対象に，その企業がどのような市場を設定し（SWOT分析など），どのよう

な顧客をターゲットに（マーケットセグメンテーション，ターゲッティング），そしてどのような特徴的な商品を市場に投入しているのか(競争戦略, 4P[1]など)，ということを分析してきたが，この実習では，自分たちが一から商品開発をおこない，そのために市場を設定し，ターゲット顧客を定め，他社にない特徴的な商品を考えるという立場に立つことから，企業経営を具体的に考えることができるようになったということである。別言すれば，企業経営ということを他人事から自分事にすることができ，より深く企業経営について考えることができるようになったということである。

　次に，自ら企画した商品を市場で検証することにより，現実社会の厳しさを実感すると同時に，仕事をすることとはどのようなことかを実感できるようになったということである。自分でアイデアを出し，商品企画をすることまでは自由にできるものの，仕事をするということはそれを具体的な形にし，ビジネスにしなければならないということである。つまり，仕事をするということは理想ではなく現実的にものごとを考える必要がある，ということであり，自分たちの考えた商品が，どうしたら市場に受け入れてもらえるのか，何度も失敗を重ね，理想から現実に近づけていくプロセスを体験するということである。すなわち，このような体験は，経営学で学んだことの応用であると同時に，仕事をするとはどういうことかを学ぶキャリア教育にもなっているということである。

　さらに，この実習は5名で構成されるチームで取り組みをおこなうこととしているが，成果を出すためには，5人の役割をどのように割り振り（分業），それをまとめ上げていくのか(統合)を考えなければならない。まさにマネジメントを現実的に考えるものとなっている。このようなプロセスを通して，組織とは何か，という経営組織論の課題を考え抜くことに繋がり，組織の目標を達成するためには，メンバー同士のコミュニケーションが重要であることに気がつき，メンバーの意欲をどのように引き出すのか，モチベーションの側面を考えることにも繋がっていく。これにより，経営学で学んだことを実践する場となり，同時に，仕事を

第二編　大学におけるキャリア教育と専門教育との「交流」

おこなうために必要な能力を知るキャリア教育にもなっているということである。

　そのほか、この活動を通してキャリア教育でいうところの職業観、勤労観の醸成にも繋がっている。本実習では学生たちの活動の場を地域企業としていることから、学生たちが地域で活躍しているさまざまな企業に対して関心をもつようになり、それを通して地域で働くことの面白さを理解するようになっていった。現代の学生たちは、学生同士の関係に閉じこもりがちであり、社会とのつながりをもたないまま、あるいは、周りへの関心をもつことなく大学を卒業してしまうことが少なくない。自分たちの興味関心だけで大学生活を終えてしまうと、知識の広がりもなく、人間としての幅の広さを得るせっかくの機会も失ってしまうことになる。この実習を通して、自分たちの暮らす地域にはさまざまな産業があり、オンリーワンの技術をもっている地域企業、ユニークな製品をもち、日本中から注目されている地域企業、海外進出を進めている地域企業など、さまざまな地域企業があることがわかり、学生たちは地域の豊かさに驚くとともに、これまでとは違った世界観で地域をみることができるようになったということがいえる。

　以上のように、経営学教育とキャリア教育の交差点として実習を実施することで、さまざまな効果をみいだすことができている。

　一方で、このような実習を実施しながらいくつかの課題も明らかになってきている。第一に、学生たちは、経営学で学んだことを実習において活かしきっていないということである。すなわち、実習は経営学の授業で学んだことを応用する場としているものの、実際に活動をおこなっていくなかで理論と実践の関連性を強く意識することができず、学んだことを活かさない企画提案がなされることがあるということである。これについては、学生にもっと理論と実践の関連性を意識させる方策を考える必要があり、また、実習での課題遂行においても、この場面ではこのような知識を活用すると有効であるという、知識の活用方法などについて示唆する必要があると考えている。

第7章　経営学教育とキャリア形成

第二に，経営学教育のなかにキャリア教育を取り入れるとした場合，教員側にそのような教育をおこなう準備ができていない，ということである。すなわち，経営学の教員は経営学を教えることはできるが，キャリア教育について専門的に学んできたわけではない。したがって，経営学教育とキャリア教育の交差点として実習を設定しているものの，教える側の準備ができていないということである。こうしたことから，われわれは地域の起業家と連携し，教育プログラムを作っていくこととした。起業家が教育に関わることにより，経営実務を学習したり，社会人基礎力を高めたりする教育プログラムの構築を目指したのである。また，起業家が学生と直接関わることにより，学生にとっては多様な生き方を知る機会にしたいとも考えている。こうした体制をとることで，経営学教育とキャリア教育の両立を進めている。

6．経営学教育とキャリア形成のあり方

さて，これまで経営学教育とキャリア形成について，日本企業におけるキャリア形成に関する経営学的考察，日本企業のキャリア形成に対する考え方の変化，そして，大学における経営学教育とキャリア教育の実践を通して得られた課題について論じてきた。

そこで最後に，これらのことを踏まえ，経営学教育とキャリア形成のあり方について論じまとめとする。

これまで論じてきたように，経営学教育においてはキャリア形成を意識した教育はあまりなされてこなかった。しかしながら，企業を取り巻く環境の変化と個人のキャリア形成に対する意識の高まりから，経営学教育においてもキャリア形成を意識した教育をおこなうことが求められるようになってきた。こうしたキャリア形成時代における経営学教育とはどのようなものになるのだろうか。

まずは，企業経営において個人の意思を尊重し，個人のキャリア形成を意識した働き方を考える必要があることから，経営学においてもこのような企業経営のあり方を教えていく必要がある。すなわち，個人の目

139

標と組織の目標をうまく両立させる企業経営について学生に教えていくということである。

　次に，個人の視点からは，キャリア形成を意識した人生設計をおこない，企業社会と上手な関係を築くことができるよう，自律的なキャリア形成意識を高めるような教育をおこなう必要があるということである。現代の企業が学生に求めるものも変わってきており，企業は学生に「企業に入って何がしたいのか」を求めるようになってきている。つまり，企業が用意したレールを走っていく人材ではなく，より主体的に行動できる人材を求めており，キャリア形成に対し意識の高い人材を求めるようになっているということである。こうしたことから，経営学教育においても（経営学教育に限らないが），企業に頼らず自律して生きていくために高いキャリア形成の意識をもてるような教育を考えていく必要があるということである。

　さらに，地域とのつながりも重要な要素である。筆者は，実習を通して，大学と地域が一緒に次世代の人材育成について考えたり，育成するための仕組みや場をもったりすることが今後必要になってくると考えるようになった。すなわち，大学教育について地域とともに考え，地域で活躍できる人材育成をおこなうこと，これが地方大学の重要な役割のひとつとなってくるということである。こうしたことを反映し，授業を作っていくことがキャリア教育に繋がっていくと考えている。

　最後に，本書の第二編序論に「キャリア教育と専門教育の交流は深い学習を可能にする」と述べられているが，本章ではそのことを証明することができたのではないかと考えている。一方で，本当に深い学習を可能にするだけのカリキュラムを提示できているかと考えると，まだ発展途上だということもできる。今後も，キャリア教育と専門教育の交流による深い学習をいかに進めるか，検討していきたいと考えている。

【注】

1) マーケティングでいわれる4Pとは，製品（Product），価格（Price），流通（Place），プロモーション（Promotion）のことを指している。

【文献】

伊丹敬之・加護野忠男（2003）ゼミナール経営学入門第3版，日本経済新聞社．

加護野忠男・吉村典久（2012）1からの経営学第2版，碩学舎．

松本雄一（2012）キャリアデザイン．加護野忠男・吉村典久（編著）1からの経営学第2版，碩学社，225-246．

榊原清則（2002）経営学入門〔上〕，日本経済新聞社．

島貫智之（2013）人材マネジメント，野中郁次郎・楠木建（編著）はじめての経営学，東洋経済，140-153．

第8章　コメディカルに必要なキャリア教育とリメディアル
　　　　　　―看護師を中心に―

神崎　秀嗣

1.　はじめに

　コメディカル（看護師・薬剤師・歯科衛生士・理学療法士・作業療法士などの，医師・歯科医師以外の医療従事者の総称）はほぼ国家資格であり，「業務独占資格」（大久保2006）といえ，その目的とする仕事に就くためには予め取得しなければならない。そのため，厚生労働省や文部科学省が認定した養成校（専門学校，短期大学，大学）に長い時間をかけて通わなければならない。しかし，利点もある。就職時には大きな武器となると言うよりも，取得していなければ就職できない高度な専門的知識とスキル並びに職業倫理を求められる職業なのである。従って，その養成校に入学した時点で，学生の大まかな将来の方向性が決まることになる。コメディカルは職能団体を形成し，その中で，様々な学会や講習会などを開き切磋琢磨する環境を整えている。職業をいわば「独占」していることから，その団体の中で人材育成も行う役割を担っている。一方，運転免許証はどうだろうか。同じように多くの方が養成校（運転免許教習所）に通い，自動車などを操作する技術と知識，運転者としての交通ルールなど倫理観を身につける。免許証無くして運転することは法律で禁止されており，自動車などを運転することが必要な仕事には必ず必要になってくる。しかし，事故を起こせば罰則を課せられ，数年毎の更新制であり，その度にその期間に犯した罰則に従って，講習を受けなければ更新されない。その都度，道路交通法などの変更点や重大事故の事例を学ぶ。しかし，コメディカルには免許の更新制はない。

　では，専門性の質を継続して担保するにはどうすれば良いのだろうか？医療は急速な進歩と情報化によって変化し続けている。コメディカルは国家資格を取得後，医療機関に勤務する。しかし，その資格を

第二編　大学におけるキャリア教育と専門教育との「交流」

持っているだけでは，急速な社会的変化と高度医療，ICT化によって，勤務しづらい時代になりつつある。筆者は，医師，看護師，臨床検査技師[1]，理学療法士[2]，作業療法士[3]，言語聴覚士[4]（後者3資格は，患者のその後の生活向上を図るリハビリを行うとともに，「生涯教育」を行うともいえる）の養成に携わってきた。本章ではコメディカルのキャリア教育と今後必要とされるリメディアル（特に既に現場で医療に従事しているコメディカルに対して）について記述することにする。

2. 看護師のキャリア教育

看護師のキャリア教育は，高い離職率のため（2016年離職率10.9%，日本看護協会2017），様々な試みが行われてきており，様々なガイドライン（日本看護師協会2012，厚生労働省2014）やキャリア教育プログラムの開発（専門学校麻生看護大学校2014）が実施されてきた。

キャリアの概念についてSuperは人間の一生涯で追究し占めている地位，職務，業務の系列という職業に限定された職業キャリアと，人間が生涯を通じた役割を果たすライフ・キャリアという2つの概念を示した（Super1980）。個人の生涯発達過程を考える場合には，仕事と家庭の両者を考えるSuperの概念を有効とし，個人の生涯にわたる発達としてのキャリアを捉えることが多いように思える（岡本1999）。

看護師のキャリア開発も，個人の立場からは組織目標に沿って自己実現を果たすことにより，看護専門職としてのキャリア形成がなされるという見方と，ライフ・キャリアにおける役割発達の両面が挙げられている。特に，女性が大半を占める看護師では，結婚や出産で離職することや子育てを終え職場へ復帰することが重要である。従って看護師の職業的キャリアを形成するための取り組みとしての看護師個人の要因と組織側からの要因とがある（石井他2005）。

職場でのキャリア教育には時間と労力が職場，看護師双方にかかることから，養成課程のうちからキャリア教育を行っていくことが望まれるように思える。そこで，本章では養成課程のキャリア教育を主に論じたいと思う。

第8章　コメディカルに必要なキャリア教育とリメディアル

3. 養成課程〜知識と実習〜

3-1. 養成校での学習

　養成校では基礎科目と専門科目，実習を行う（神崎他2015b）。主に厚生労働省が定めた設置要件や国家試験出題科目などに沿ってシラバスは組まれている。非常にタイトであり，基礎科目には多くの時間は割けないのが実情である。筆者は特に，社会性を形成するすべての職業に共通して求められる知識やスキルに問題が生じているように思う。幅広い基礎学力の上に，専門的知識を講義すべきであるが，その時間はない。ノートの取り方，文章の書き方，レポートの書き方から教えなければならない。算数，化学，生物などの復習も行う。教員として危惧すべきは，医療事故の発生だ。その多くは単純ミスが原因である。注射の濃度を誤ったために1000倍高い濃度で注射してしまう事故や，輸血の際の血液型の勘違いによる単純ミスである（公益社団法人日本医療機能評価機構2015）。算数等の復習の際には，具体的な医療事故の例を講義し，基礎の大切さを繰り返し意識づけすべきである。

3-2. 現場の検査や診断に即した実習（ロールプレイング）

　コメディカルは職業柄，患者と接する。心電図を測り，採血，超音波診断を行う。学生同士や教員が患者役を行い，現場の接遇の練習を行う。常日頃から擬似体験を行い，医療者としてのイメージを思い浮かべもらい，職業意識を養う。また，電子カルテなどの模擬ソフトも市販されており，自主学習できる。

3-3. 臨時実習

　養成校の形態にもよるが，初年度に主に基礎科目を学び，その後実習によって知識の定着をはかり，順次専門性を高めていく。養成過程の中で医療機関において一定期間の臨地実習が義務づけられており，現場でそのコメディカルの実務を経験する。いわば，運転免許の際の路上教習

第二編　大学におけるキャリア教育と専門教育との「交流」

や高速教習のようなものである。その実習先と実習担当者は厚生労働省などに届けて、許可してもらっている医療機関である。将来の就職先になる場合もある。各大学や企業が行っているインターンシップと同様に考えれば良いかもしれない。

　筆者が養成にあたっていた臨床検査技師養成校では、教員は臨地実習中、各施設を回り各学生の実習ぶりを観察し、実習先の実習担当者に各学生の様子を聞く。同時平行して、週に一度、土曜に学生に登校させ、臨地実習の一週間の様子をアンケートに取っていた（表1）。また出版社で販売している臨地実習ノートを各自購入し、その週に行った実習について記載してもらい、指導者の確認印をもらっていた。手間はかかるが、二重三重に、一方だけの情報だけでなく、双方の情報を集め、実習の様子をモニターするようにしていた。これは、円滑な情報交換、情報伝達、実習の最適化などを目的としている。アナログであるが、学生や指導者の顔が見える形にしている。なお、人の生命を預かる専門職の養成であることから、ICT化は慎重に進めようとしている。看護師の場合もほぼ同じだが、教員が実習に同行し、学生とともに実習を行うところが異なる。臨地実習後に、学生の意識が変わることが多くある。数名の学生にインタビューしたところ、「臨床検査技師の仕事が実感できた」「養成校で習ったことが、どこで役立つか理解でき、講義や実習が身近に感じられた」「採血や心電図検査などの実習でも、緊張感と責任感が湧いてきた」などの意見が出た。これらは、これまでの教科学習と実習で得た知識とスキルが、臨地実習の場で融合するからだと考えられる。また、現場の実情を垣間見たことから、各人の学習や自習に取り組む姿勢に対する甘さを、身を持って感じるからだと思う。

　看護師養成でも同様である。様々な看護技術項目があるが、実習項目だけでなく見学項目でも、「将来の領域実習や卒後の後術習得に影響すると考えられるため、積極的な見学学習を促すことが実践力育成の一歩と言える」（岡田他2008）ことから、学生の積極的な技術習得姿勢を養うとともに、教員や臨地指導者が共通認識をし、将来を見据え、少し距離を

146

置いてでも見学できるよう臨地指導者らと工夫していく必要があるように思われる。よって，表1のようなアンケートと同様に，実習前の準備教育を高めることで，より多くの看護技術を実施及び見学できる機会を増やすことが重要ではないだろうか（中平他 2012）。

表1　臨地実習アンケート例

クラス学籍番号名前
実習施設
指導者（実習担当者）*
実習期間
実習内容
ヒヤリハット**事項の有無
実習施設に対する要望***
*実習者は届出指導者とは限らず，その部下の場合もある。
**ヒヤリハットは，学生が医療事故，過失や単純なミスを起こした場合にその様子や対応を聞く。もし起きた場合は，その場で指導者と養成校に連絡させる。
***実習施設も通常業務の間に学生を受けて入れていただいていることから，必ずしも学生の指導や学習が行き届くわけではない。要望を聞いて，施設にお願いする。

3-4. 看護師への社会化

　専門職の社会化は「人がさまざまな職業に固有の価値・態度や知識・技能を，職業に就く前に，あるいは職業につくことにより内在化していく累積的な過程」に加え，専門職として価値観や倫理規範などをも内面化していくプロセスである。看護における社会化は基礎教育に入った段階から始めるとしている（白鳥 2002）。看護専門職を自己に内在化するまでにはまず，これまでの観念的に捉えてきた考えと現実は違うという事実をしっかり認識すること，そしてその事実を肯定的に容認するためには，学生がモデルとする教師や看護師が必要のように思われる。つまり 3-3 で示したように，学生が職業意識や社会性を備え，専門性のために必要な諸要素を身につけるためには，臨地実習での質の高い経験が最も重要である（白鳥 2002）。また離職率の増加を考えると，担任制度を

第二編　大学におけるキャリア教育と専門教育との「交流」

設けるなど，学生個々の状況に配慮した教育的関わりが求められるよう
に思われる（長谷川2012）。

4. 知識とスキルの向上とキャリア形成

　医療分野は基礎研究やICT化の成果もあり，医療技術だけでなく，
医療機器などの周辺機器も急速に進んでいる。勤務の中で，様々な能力
を証明する「能力検定型資格」（大久保2006）を取得していく必要が生じ
る。そのため知識やスキルの取得のプロセスとして位置づけられ，業務
経験と資格取得が組み合わされて，専門性に説得力が増すのである。

　コメディカルは，その仕事のハードさから離職率が高い。そのため，
各々キャリアデザインのイメージを持つ必要がある。そのため様々な
キャリア教育プログラムが整備されている（日本看護師協会2012, 厚
生労働省2014）。看護職場で，新人看護師から中堅看護師，看護師長へ
と昇進することやスキルアップも考えられる。看護師のテクニカルラ
ダー（日本看護協会2016）は生涯教育ともいえ，主体的にキャリアを積
み，自分の目標を見つけ，「能力検定型資格」を取得してステップアッ
プしていく必要がある。例えば，看護師は各職場では看護師長を頂点に，
それぞれの役職が存在する。一方で専門看護師，認定看護師，認定看護
管理者を設けている（表2）。それぞれの要件を満たさねば取得できない。
いずれも5年毎の更新制であり，実務時間，参加学会，学会発表や論文
執筆により，点数制で審査を受けなければならない。臨床検査技師など
も同様の「能力検定型資格」を実施し，各学会や団体が認定を行ってい
る。審査や更新は看護師の場合と同様である。このような資格は，日々
の業務の中で計画的に，強い意志と信念がなければ取得し，継続できな
い。「学会参加で更新ポイントが取得できる」など，短期的目標や「専門
看護師，認定看護師，認定看護管理者になれば，医師とも対等に近い形
で会話ができ，尊敬も得ることができる，また何よりサラリーが上がる
など就労条件が良くなる」など，中長期的目標を上手く設定すると，目
標達成に近づきやすいようである。

第 8 章　コメディカルに必要なキャリア教育とリメディアル

表 2　公益社団法人日本看護協会の認定資格

認定資格	役　割	特定分野（人数）	合計人数
専門看護師	個人，家族及び集団に対して卓越した看護を実践する。（実践） 看護者を含むケア提供者に対しコンサルテーションを行う。（相談） 必要なケアが円滑に行われるために，保健医療福祉に携わる人々の間のコーディネーションを行う。（調整） 個人，家族及び集団の権利を守るために，倫理的な問題や葛藤の解決をはかる。（倫理調整） 看護者に対しケアを向上させるため教育的役割を果たす。（教育） 専門知識及び技術の向上並びに開発をはかるために実践の場における研究活動を行う。（研究）	2012 年 7 月現在 がん看護（566） 精神看護（208） 地域看護（25） 老人看護（79） 小児看護（142） 母性看護（53） 慢性疾患看護（118） 急性・重症患者看護（178） 感染症看護（32） 家族支援（37） 在宅看護（22）	1,480
認定看護師	個人，家族及び集団に対して，熟練した看護技術を用いて水準の高い看護を実践する。（実践） 看護実践を通して看護職に対し指導を行う。（指導） 看護職に対しコンサルテーションを行う。（相談）	2010 年 2 月現在 救急看護（927） 皮膚・排泄ケア（2,057） 集中ケア（946） 緩和ケア（1,655） がん化学療法看護（1,289） がん性疼痛看護（749） 訪問看護（447） 感染管理（2,070） 糖尿病看護（617） 不妊症看護（139） 新生児集中ケア（344） 透析看護（186） 手術看護（316） 乳がん看護（247） 摂食・嚥下障害看護（522） 小児救急看護（208） 認知症看護（480）	14,282

第二編　大学におけるキャリア教育と専門教育との「交流」

		脳卒中リハビリテーション看護 (494) がん放射線療法看護 (177) 慢性呼吸器疾患看護 (171) 慢性心不全看護 (184)	
認定看護管理者	多様なヘルスケアニーズを持つ個人，家族及び地域住民に対して，質の高い組織的看護サービスを提供することを目指し，看護管理者の資質と看護の水準の維持及び向上に寄与することにより，保健医療福祉に貢献する。 認定看護管理者認定審査に合格し，管理者として優れた資質を持ち，創造的に組織を発展させることができる能力を有すると認められた者をいう。	特になし。	2,362 (2014年12月28日現在)

＊ 1987年（昭和62年）4月，当時の厚生省「看護制度検討会報告書（21世紀に向けての看護制度のあり方）」において，専門看護婦，看護管理者の育成が提言されたことを契機として設置された。

＊＊ 2014年12月28日現在の人数

5.　世の中の流れとリメディアル

　現在，医療現場も進化している。電子カルテ，手術補助ロボットの導入，血液検査や免疫検査，微生物の検査の機械化，医療介護ロボット，リハビリ器具などの機械化が進んでいる。なかでも手術補助機器ダヴィンチには患者の様々な検査情報や臓器情報（3D画像や血管の流れがシミュレーション可能）が統合されようとしている。また人工知能（AI）が登場により，AIを組み込んだ検査機器も開発されている。コメディカルの仕事内容も変化していくであろう。この技術革新にコメディカルは対応せねばならない（神崎2015）。どうすれば良いのだろうか？

第8章　コメディカルに必要なキャリア教育とリメディアル

5-1.　現場のコメディカル

2012年12月31日現在，コメディカル（医師，歯科医師を除く医療専門職）の就労人口は230万人を超えており（表3），その約半数が看護師と准看護師である。医師と合わせると65％になる。多くの小規模な診療所やクリニックは医師，看護師と医療事務員で経営しているところも多く，看護師と准看護師のキャリア教育，リメディアルが医療の底上げにつながる。

現在，現場で従事しているコメディカルは，免許の更新性がないため，国家試験合格後，現場に出て，各医療機関の研修や講習で知識を吸収していくが，急速なICTの進歩に，費用面でも教育者面でも遅れている（Kohzaki 2013，神崎他2013a，神崎他2016）。ICTスキルの習得レベルには，コメディカルの年齢には関係ないようで，各コメディカルの意識や環境によるのではないだろうか（西田2005）。また各コメディカルの職能団体がその地域で，研修や講習を開催し，教育にあたっている場合もある。しかし，その地域の実情にあったICT教育であり，電子カルテでさえやっと中小の医療機関が導入し始めたところである。最新のICTや医療機器の知識やネットワークやデータベースの知識習得は難しいと言える。

コメディカルの職種にもよるが，看護師の場合，最低でも看護計画の作成や臨床検査のバーコードの読み込み，検査データの入力やエラー値の確認，電子カルテへの記入などはできなければならない。またインターネットの操作，メールのやり取り，Office系ファイルの作成，特にエクセルの扱いは必要である。また，画像ソフトの操作やタブレットの操作，タブレットを用いたインフォームドコンセント方法は身につけるべきである（神崎他2016）。

歯科技工士[5]の場合，レントゲン写真や歯型から歯の被せ，詰め物や入れ歯を作製するため3Dソフトを用いる場合も出てきており，近時，国家試験にCAD/CAMが出題されようとしている（末瀬2014，野見山他2015）。医療においても医療特区の導入により，国際化が求められてい

第二編　大学におけるキャリア教育と専門教育との「交流」

る。医療系の免許は日本国内でしか通用しない。その中で，医師においても，アメリカの医師免許を取得する動きも出始めている。また，コメディカルにおいても国際学会に積極的に参加するよう国内学会も推奨している。英語力は卒後，学ぶ機会もないことから，積極的に語学力を磨くようにしてはどうだろうか。何れにしても，どのコメディカルについても，その職にある限り，先ずはコメディカル各々が自主的・主体的に，時代の変化に臨機応変に対応し，新しいICTなどの技術（Kohzaki 2013,神崎他2013a）や英語力（Kohzaki 2012，神崎他2013b）を磨くべきだと思う（神崎他2014a）。

5-2. 新人看護師研修

　新卒看護師の離職率は高く（2016年離職率7.8%，日本看護協会2017），その要因の一つとして「リアリティショック」が関連しているようである（飯島他2008）。リアリティショックとは，一般に現実が理想とかけ離れていることに衝撃を受けることで，期待はずれで望んでいないことに対する人間の社会的，身体的，情緒的なものを含む総合的反応である（飯島他2008）。新卒看護師は，「想定外・急変時・未経験・標準的ではないケアへの対応」「受け持ち患者の多さ」「患者・家族とのコミュニケーションの困難」「職場と自分の看護観の相違」「他職種との協働における戸惑い」「先輩看護師との人間関係」等でリアリティショックの経験をしているようである（佐居他2007）。

　自己効力感は，ある効果を生み出すために必要な行動をどの程度うまくいくことができるかという個人の確信のことだが，新人看護師は一般に低いようである。一方，職業レディネスは，職業人として自立するための心理的準備状態である（飯島他2008）が，これも同様に低いようである。これらの離職の原因を改善する新人看護研修ガイドラインが，厚生労働省より提案されている（厚生労働省2014，専門学校麻生看護大学校2014）。具体的には実地実習者や教育担当者，研修責任者，プログラム企画・運営組織などからなる組織から研修が計画される。新人看護師

第8章　コメディカルに必要なキャリア教育とリメディアル

1名には先輩看護師（プリセプター）がマンツーマンでつき，相談相手であるチューター，新人看護師を援助し味方となり助言するメンターを設け，さらにはチーム支援を行うようになっている（厚生労働省2014）。職場が小さな病院でも，プログラムによっては地域全体で研修することも望まれており，奨励されている。

　一方，実地実習者や教育担当者，研修責任者，プログラム企画・運営組織にも各到達目標を設け，研修プログラムも提案している（厚生労働省2014）。看護師や医療施設全体，場合によっては地域全体で新人看護師を養成する試みがなされようとしている。

5-3.　中堅看護師

　看護師としても経験を積み，臨床現場で中心的役割を果たすようになり，個人的にも家庭を持ち子供がいる世代の中堅看護師では，多くの場合，日常業務に忙殺され，自己のキャリアアップを上手に積めないことに疑問を感じているようである（長坂他2011）。そこで，看護業務や私生活に支障をきたさないような継続教育の基準（日本看護協会2012）やポートフォリオなど教育プログラムが開発されている（長坂他2011）。その一部が，大学院進学や学会での発表，表2の公益社団法人日本看護協会の認定資格である。家庭の事情から職場を異動しても，対応可能な統一的な継続教育システムも必要ではないだろうか。また職場の医療機関が，さらに看護師の育児施設の充実や勤務時間の柔軟性，大学院の紹介，学会での発表の促進が望まれる。

5-4.　教職員の質保証

　現在，医療系の大学が増加しており，併せて看護学部などを新たに設置する大学も増えてきており，それに見合った教員が不足し始めている。コメディカルの約半数を占める看護師の場合，主に3年制の専門学校と短期大学（専門学校が大学になる場合も多い）で養成されている。

　専門学校の教員は，学校教育法129条により「専修学校には，校長お

第二編　大学におけるキャリア教育と専門教育との「交流」

よび相当数の教員を置かねばならない」と規定されており，医療系専門
学校の場合は，教員の配置に関して学校養成所指定規定においても定め
られている（表3）。

表3　主な医療関係従業者数と全体に占める割合（2012年12月31日現在，抜粋）

職種	就労人口	割合（%）	職種	就労人口	割合（%）
医師	303,268	11.39	理学療法士	61,621	2.31
歯科医師	102,551	3.85	作業療法士	35,427	1.30
看護師	1,067,760	40.10	視能訓練士	6,819	0.26
准看護師	377,756	14.19	言語聴覚士	11,456	0.43
保健師	57,112	2.14	歯科衛生士	108,123	4.06
助産師	35,185	1.32	歯科技工士	34,613	1.30
薬剤師	280,052	10.52	栄養士	56,922	2.14
臨床検査技師	62,459	2.35	管理栄養士	49,595	1.86
診療放射線技師	49,106	1.84	合計	2,662,904	100
臨床工学技士	20,001	0.75			

　大学の看護学部や短期大学，看護師専門学校についての統計は明ら
かではないが，文部科学省が実施している「平成25年度学校教員統計
調査」（2013）によれば，専門学校の教員の学歴は，大学院修了（10.0%,
うち博士課程修了は2.2%），大学卒（34.6%），専修学校卒（41.2%）と
なっている。一方，短大では，大学院修了（58.2%，うち博士課程修了
は23.4%），大学においては大学院修了が74.6%（うち博士課程修了は
51.7%）である（表4）。専修学校の専任教員は，他の校種と比較した場合
に学歴構成が明らかに異なる。筆者が勤務していた医療系専門学校で
はその傾向がさらに顕著である（神崎他2014a）。平成22年度の調査結
果（文部科学省2013）に比べて全体的に高学歴化しているが，専修学校
もわずかながら増加している。

第8章　コメディカルに必要なキャリア教育とリメディアル

表4　専任教員の学歴構成比率（%）

教員の学歴	大学院			大学	短期大学	専修学校	各種学校	外国の大学	その他
	専門職学位課程	博士課程	修士課程						
大学	0.3	**51.7**	22.6	19.8	0.3			4.6	0.7
短期大学	0.0a	**23.4**	**34.8**	27.8	6.8			2.7	4.5
高等専門学校	0.1	56.7	31.7	8.4	1.0			1.0	1.1
専修学校	0.2	**2.2**	**7.6**	**34.6**	7.0	**41.2**	1.7	0.6	4.9
各種学校	0	0.7	4.1	28.7	4.7	6.6	7.2	23.0	25.0

＊平成25年度学校教員統計調査より算出
＊＊平成22年度学校教員統計調査より増加したものは，**Bold**
a．わずかにいる。

　専任教員の資格は，現場経験5年以上と教員研修しか課されておらず，幅広い基礎知識と人間性，社会性と同様に，現場経験や技術の成熟度，能力水準において不足が生じているように思われる（表5）。また一般に，医療系専門学校の教員は，専門とする科目を講義することができればそれで足りる。多くの医療系の大学において，医療系養成課程が設置され，医療系専門学校と同様にコメディカルを養成し，医療機関に人材を輩出し始めていることから，医療系専門学校の専任教員にも，大学教員と同程度の経験と実績が求められてもよいのではないだろうか（神崎他2014a）。

　平成25年12月25日に，文部科学省高等教育局医学教育課は「課題解決型高度医療人材養成プログラム」を設け（文部科学省2015），「高度な教育力・技術力を有する大学が核となって，我が国が抱える医療現場の諸課題等に対して，科学的根拠に基づいた医療が提供できる優れた医師・歯科医師・看護師・薬剤師等を養成するための教育プログラムを実施展開する」（文部科学省2015）としている。このなかで，コメディカルには1.チーム医療推進のための専門性の強化と役割の拡大に応えるため学生・医療人の実践能力の強化等，2.学生・医療人の実践能力を強化するため，教育と臨床が連携し，卒前・卒後の学生・医療人の教育指導体制

第二編　大学におけるキャリア教育と専門教育との「交流」

の構築等，3.地域医療連携にかかわる業務に精通し，学生・医療者に地域医療連携の視点や実践を教育できる教育指導者の養成等を求めている。年々高学歴化してきてはいるが（表4），養成校の場合，多くは専門学校出身であり，医療系専門学校の専任教員にも，少なくとも大学卒業以上の見識を求めるべきだと思う。また，教員の教育能力が十分ではないことに起因して，十分な教育を受けられなかった学生が医療系専門学校の教員になり，教育能力が不十分な教員による教育が次々と繰り返されることは，憂慮すべきものであると考える（神崎他2014a）。

表5　看護師養成所の教員基準

1. 看護師養成所の専任教員となることのできる者は，次のいずれにも該当する者であること。ただし，保健師，助産師又は看護師として指定規則別表3の専門分野の教育内容（以下「専門領域」という。）のうちの一つの業務に3年以上従事した者で，大学において教育に関する科目を履修して卒業したもの又は大学院において教育に関する科目を履修したものは，これにかかわらず専任教員となることができること。
ア．保健師，助産師又は看護師として5年以上業務に従事した者
イ．専任教員として必要な研修＊1を修了した者又は看護師の教育に関し，これと同等以上の学識経験を有すると認められる者

＊1とは，（ア）から（ウ）までのいずれかの研修のことをさす。
（ア）厚生労働省が認定した専任教員養成講習会（旧厚生省が委託実施したもの及び厚生労働省が認定した看護教員養成講習会を含む。）
（イ）旧厚生労働省看護研修研究センターの看護教員養成課程
（ウ）国立保健医療科学院の専攻課程（平成14年度及び平成15年度旧国立公衆衛生院の専攻課程看護コースを含む。）及び専門課程地域保健福祉分野（平成16年度）

5-5．地域医療[6]への貢献

近年，山間や離島といった「僻地」だけではなく，地方の中核都市でも医師不足を始め，地域医療の確保が厳しい地方自治体が増えてきた。そのため，看護師が医師の代わりに現地に出向く訪問介護が重要になってきている。しかしこれまでの看護教育では，病院の中で提供する医療を中心に教育されてきており，地域医療への理解と意識も希薄である。1994年には看護師の0.02%（176名）であった訪問介護に従事する看護師

が，2010年時点で2.2%（30,282名）に増加しているが，まだまだ不足している（文部科学省2015）。超高齢化社会が進行していく中で，病院から暮らしの場へ医療・看護をつなぐ教育を充実させて，看護師の専門性を強化していくことが必要が出てきた。そのため看護系大学，病院看護部，訪問看護ステーション等が連携し，地域医療連携にかかわる業務に精通し，学生・看護師に地域医療連携の実践を教育できる教育指導者の養成や学生・看護師への教育プログラムの構築が急務となっている（文部科学省2015）。その解決策のひとつとして，病院の看護師から優れた教育指導者を養成することや教育の場と臨床・介護の場で看護職の人材交流を実施する等が行われようとしている。筆者は，看護師や，口腔衛生に従事する歯科衛生士に，タブレットの扱いやWi-Fiなどのネットワーク等通信技術には精通するよう教育する必要が有ると考えている（神崎他2015a，神崎他2016）。遠隔地からの通信によって，医師や歯科医師との情報交換やインフォームドコンセントを行うことができるようにすることが今後の地域医療のキーになるのではないだろうか。そのためにも，ICT科目は各コメディカルの国家試験に出題されることが望まれる（神崎他2015a，神崎他2016）。

6. 考察

近年の不景気から，コメディカル養成校の入学生は多くいる。国家資格さえ取れば，就職率は100%に近く，免許更新制もないことから，ほぼ定年まで職を失うことはないからだろう。実際，養成校は就職先（医療機関）と密接な関係を有している場合が多い。特に看護師の場合，各地方医師会が養成校を運営し，学生にも様々な奨学金を用意して，人材不足を補っている場合が多くある。都会には多く，地方にはコメディカルが集まりにくい状況にある。

一方，コメディカルは離職率も高く，ある程度の職歴を持つコメディカルが常に不足している。養成校を増やすことによって，国家資格合格者を増やし，人員を補っている構図が浮かび上がる。コメディカルに従

事している女性が，結婚や育児により，職を離れるのも一因だろう。看護師といえば以前はほぼ100%女性であり，定年まで働くことができた職業だった。近年，男性も看護師を目指す学生も多く，現在，看護師全体の7%近くが男性である。患者の高齢化や老人介護においては，患者のベッドの移動など力仕事も必要であり，その需要も出てきている。時代に合わせて，職業も適応すべきであり，教育もそれに合わせて臨機応変に変化させるべきである。また，女性に職場復帰促進のためには，コメディカルに従事している女性の産休や育休明けで現場復帰をした時に対応しやすいように基礎的な知識を習得しておく必要がある。今後，特に看護師は可能な医療行為が広げられ，様々な分野で活躍が期待されている。それをサポートするリメディアル教育も整備されるべきではないだろうか（大きな意味で卒後教育）。筆者らは，メディカルの国家試験対策として，自学習ソフトを開発した（神崎他2013b）。このソフトは医学英語や臨床遺伝学，ICT用語教育にも応用できる（神崎他2014b）。このようなソフトやアプリを上手に使用するのも，卒後教育に有力な手段の一つかもしれない。

　近年，急速に医療機器のICT化も行われ，脈拍数，血圧などのvital signも容易に測定でき，サーバに保存し，コメディカルや医師が診断する「予防医療」[7]の時代に来ている（神崎他2014c，神崎2015，神崎他2016）。人口減少が始まり，高校卒業生の人口も減少している一方，急速な人口高齢化の状況の中で，教育が積極的に関わる時期が来ているように思える（大きな意味で卒前教育）。卒前教育は，各コメディカルの専門科目だけでなく，基礎科目，ICTや英語教育も必要である。そのうえで，コメディカルが「能力検定型資格」を順次取得していき，見識とスキルを磨くことが重要ではないだろうか。

　現在，厚生労働省は医師や歯科医師を中心としたチーム医療を推進している（Kohzaki 2012）。コメディカルは他の専門のコメディカルと情報共有し，適時的確な医療を行うことが求められている。そのため，協調性などの人間性や社会性も必要とされ，各コメディカルの役割を理解し

合わなければならない。厚生労働省は高い知識，中央教育審議会は「学士力」（文部科学省中央教育審議会2008）を求めているが，最終的には人間力ではないだろうか。

看護師については離職率の高さから，職場一丸となってキャリア教育を行っている。しかし，キャリア教育も必要だが，各職場周辺での，ボランティア活動や地域活動により積極的に参加することにより，様々な立場の方との関わりの中で，人間性も磨くことを忘れてはならないのだと思う。

7. まとめ

日本の医療が急速に変化し続けている。医療においても「不確実でデザインのしようがない」「何が起こるかわからないので，偶然に身を任せた方が良い」という時代である（金井2002）。しかし，「『せめて節目だと感じるときだけは，キャリアの問題を真剣に考えてデザインするようにしたい』というものである。（中略）節目さえしっかりデザインすれば，あとは流されるのも，可能性の幅をかえって広げてくれるもので，OKだろう」（金井2002）。いまその節目，過渡期が来ているように思える。各コメディカルにとっても節目であろう。各個人がそれぞれの目的に向かって，職務経歴書を充実させ，仕事に対する意識やプライドを確固としたものにするように努力するよう，教員は積極的に学生へのキャリア教育に関与していくことが必要だと思う。さらに今後の長い人生に変化が生じても対応できる人材育成にたる，キャリア教育に関わり続ける必要があるのだと思う。

【注】

1) 臨床検査技師：患者の脳波検査，眼底写真検査，呼吸機能検査，心臓系検査，超音波検査などの生理学的検査，血液学的検査，生化学的検査，免疫血清学的検査，微生物学的検査，尿・便などの一般検査，輸血・臓器移植関連検査，遺伝子検査を行う。

第二編　大学におけるキャリア教育と専門教育との「交流」

2)　理学療法士：ケガや病気などで身体に障害のある患者や障害の発生が予測される患者に対して，基本動作能力（座る，立つ，歩くなど）の回復や維持，および障害の悪化の予防を目的に，運動療法や物理療法（温熱，電気等の物理的手段を治療目的に利用するもの）などを用いて，自立した日常生活が送れるよう支援する。

3)　作業療法士：身体又は精神に障害のある者，またはそれが予想されるもに対し，その主体的な生活の獲得を図るため，諸機能の回復，維持及び開発を促す作業療法を用いて，治療，指導及び援助を行う。

4)　言語聴覚士：脳卒中後の失語症，聴覚障害，ことばの発達の遅れ，声や発音の障害など多岐に渡り，小児から高齢者まで幅広く現れる。言語聴覚士はこのような問題の本質や発現メカニズムを明らかにし，対処法を見出すために検査・評価を実施し，必要に応じて訓練，指導，助言，その他の援助を行い，コミュニケーションの面から豊かな生活が送れるよう，ことばや聴こえに問題をもつ患者とご家族を支援する。

5)　歯科技工士：歯科医師の指示に従い，入れ歯（義歯），さし歯，金冠，矯正装置などの製作・修理に携わる。

6)　地域医療連携：地域の医療機関が自らの施設の機能や規模，特色，地域の医療の状況に応じて医療の機能分担や専門化を進め，例えば健診機関と診療所，診療所と病院，健診機関と病院，病院と病院など各医療機関が相互に円滑な連携を図り，各医療機関の有する機能を有効かつ迅速に活用することにより，より一層受診者の皆様が其々の地域で継続性のある適切な医療が受けることが出来るようにするものである。

7)　予防医療：医療の目的には治療することだけではなく，病気の重症化や再発など，病状の悪化の予防。また健康な人が将来，病気にならないように野菜の摂取を心がけたりウォーキングを始めたりすることなど，健康な人が健康を維持・増進する行動。医療を健康維持・増進，病気の予防という視点から包括的に捉え直し，一人ひとりが今，何をすべきかという行動指針を示すもの。

【謝辞】

　大和大学保健医療学部の嶋田健男部長をはじめ教員の皆さん，京都保健衛生専門学校の藤田洋一元校長，石田洋一臨床検査学科部長に感謝の意を表する。

【文献】

飯島左和子・賀沢弥貴・平井さよ子（2008）自己効力感および職業レディネスによる看護大学生の看護管理実習の効果の評価に関する研究．愛知県立看護大学紀要，14，9-18．

石井京子・藤原智恵子・星和美・高谷裕紀子・河上智香・西村明子・林出麗・彦惣美穂・仁尾かおり・古賀智影・石見和世（2005）看護師の職務キャリア尺度の作成と信頼性および妥当性の検討．日本看護研究学会雑誌，28(2)，21-30．

大久保幸夫（2006）プロの証明．キャリアデザイン入門［Ⅱ］，日本経済新聞社：94-103．

岡田ルリ子，青木光子，相原ひろみ，徳永なじみ，和田由香里，関谷由香里，野本百合子，基礎看護学実習における技術教育の課題−2年間の看護技術経験状況の分析から−．愛媛県立医療技術大学紀要，5(1)，65-73．

岡本裕子（1999）アイデンティティ論から見た生涯発達とキャリア形成．組織化学，33(2)，4-13．

金井壽宏（2002）キャリは働くみんなの問題．働くひとのためのキャリアデザイン，PHP研究所，20-49．

Kohzaki,H.(2012)AproposalregardingEnglisheducationatschoolstotrainparamedics/Medicaltechnologists.J.MedicalEnglishEdu，11(1)，7-14．

Kohzaki,H.(2013)AProposalforInformationScienceEducationforParamedics/MedicalTechnologistTraininginJapan.JournalofEducationalResearchandReviews.，1(3)，34-41．

神崎秀嗣・石田洋一・藤田洋一・菅原良（2013a）臨床検査技師養成における携帯情報通信端末利用教育の必要性と教育プログラムの開発．キャリアデザイン研究，9，201-209．

神崎秀嗣・石田洋一・藤田洋一・菅原良（2013b）データベースソフトウェアを活用した臨床検査技師国家試験対策eラーニングンステムの開発と活用報告．コンピュータ＆エデュケーション，35，60-63．

神崎秀嗣・菅原良（2014a）医療系専門学校における教学の質保証に関する一考察（教学における学力不足の問題に着目して）．リメディアル教育研究，9(1)，98-103．

神崎秀嗣・藤田洋一・石田洋一（2014b）臨床検査技師国家試験対策自主学習ソフトの開発とその使用方法に関するプラクティス．数学教育学会

誌，55(1)，2，61-75.

神崎秀嗣・木暮祐一（2014c）医療機関でのWearabledeviceの必要性と教育．コンピュータ＆エデュケーション，37，103-105.

神崎秀嗣（2015）サイバー空間に移行し始めた図書館．パーソナルコンピュータ利用技術学会論文誌，9(1/2)，5-8.

神崎秀嗣・矢島孝浩・野見山和貴・末瀬一彦（2015a）歯科衛生士のICTリテラシーの技能とその習慣化への試み．日本歯科医療管理学会誌，191-198.

神崎秀嗣・石田洋一・藤田洋一（2015b）医療系専門学校における生化学教育の質保証に関する一考察(生化学教育における学力不足の問題に着目して)．化学教育ジャーナル(日本コンピュータ化学会)：17(1)，17-2.

神崎秀嗣・西岡良泰・菅原良（2016）医療現場のICT機器普及に伴う看護師養成におけるICTリテラシー教育の現状と提言．パーソナルコンピュータ利用技術学会論文誌，10(1)，21-28.

厚生労働省（2014）新人看護師職員研修ガイドライン（改訂版）
http://www.mhlw.go.jp/stf/seisakunitsuite/bunya/0000049578.html
(accessed2016.08.22)

佐居由美・松谷美和子・平林優子・松崎直子・村上好恵・桃井雅子・高屋尚子・飯田正子・寺田麻子・西野理英・佐藤エキ子・井部俊子（2007）新卒看護師のリアリティショックの構造と教育プログラムのあり方．聖路加看護学会誌，11(1)，100-108.

白鳥さつき（2002）看護学生の職業社会化に関する研究．山梨医大紀要，19，25-30.

専門学校麻生看護大学校（2014）「成長分野等における中核的専門人材養成の戦略的推進事業」－看護分野の中核的専門人材育成プロジェクト－.
http://www.mext.go.jp/a_menu/shougai/senshuu/1347540.htm
(accessed2016.08.22)

末瀬一彦（2014）日本の歯科技工士教育の現状と展望．日補綴会誌，6，381-386.

Super, D.E.(1980) A Life-Span, Life-Scope Approach to Career Development, Journal of Vocational Behavior, 16, 282-298.

中平沙貴子・野並由希・松村晶子・野並理佐・中井寿雄・高橋裕子・池畠千恵子・和泉明子・吉田亜紀子（2012）臨地実習における看護技術の経験

の実態．高知学園短期大学紀要，42，87-98.

長坂隆史・浜田久之・前田富士子・三浦恵子・加茂ゆかり・田畑信幸・森
　　彩・松島篤子・江崎浩典（2011）中堅看護師のためのキャリア開発ワー
　　クショップの試み．国立病院機構長崎医療センター医学雑誌，13，57-62

公益社団法人日本医療機能評価機構．
　　http://jcqhc.or.jp (accessed2015.09.04)

西田直子（2005）看護情報化とメディア・リテラシーの調査に関する分析
　　－ 1998 年と 2004 年の調査結果から－．佛教大学大学院紀要，33，193-
　　207.

日本看護協会（2012）継続教育の基準 ver.2
　　https://www.nurse.or.jp/nursing/education/keizoku/pdf/keizoku-ver2.pdf
　　(accessed2016.08.22)

日本看護協会（2016）看護師のテクニカルラダー（日本看護協会版）
　　http://www.nurse.or.jp/nursing/jissen/
　　(accessed2017.09.15)

日本看護協会（2017）「2016 年 病院看護実態調査」結果速報
　　http://www.nurse.or.jp/up_pdf/20170404155837_f.pdf
　　(accessed2017.0915)

野見山和貴・神崎秀嗣・末瀬一彦・三浦明美・安部好美・衛藤美紀・濱松鈴
　　美・植田実里・相良明宏（2015）歯科衛生士・歯科技工士養成課程での
　　ICT リテラシー実態調査．日本歯科衛生教育学会誌，6(1)，40-47.

長谷川美貴子（2012）看護学生における職業社会化と職業意識の関係性．
　　淑徳短期大学研究紀要，51, 167-184.

文部科学省平成 25 年度学校教員統計調査（2013）
　　http://www.mext.go.jp/b_menu/toukei/chousa01/kyouin/1268573.html
　　(accessed2015.09.04)

文部科学省高等教育局医学教育課課題解決型高度医療人材養成プログラム．
　　（2015）
　　http://www.mext.go.jp/b_menu/shingi/chousa/koutou/.../1344618_4.pdf
　　(accessed2015.09.04)

文部科学省中央教育審議会学士課程教育の構築に向けて（答申）2008 年 12
　　月 24 日 (accessed2015.09.04)

第9章　医療専門職とキャリア教育

石川　隆志

1. はじめに

　医師，看護師，作業療法士，理学療法士などの医療専門職は卒前卒後を通して，専門職としての知識蓄積と技術向上のために絶えず研鑽を積んでいくことが求められている。そのような意味で，キャリアアップの構造がその専門職教育の内容に組み込まれていると考えられる。医療専門職の養成年数は3年から6年と職種によって異なり，同じ職種でも専門学校と大学では養成年数やカリキュラム構成は異なっている。本章ではその特徴を踏まえ，医療専門職の教育に携わっている立場から主に作業療法士，理学療法士，看護師のキャリア教育について論じる。

2. 医療系学生における職業的アイデンティティー
〜養成校におけるキャリア教育〜

　医療専門職養成校に在籍する学生が医療専門職を選択した理由として多いのは，身近な人の中に病気や障害をもつ人がいて興味を持ち，人のために役立ちたいと考えたからというものである。一方，資格があると就職に困らない，学生の学力に基づいた高校の進路指導で勧められた等の理由で入学してくる学生もいる。そのような意味では養成校在学生の職業的アイデンティティー（Professional Identity；以下，PI）が一様ではないことが推測される。

　看護師，理学療法士，作業療法士，放射線技師を目指す学生を対象とした藤井ほか（2001）の調査によると，医療系学生のPIとして，「医療職の選択と成長への自信」「医療職観の確立」「医療職として必要とされることへの自負」「社会への貢献の志向」という4つの因子が見いだされ，特に「社会への貢献の志向」が医療系学生のPIの基礎として大きな位置

165

第二編　大学におけるキャリア教育と専門教育との「交流」

を占めており，同じ医療系学生であってもその理論的背景や社会的役割の差異によってアイデンティティーの様態は異なること，職種ごとの特徴を踏まえた学生のPIに対する教育を行っていく必要が示されている。本多・落合（2005）は医療系大学生の大学進学時の進路決定プロセスには，「決定の主体性」「職業イメージの明瞭性」「本命進路の諦め」「決定のスムーズさ」という要因があることを示し，本多・落合（2004）による「早期決定型」「途中変更型」「直前決定型」「回避型」「出会い型」という5つの進路決定プロセスとの関連を検討している。その結果，明確な職業イメージを持ち主体的な決定を行うことが，全てのPIを高め，本命進路を諦めた経験が医療職選択への自信を低めること，途中変更型は本命進路を諦めた経験を持つという傾向から，医療職選択への自信の形成に問題がある可能性を示唆している。

　作業療法学科1年次学生の入学形態とPIとの関係を検討した松谷ほか（2014）は，入学形態によるPIに差がなかったことより，学生のPI構築を積極的に促す作業療法教育方法を確立することが必要と述べている。畑田ほか（2007）は4年生医療系専門学校の作業療法学科と理学療法学科の学生を対象にPIとアイデンティティー・ステイタスとの関連について調査し，PIは希望や期待の現れとして1年生で最も高く，学年進行と共に低下することを報告している。

　医療専門職のカリキュラム構成では学年進行に伴い専門基礎科目や専門科目が組み込まれ，大学入学後は勉学だけではなくアルバイトやサークル，部活などの様々な経験をしたいと希望していた学生にとって，難しくなっていく勉学との両立が大きな課題になる。また，卒前教育の中で臨床実習（作業療法士と理学療法士養成では臨床実習，看護師養成教育では臨地実習;以下，実習）が必ず課せられ，その時間数も多いという現状がある。つまり，インターンシップがカリキュラムの中に位置づいていると考えることができる。松谷ほか（2013）は特に実習において，専門知識や技術が不足している自己の能力を認識することがPI低下の要因であると述べている。実習は実習指導者の指導のもとで，学内教育で

166

学んだ知識や技術を実践する機会のみならず，社会人，職業人として必要な態度やコミュニケーションについても学ぶ機会でもある。実習では作業療法学科，理学療法学科，看護学科の学生がそれぞれ患者(対象者)を担当することにより，実践的な学習を進めることは共通しているが，その形態は大きく異なっている。すなわち，看護学科では複数の学生が病棟単位で実習を行い指導者や養成校教員から指導を受けるのに対して，作業療法学科や理学療法学科では基本的に学生は指導者から1対1で指導を受ける。また，実習中の指導は実習地の指導者が主に行い，養成校教員の指導は実習開始前と終了後が中心となっている。そのため，実習地で出会った指導者は学生にとってのモデルとなる存在であり，学生に与える影響も大きいといえる。藤井ほか(2003)は，看護師，理学療法士，作業療法士，放射線技師を目指す医療系学生における職業的モデルがもつ特性について検討し，医療系の学生は職業的なモデルを求めてはいるものの，実際には得られていないこと，20代や60代のように，学生にとって身近すぎたり遠すぎたりする人物はモデルとなりにくいことを示し，職業的なモデルとして認知する特徴として，「患者への医療を大切にする医療者」「学生への誠意ある態度をもつ医療者」「専門家としての力量を持った医療者」「臨床への熱意を持っている医療者」の4因子を見出した。また，医療の根本である「患者への医療を大切にする医療者」をすべての学科の学生が重視しており，看護学科や作業療法学科の学生ほど，自分の職種に対する強い熱意と，その魅力について十分に伝えてくれる医療者をモデルにしやすいと述べている。この様な情報を養成校側から実習施設の指導者に提供することも重要であると考える。

　筆者もこれまで多くの学生を実習に送り出してきた。ほとんどの学生は指導者の指導のもと実践の場からしか得られない有意義な経験をして実習を終えることができるが，なかなかうまく実習を進められない学生がいることも事実である。実習を終えた後に多くの学生は専門知識や技術の不足を口にし，一見PIが低下したようにも受け取られるが，実践を通じて修得すべき課題が明確になったともいえ，その後の学習を促進

第二編　大学におけるキャリア教育と専門教育との「交流」

するような教員の指導が求められるといえる。

　さて，実習の成否には，むしろ学生の意欲，職業人として必要な態度
やコミュニケーション能力，あるいは指導者や他者との関係性などが影
響すると思われ，学生の進路決定のプロセス，学生の意欲やPIの状態
のみならず，社会人として求められる基礎的な力，すなわち社会人基礎
力（経産省, 2010）を有しているかについても把握することが必要と考え
る。具体的には，強い動機を持った学生に比べ，明確な動機を持たずに
入学してきた学生が，選択した職業への興味関心を持ち勉学への動機付
けを得て意欲を持てるような教育，主体性，働きかけ力，実行力といっ
た「前に踏み出す力」，課題発見力，計画力，想像力といった「考え抜く
力」，発信力，傾聴力，柔軟性，状況把握力，規律性，ストレスコント
ロール力といった「チームで働く力」を身に着けられるようなキャリア
教育の意義と必要性を，養成教育に関わる教員が明確に意識し，実習指
導者とも共有して専門基礎教育や専門教育，実習教育の中にも位置づけ
ていくことが重要である。例えば，当学作業療法学専攻では，専門科目
の中で1年次から3年次の学生が複数のグループごとに，与えられた課
題あるいは自ら設定した課題に取り組む学生が主体となった授業と演習
に取り組んでいる。また，1年次の初年次ゼミにおいて保健学科の看護，
作業，理学の3専攻に医学専攻を加えた講義と演習を実施し，多職種連
携と協業を経験しその重要性を理解する機会にしている。これらの取り
組みは，医療専門職種相互の理解を促すだけではなく，社会人基礎力育
成にも役立つと考えられる。

　しかし，これらの取り組みは在学中の学内外の教育の中で組織的，継
続的に取り組まれているとは言い難いのが現状である。医学教育にお
いては多くの大学において，PBL（problem-based learning）テュートリア
ルやOSCE（Objective-Structured Clinical Examination）が導入されている。
また，作業療法教育の中では田丸ほか（2006）が専門科目におけるPBL
テュートリアルについて，大浦ほか（2014）がOSCEの症例課題場面に，
ビデオ・フィードバックを併用した振り返り活動について，理学療法教

育の中では星ほか（2014）が臨床実習前のOSCEについて報告しており，臨床における課題解決能力や技能の育成にこれらの取り組みが有効であることが示唆されている。PBLテュートリアルやOSCEの導入がキャリア教育の一部の役割を担っていることに異論はないが，医療を職業として選択した一人の人間としての成長を，どの様に考えさせるかということについては，別の観点から検討していくことが必要と考える。その点で福田（2014）は，2年次の医学生を対象に仮想ケースを用いたキャリアパス作成の授業を行い，学生のキャリアに関する知識と意識の向上につながったとしている。特に，生涯にわたるキャリアを自由に考えさせており，結婚や子育てなどのライフイベントを含めたキャリアパス作成となっている点で興味深く，PBLテュートリアルやOSCEとともに医療専門職におけるキャリア教育として活用したい試みといえる。一方，中川ほか（2011）は「地域高齢者，中高年者との触れ合い」「障害を抱えた人たちとの触れ合い，地域で支える事業や会への参加」「地域のイベント事業への参加」「地域で働く専門家の活動の見学，体験」「地域住民に対する学生主体の教室開催」等のカテゴリーで行ったオフキャンパス授業の保健学教育における有用性について報告している。当学作業療法学専攻でも，専門科目の評価演習を地域在住高齢者の協力を得て実施しており，学生と地域在住高齢者双方から高い評価を受けている。このような経験は医療専門職として地域社会の人たちと交流しその実情を理解するだけではなく，医療専門職としてのあり方，自らのキャリアについて考える良い機会となると思われる。

　このような学内外におけるキャリア教育の視点に立った関わりが，教養基礎教育，専門基礎教育，専門教育のカリキュラムの中で系統的に構築され，学生の得た経験や学びがポートフォリオ等の活用により蓄積され，教員が共有して指導に生かすことができれば，医療専門職における卒前におけるキャリア教育もより発展していくと思われる。

第二編　大学におけるキャリア教育と専門教育との「交流」

3.　医療専門職における卒後教育

　医療専門職の資格取得はスタートラインに過ぎない。資格取得後の新人時代の経験を通じて，医療専門職としてキャリアアップしていくことの重要性に気づく。専門職として人のために役立ちたい，でもベテランのようにできない，すぐには役立てない，だから研鑽を積んでいかなければならないことを実感する。また，基礎的な知識や技術をさらに高め発揮していくには，社会人として基礎となる「前に踏み出す力」「考え抜く力」「チームで働く力」，すなわち前述した社会人基礎力（経産省, 2010）を獲得していくことが不可欠である。

　医療専門職の各職能団体では，卒後教育制度により会員の生涯学習とキャリアアップを支援している。公益社団法人日本看護協会（以下，看護協会）の生涯学習支援では，専門職である看護職が，個々に能力を開発，維持・向上し，自らキャリアを形成するために，継続教育の基準（2012）を示している。また，厚生労働省による「新人看護職員研修ガイドラインの見直しに関する検討会報告書」（2014）および「新人看護職員研修ガイドライン【改訂版】」（2014）に基づき，「新人看護職員臨床研修における研修責任者・教育担当者育成のための研修ガイド」（2009）により，研修の質の担保を図っている。さらに，看護協会では，専門看護師（1994），認定看護師（1995），認定看護管理者（1998）の資格認定制度（2015）を運営しており，専門看護師，認定看護師では分野特定を，認定看護師，認定看護管理者では教育機関の認定が行われている。

　一般社団法人日本作業療法士協会（以下，作業療法士協会）では，生涯教育制度を2003年に構築し（2015），教育部生涯教育委員会（2015）が会員の生涯教育とキャリアアップを支援しており，2004年度に認定作業療法士制度，2009年度に専門作業療法士制度が創設・運用されている。

　以上のような職能団体による卒後教育制度は，医療専門職に求められる専門知識を深め高い技術を身に着けることにより，国民への質の高い医療を提供することを目的として取り組まれている。

　看護協会の看護統計資料（2015）によると，2012年度の看護師総数は

106万7760人であり，性別の割合は男性が5.9%，女性が94.1%，年齢層別では29歳未満が22.2%，30～39歳が30.8%，40～49歳が26.4%，50～59歳が16.1%，60歳以上が4.5%であり，圧倒的に女性が多いとはいえ，各年齢層のバランスは取れている。一方，作業療法士協会の作業療法白書2010（2012）によると，2010年度の作業療法士有資格者数は5万3080人であり，作業療法士協会会員数4万2348人の性別構成は男性が33.9%，女性が66.1%，年齢層別では20歳代が50.4%，30歳代が35.4%，40歳代が10.5%であり，女性が多いこと，職種の平均年齢が若いという特徴がある。このように，看護師に比べ作業療法士はその数も少なく，経験年数10年程度でも中堅といわれ，場合によっては中間管理職としての役割を比較的若い年齢から任される場合もある。一方，看護師は総看護師長，看護師長，主任等，職位の階層性があり，職位に応じた役割があり管理者はより複雑な管理能力を問われるともいえる。医療専門職の養成課程では，管理業務について養成校のカリキュラムで教育する時間は少ないことから，知識や技術を高めるための研修だけではなく，管理業務や組織運営等も含んだ看護協会のような系統的なプログラムが有効であると考える。また，卒後教育や継続教育を受ける立場からいえば，それらの研修やプログラムを受けやすい環境づくりが必要であり，そういった意味では堀（2004），柿原ほか（2012）が指摘しているように，キャリアアップを支援するための管理者の管理能力が問われる時代であるともいえる。

　最後にライフイベントとキャリアアップとの関連について少しふれる。子どもを産み，育てるという役割は女性のみの役割ではないが，女性の育児の負担が大きいことは否定できない。また，家族の介護の役割を女性が担うことも多い。竹内・馬渕（2007）が，結婚，出産，育児の時期にはPIが低下し，その時期のキャリア教育をどのようにしていくかが課題と述べているように，看護師や作業療法士といった女性が多い専門職にとって，産休や育休，介護等のライフイベントはキャリアアップにとって重要な時期に重なることが多く，ライフイベントによってキャリ

第二編 大学におけるキャリア教育と専門教育との「交流」

アアップを妨げられることは避けなければならない。高橋ほか(2012)が強調したように，女性がライフイベントに左右されずに働けるシステムの構築が必要であり，制度的な対応のみならず職場や社会による理解を深めるための啓発イベントの実施や，育児中の専門職が学会や研修会への参加を可能にする託児所設置などの取り組みを積み重ねていくことが，女性が多い医療専門職がキャリアを継続しキャリアアップしていくために必要不可欠であると考える。

【文献】

一般社団法人日本作業療法士協会（2015）生涯教育手帳　手引き.
　　http://www.jaot.or.jp/wp-content/uploads/2014/04/syougaikyouiku-techou.
　　pdf（参照日 2015 年 7 月 20 日）

一般社団法人日本作業療法士協会（2015）生涯教育委員会.
　　http://www.jaot.or.jp/post_education/shougai.html（参照日 2015 年 7 月 20 日）

一般社団法人日本作業療法士協会白書編集委員会（2012）作業療法白書 2010. 一般社団法人日本作業療法士協会.

大浦智子・竹田徳則・藤田高史・古澤麻衣・木村大介・冨山直輝・林浩之・飯塚照史・坂井一也・今井あい子（2014）客観的能力試験（OSCE）場面のビデオ・フィードバックによる臨床実習前教育の取り組み. 作業療法，33, 181-190.

柿原加代子・大野晶子・東野督子・水谷聖子・沼田葉子・小笹由里江・三河内憲子（2012）継続勤務している看護師のキャリアアップに関する認識. 日本赤十字豊田看護大学紀要，7(1), 153-159.

経済産業省（2010）社会人基礎力育成の手引き―日本の将来を託す若者を育てるために. 制作調査河合塾.

公益社団法人日本看護協会（2012）継続教育の基準 Ver. 2.
　　http://www.nurse.or.jp/nursing/education/keizoku/pdf/keizoku-ver2.pdf（参照日 2014 年 12 月 30 日）

公益社団法人日本看護協会（2009）新人看護職員臨床研修における研修責任者・教育担当者育成のための研修ガイド.

http://www.nurse.or.jp/nursing/education/shinjin/pdf/sekininsha.pdf
（参照日 2014 年 12 月 30 日）

公益社団法人日本看護協会（2015）資格認定制度とは，専門看護師・認定
看護師・認定看護管理者．

http://nintei.nurse.or.jp/nursing/qualification/（参照日 2015 年 7 月 20 日）

公益社団法人日本看護協会（2015）看護統計資料

http://www.nurse.or.jp/home/publication/toukei/（参照日 2015 年 7 月 20
日）

厚生労働省（2014）新人看護職員研修ガイドラインの見直しに関する検討
会報告書

http://www.nurse.or.jp/nursing/education/shinjin/pdf/kentokai-gaiyo.pdf
（参照日 2014 年 12 月 30 日）

厚生労働省（2014）新人看護職員研修ガイドライン【改訂版】

http://www.nurse.or.jp/nursing/education/shinjin/pdf/kentokai-betu-0714.
pdf（参照日 2014 年 12 月 30 日）

高橋甲枝・清村紀子・梶原江美・伊藤直子（2012）臨床看護師の学習ニード
と個人要因および環境要因との関連．日本看護科学会誌，32(2)，34-43．

竹内久枝・馬渕弥生（2009）看護師における職業的アイデンティティーの
現状調査—アサーティブコミュニケーションとの関連から検証—．磐
田市立総合病院雑誌，11(1)，54-58．

田丸あき子・宮前珠子・中路純子・建木健・山﨑せつ子・原和子・新宮尚
人・澤田辰徳・藤田さより・小川恵子（2006）PBL テュートリアル教
育の実施携帯—海外 3 養成施設作業療法専門教育の場合—．聖隷クリ
ストファー大学リハビリテーション学部紀要，2，53-59．

中川和昌・山田圭子・浅川康吉・吉田亨・牛久保美津子・佐藤由美（2011）
保健学教育におけるオフキャンパス授業が学生にもたらす効果．医学
教育，42，337-345．

畑田早苗・馬場園陽一・北野知地・板東奈保子・福本倫之・百田貴洋（2007）
医療系学生における職業的アイデンティティ　の達成状況とアイデン
ティティー・ステイタスとの関係．土佐リハビリテーションジャーナ
ル，6，1-8．

福田吉治（2014）医学生を対象とした仮想キャリアパス作成によるキャリ
ア教育の有用性．山口医学 63，201-205．

藤井恭子・野々村典子・鈴木純恵・澤田雄二・石川演美・長谷龍太郎・山元
由美子・大橋ゆかり・岩井浩一・N.D. パリー・才津芳昭・海山宏之・
紙屋克子・落合幸子（2001）医療系学生における職業的アイデンティ
ティーの分析．茨城県立医療大学紀要，7, 131-142.

藤井恭子・本多陽子・落合幸子（2003）医療系学生における職業的モデルが
もつ特性．茨城県立医療大学紀要，9, 103-109.

星孝・粟生田博子・佐藤成登志・古西勇・松本香好美・江玉陸明・高橋英
明・斉藤慧・大西秀明・押木梨英子（2014）OSCE の準備学習期間にお
ける学生の主体的学習活動の検討．新潟医療福祉会誌，14, 2-9.

堀喜久子（2004）看護の現状と展望―看護師の卒後教育―．東海大学医療
技術短期大学総合看護研究施設論文集，14, 1-9.

本多陽子・落合幸子（2005）医療系大学生の進路決定プロセス尺度作成の
試み―進路決定プロセスの類型と職業的アイデンティティーからの検
討―．茨城県立医療大学紀要，11, 45-54.

本多陽子・落合良行（2004）重要な決定にまつわる心理的特性からみた医
療系大学生の進路決定プロセスの特徴．筑波大学心理学研究, 28, 79-87.

松谷信也・木村まり子・玉利誠（2014）作業療法学科学生の入学形態と職業
的アイデンティティーの関係．柳川リハビリテーション学院・福岡国
際医療福祉学院紀要，10, 33-37.

松谷信也・原口健三・木村まり子（2013）作業療法学科学生の自己効力感と
職業的アイデンティティーの継時的変化―3 年間の縦断的調査より―．
柳川リハビリテーション学院・福岡国医療福祉学院際紀要，9, 5-11.

第10章　医療事務職を養成する大学におけるキャリア教育

奥原　俊

1.　はじめに

　医療業界ではベビーブームに生まれた世代（団塊の世代）が，65歳から74歳である後期高齢者になることで，高齢者人口が約3,500万に到達し，医療費が著しく増加する2025年問題に多くの人々が警鐘をあげている。ところが，上記の問題について医療事務職を希望する大学生の就職状況として捉えると，2025年を境に高齢者の減少から介護施設，及び病院の規模が減少することは想像に容易くない。そのため，医療事務職を希望する大学生を養成する教育機関にとっては，2025年以降に起こる高齢者の減少に伴う医療機関の規模縮小や廃止による医療事務員の就職状況を想定した就職支援が進められてきている。そこで，本章では，まず医療事務職の役割と医療事務職を養成する大学の現状について述べる。次に医療事務職を養成する大学の試みに言及するために従来のキャリア支援，及び新しいキャリア支援の比較について述べる。そのため，本章では医療事務職を養成する大学の学生が持つ就職希望先の進路に対する意識を調査し，その後に2025年問題を想定した医療事務職を養成している医療系大学の新たなる取り組み，及び今後の教育について言及し，最後に全体のまとめを述べる。

2.　医療事務職を養成する大学の現状

　国の医療費は年々増加し，厚生労働省の公表によれば2013年の国民医療費は約40兆1,000億円で前年度比2.2%の増，人口1人当たりの国民医療費は約31万5,000円にもなっている。これに連動するように保険医療機関から請求されている診療報酬明細書（以下，レセプト）の件数も膨大なものとなっている。つまり，現在は高齢者人口の増加に伴い，レセ

第二編　大学におけるキャリア教育と専門教育との「交流」

プトなどの業務が多くなるため，医療事務員の育成が望まれているのである。ところが2025年を境に高齢者が減ることで，病院などの医療機関の規模縮小や廃止が行われ，医療事務職の就職先が先細ることは容易に想像ができる。

　以上のように医療介護需要に医療機関は依存した経営になっており，その経営状況に医療事務職の就職状況は左右されている。そのため，医療事務職を養成する大学では医療機関が求める人材を常に模索しながら教育を学生に行っている。そこで，本節では医療事務職を要請する大学の現状について述べるために医療事務職とはどのような職であるのかについて述べ，その後，医療事務職を要請する大学の教育方針に影響を与える医療現場が求める医療事務職に言及する。最後に節のまとめとして医療事務職を要請する大学の現状について述べる。

2-1. 医療事務職と医療現場が求める医療事務職

　本項では医療事務職の業務内容，医療現場が求める医療事務職について述べる。

【医療事務職】

　医療事務職は医療従事者のひとつであり，専門的知識と技術を行使し，できる限り自立的な生活ができるよう手助けをする必要がある病気や障害を持った人のために医療機関で働く仕事である。さらに医療事務員は他の医療系である医師，看護師，放射線技師などの資格所有者のみが業務を行うことができる業務独占資格とは異なり，特定の資格がなくても業務を行うことが可能であるため，医療系以外の大学からも就職ができる。そのため，医療事務員の業務内容を資料作成，郵便物の仕分け，来客対応などの一般的な事務の業務と同様に捉えられることもあるが実際の業務内容はかなり異なる。表1に示したように従来の医療事務業務は大きく分けると受付業務，医事課業務，クラーク業務，医療秘書業務の4つに分類される。

第10章　医療事務職を養成する大学におけるキャリア教育

表1　従来の医療事務職の主な4つの業務

	内容
受付業務	予約等の電話対応，保険証や診療券の預かり，金銭授受等が含まれる。また，受診科への案内や待合室の管理も業務内容である。
医事課業務	診療の計算や領収書などを発行する会計業務，カルテの管理・保管のほか，診療報酬請求事務（レセプト業務）である
クラーク業務	外来患者の受診の受付・案内，カルテの準備，病棟では入退院の事務手続きから食事の手配，お見舞いの受付など幅広い業務，他部門との連絡，患者の個人情報に接することが多いため，プライバシー保護も重要になっている。
医療秘書業務 医師事務作業補助業務	医師・看護師のスケジュール管理，カルテ，処方箋の記載，紹介状の作成などを代行する。

　以上の表1に示されている業務内容が実際の医療現場での役割になっている。

【医療現場が求める医療事務職】

　地域住民が求める医療サービスは常に変化しており，医療機関はその要望に応える必要がある。例えば就労によって若者が都市部に出て行った集落など高齢者を中心とした医療機関では公共交通機関や自動車による移動が困難な人のために訪問医療の充実をはかっており，地域に合わせたサービスの提供を実施している。

　以上のような地域の実情に応じた医療を提供することが近年の医療機関では求められている。医療機関ではその地域の実情を把握するために病院情報システムが利用されている。病院情報システムは医療機関ごとに医事会計システム，オーダリングシステム，電子カルテシステムと変遷し，導入された経緯がある。そのため，かつては医療機関ごとに扱うデータが異なった形式で保存されており，多くの日常業務がデータ化され，情報を抽出・収集が可能になったものの他の病院と比較するなどの地域住民の要望分析に利用することは困難であった。

第二編　大学におけるキャリア教育と専門教育との「交流」

　しかし，現在はデータの標準化などで膨大な情報が医療機関で統一され，レセプト情報などの医療分野の膨大なデータ（以下，ビッグデータ）の分析が行われるようになった。それらのビッグデータは医療機関で経営改善や行政の医療政策の策定などに利用されている。一方で，ビッグデータを分析できる人材は医療機関では不足しており，育成が急務になっている。それらビッグデータを分析する仕事を医療機関では医師，看護師などの国家資格を持つ特定の業種からではなく，医療事務職の業務のひとつとしている。そのため，医療事務職者は通常の医療事務の業務に留まらず，ビッグデータの分析という業務内容が新たに追加され，ますます多様な業務内容になった。

　ところが医療現場で既に医療事務職者として勤めている人材はコンピュータシステムの扱いはおろか，ビッグデータの分析が可能な人材が少ないという大きな問題が発生している。そのため，医療機関は医療事務職を要請する大学に従来の業務だけにとどまらず，ビッグデータの分析が行える人材の育成を求めている現状がある。

2-2. 医療事務職を養成する大学の現状

　本項は先の2.1項を踏まえて医療事務職を養成する大学の現状について述べる．まず，従来の医療事務業務の知識やスキルを医療機関に証明するために大学が行っている認定資格に対する取り組みについて言及する。その後，医療機関が新たに求める人材を育成するためにビッグデータの分析業務の内容に対応した授業カリキュラムについて述べる。

　まず，従来の4つの医療事務業務（表1）に対して医療事務職を養成する大学での取り組みについて言及する。医療事務職を養成する大学では従来の4つの医療事務業務（表1）を実地で教えることは医療機関の現場でないため，できない。そのため，医療事務職を養成する大学では医療事務職の業務内容の基礎知識を学ぶために講義を開講する。医療事務職を養成する大学では学んだ知識を医療機関に客観的に評価して貰うために医療事務職の業務内容に即した資格試験を受講するように促している。

さらに医療事務職を養成する大学では自主学習の時間にわからなかった資格の内容を学生チューターに相談できるような取り組みを実施している。以上のように資格試験の取得を支援することで，学生に対し，より医療系の事務職に必要な知識が学べるように努めている。

　以下に実際に医療事務職を養成する大学で受験を薦めている資格を表2，表3，表4，表5に業務内容別に示す。特に表2で示した医療系事務職の中でも医療事務職に重要な医事課業務であるレセプト業務や外来患者の受診・受付，カルテの準備や検査データの整理など医療事務に必須の業務に関する資格を学ぶ医療事務職を養成する大学が多くなっている。

表2　医療事務に関する資格一覧

	資格名	概要
医科	診療報酬請求事務能力認定試験	診療報酬請求事務従事者の資質の向上を図るため，公益財団法人日本医療保険事務協会が実施する全国一斉統一試験である。
	医療事務技能審査試験（メディカルクラーク）	医療事務業務に従事する者の有する知識および技能の程度を審査し，証明することによって，医療事務職の職業能力の向上を図ることを目的とした一般財団法人日本医療教育財団が実施する医療事務技能審査試験である。
	医療事務実務士	診療報酬請求事務で求められる一定の能力を有することを証明するため，都道府県知事認証特定非営利活動法人医療福祉情報実務能力協会が実施する医療情報実務能力検定試験である。
	医療保険請求事務者	医療保険請求事務者認定試験として，レセプト業務や窓口・会計業務など医療事務全般に求められる知識と技能を評価するために全国医療関連技能審査機構が実施している。
	医療事務管理士技能認定試験	医療保険制度や診療報酬の仕組みを理解し，正確な診療報酬を算定できるスキルの証明を行うために，技能認定振興協会が実施している。
	医事管理士	医事管理に必要な事務処理能力やマネジメント能力の証明を行なうために，財団法人日本病院管理教育協会，及び大学・短期大学医療教育協会が認定する資格である。

第二編　大学におけるキャリア教育と専門教育との「交流」

医科	医療事務検定試験	全国医療技能検定協議会が実施する受付業務，カルテ管理業務，オペレータ業務，会計業務，診療報酬請求業務など，医療事務員の業務を円滑に遂行していくための医療保険の仕組み，治療費の計算方法，診療報酬請求の仕組みなど病院等で必要とされている専門知識を証明する検定試験である。
	医療秘書技能検定試験	一般社団法人医療秘書教育全国協議会が実施する医療秘書業務に必要な，医療事務，医療機関の組織・運営，医療関連法規，医学的基礎知識に関する知識と技能のレベルを評価，認定する医療秘書技能検定試験である。

　次に表3で示した資格は医療事務職に隣接する診療情報管理士や医療事務の中でも電子カルテなどで，診療情報に主に関わる資格である。「診療情報」とは，診療の過程で患者の身体状況，病状，治療等について，医療従事者(医師，歯科医師，薬剤師，看護師など)が知り得た情報のことである。

　近年は個人情報の保護やインフォームド・コンセント（医師が治療方針などを説明し，患者の同意を得ること）の理念を考慮する必要があり，診療情報は極めて重要である。そのため，医療事務職を養成する大学では診療情報管理士認定試験などの診療録の管理する業務に携わる人材育成のために表3に示した資格試験の取得を薦めている。

表3　診療情報，及びレセプトコンピュータに関する資格一覧

	資格名	概要
診療情報 レセプト コンピュータ	診療情報管理技能認定試験	財団法人日本医療教育財団が診療情報管理業務に従事する者の病名コーディング技能等を評価，職業能力の向上と社会的経済的地位の向上に資することを目的として実施している。
	診療情報管理士認定試験	診療録のデータや情報を加工，分析，編集し活用することにより医療の安全管理，質の向上および病院の経営管理に寄与する診療情報管理士を認定する試験である。

180

第 10 章　医療事務職を養成する大学におけるキャリア教育

	資格名	概要
診療情報 レセプト コンピュータ	病歴記録管理士 資格認定試験	病歴記録事務(カルテ管理)に従事するための必要な知識・技能を証明する試験である。
	医事コンピュータ 技能検定試験	医事コンピュータによるレセプト作成能力と医療事務，コンピュータの知識が問われる試験である。
	医事オペレータ 技能認定試験	医事コンピュータの操作・処理に関する知識と技能のレベルを評価，認定し，その職業能力の向上と社会的経済的地位の向上に資することを目的として実施している。
	医事情報システム オペレーター	医療事務の基礎を身につけた上で，カルテやレセプトの入出力等の医療事務に関するコンピュータの操作技術を判定する医療事務資格である。

　また，医療事務職を養成する大学では，学生が働く医療機関（病院，クリニック，調剤薬局，介護施設など）を考慮して多様な資格（表4，表5）の受験を薦めている。例えば表4で示した調剤事務に関する資格では，医療事務とは異なる事務スキルを証明する資格を取得するように医療事務職を養成する大学では促しており，調剤薬局は学生の就職後の進路のひとつとなっている。

　また，介護事務に関する資格なども薦めていることもあり，医療事務職を養成する大学では医療事務職以外の医療系事務職に就く学生もいる。以上が従来の医療事務職の内容とその養成機関の現状になる。

表 4　調剤事務に関する資格一覧

	資格名	概要
調剤	調剤事務管理 技能認定試験	保険調剤薬局の受付けや会計，レセプト業務などを担当する事務スタッフのスキルを証明するために技能認定振興協会が実施している。
	調剤報酬請求 事務専門検定試験	医療費抑制の政策により，年々厳しく複雑になる調剤報酬改定に迅速に対応し，的確に算定及び説明が出来る人材を認定するために調剤報酬請求事務専門士検定協会が実施している。

第二編　大学におけるキャリア教育と専門教育との「交流」

調剤	薬剤情報担当者	医学知識に基づく薬理・薬剤学・病理学と代替医療知識，コミュニケーションスキルの3つの知識修得を認定する資格である。受験資格は薬剤情報担当者に関する講座を修了した者に対して受験を認めている。なお，業務の経験が勤続年数1年以上あり，実務経験者と確認が取れる者に協会規定の実務経験証明書を発行し，受験が可能となる。
	調剤報酬請求事務技能認定	調剤報酬請求事務業務の従事者として必要な調剤報酬請求事務等の知識と技能のレベルを評価，認定することによって，その職業能力の向上と社会的地位の向上等に資することを目的として一般財団法人日本医療教育財団が認定試験を実施している。
	医療保険調剤報酬事務士	医療保険調剤報酬事務士は，医療保険学院を主催団体とする検定試験である。受験資格は医療保険学院が指定した通信講座を受講し，試験に合格した者に医療保険調剤報酬事務士として認定する。

表5　介護事務に関する資格一覧

	資格名	概要
介護	介護事務管理士技能認定試験	介護事務管理士とは，サービス事業所の受付けや会計，レセプト業務などを担当する事務スタッフのスキルを一般財団法人日本医療教育財団が証明するために実施している。
	介護保険事務管理士資格認定試験	介護保険事務管理士とは特別養護老人ホームや療養病床を持っている介護保険施設で，介護報酬請求事務を行う知識や能力があることを認定するために団法人日本病院管理教育協会が実施している。
	ケアクラーク技能認定試験	介護事務業務の従事者として必要な社会福祉制度や介護報酬請求事務などに関する知識と技能のレベルを評価，認定することによって，その職業能力の向上と社会的経済的地位の向上に資することを目的として，一般財団法人日本医療教育財団が実施している。
	福祉事務管理技能検定試験	医療機関及び社会福祉施設から望まれている社会保障制度全般の知識を有しながら，介護保険制度と介護報酬請求事務の能力をもつ人材を育成する目的で創設された試験である。

第 10 章　医療事務職を養成する大学におけるキャリア教育

　以上が従来から医療機関に求められている医療事務業務内容に関する資格であるが，近年では2.1項で言及した医療分野のビッグデータ分析による経営分析ができる人材のニーズが高まってきている。そのため，医療事務職を養成する大学では，都道府県が制定した病症整理単位である医療圏などを用いて業務分析を講義で実施し，新たな医療機関の要望に対応することを目指している。

3. 学生の意識と医療事務職を養成する大学の就職支援

　前節では医療事務職を養成する大学の現状を述べた。ここでは医療事務職を養成する大学を具体的にひとつ取り上げて，実際に行なわれている2025年問題に対応した就職支援について議論する。本節では，藤田保健衛生大学医療科学部医療経営情報学科の協力をもとに学生の進路支援と進路に関する調査を行った結果について論述する。その結果，病院以外に就職を希望している学生が，徐々にではあるが増えてきていることがわかった。調査は，はじめに新入生の進路に対する意識の調査した結果について述べる。その後，2010年から2014年に卒業した学生の進路希望と進路先について言及し，2025年以降に起こる高齢者人口の減少に伴う，病床の減少する2025年問題を踏まえた取り組みについて論じる。

3-1. 従来のキャリア支援

　藤田保健衛生大学医療科学部医療経営情報学科は，学生が持っている病院に対する漠然としたイメージを，実際の労働現場である病院で実習を行うことにより，医療人としての意識付けを目的としている。

　1年次では，ア　リーェクスボージャーとして早期体験臨地実習を三重県の七栗記念病院で行う。早期体験臨地実習は回復期リハビリ病棟や緩和ケア病棟の施設見学を通して，将来の医療系職種を担う専門職で活躍することを目指す医療人としての心構えや自覚を養う目的で実施している。

　さらに2年次では藤田保健衛生大学付属病院の第一教育病院などを見

183

第二編　大学におけるキャリア教育と専門教育との「交流」

学する。第一教育病院の見学は学生を少人数の班に分け，班単位で各部門をローテーション方式で行い，病院を支える個々の組織の活動の概略を説明する。実地で見聞することにより，座学で得た知識を確実なものとし，以後の授業に対する意欲の向上と職業に対する理解を深めることを目的にしている。3年次は診療情報管理士資格認定試験の受験に必須条件となっている病院での実習(以下，診療情報管理実習)を行う。診療情報管理実習は全国各地の実習生を受け入れている病院で情報管理と活用の実務等を体験することにより，机上では得られない診療情報管理士という職種の理解を通し，3つの目標を掲げて実施されている。

(1)　病院の基本的機能，院内の情報流通経路としくみ，診療情報管理部門の位置付けと機能，各部門の連携，病院情報システムなどを理解することを目指す。
(2)　診療情報の具体的管理体制と意義，活用方法についての理解を深める。
(3)　病院内の様々な人との交流により，適切なコミュニケーション能力や接遇マナーを体得し，医療シームの一員としての意識の自覚を促す。

　学生は上の(1)から(3)を目標とし，診療情報管理実習を実施している。診療情報管理実習の終了後に実習報告書を作成し，各施設の報告会を行う。最終学年である4年次では，臨地実習として，1か月ほど，実際の医療現場で実務に携わり，医療人としての心構えや自覚を養い，医療に関わる一般常識，及び専門知識を再度確認する。さらに臨地実習では実務能力を取得，及び患者の接遇のマナーや他の医療従事者とのコミュニケーション能力を高めることにより，医療人として活躍するために必要な知識，技能，態度を身につけることを目指す。臨地実習は1年次から4年次の学習成果が総合的に試され，下の5つを目標としている。

第 10 章　医療事務職を養成する大学におけるキャリア教育

(1)　患者に対する接遇態度，コミュニケーション能力を身につける

(2)　チーム利用に必要となる他職種とのコミュニケーション能力を身につける

(3)　病院管理業務の実務を経験し，業務理解を深める

(4)　病院全体での外来，及び入院医療の進め方，部門間の業務連携を理解する

(5)　患者個人情報の保護，秘密義務，病院情報システムのセキュリティについて理解する

　以上が従来のキャリア支援であり，医療人としての心構えや職場体験を通じて学生が医療機関に勤めることを前提とした就職支援である。

3-2.　学生の意識と医療事務職を養成する大学の新しいキャリア支援

　前項では，従来の医療人としてのキャリア支援について言及したが，本項は 2025 年問題を考慮したキャリア支援の具体的なモデルとして藤田保健衛生大学医療経営情報学科の調査をもとに論述する。特に新入生，卒業生の就職先，及び新しいキャリア支援方法に関して調査を実施し，その結果について述べる。まず，2016 年度入学者の調査結果について述べる。医療系の職業に従事したいという学生が 46％であり，その他 (SE など) の職業に従事したい学生が 20％であった。また，職業の業種を特に決めていない学生は 34％と多い傾向にあった。上記の結果は医学部，看護学部など独占資格を取得し，看護師，もしくは医者として病院に勤務することが容易に想像出来る学部とは異なると思われる。特定の国家資格を持つことで就労が可能となる他の医療系ではない医療事務に来る新入生は自身が将来どのような職業に就くのかをイメージできていないことがわかった。次に 2010 年から 2014 年に卒業した学生の進路希望の調査結果 (図 1)，その実際の進路先の調査結果 (図 2) について述べる。

　進路希望の調査結果 (図 1) を見ると，多くの学生が医療機関に就職を希望しているが，2013 年から企業・研究所を希望する学生が現れたこと

185

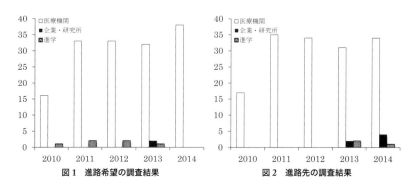

図1　進路希望の調査結果　　図2　進路先の調査結果

がわかる。さらに実際の進路先の調査結果（図2）を見ると2013年の学生から企業に就職している人数と割合が増えていることがわかる。

その理由を調査すると藤田保健衛生大学では2025年問題に対応するために，減少が予想される病院以外の医療に関係がある企業を対象としたインターシップの提携を実施した。特に2013年に藤田保健衛生大学医療経営情報学科とインターシップの協定を結ぶために企業が訪問しており，翌年にはインターシップの協定を結んでいる。

主な提携先は電子カルテシステムを作成するトーテックアメニティ株式会社などで，医療系の知識を学んだ学生の活躍が期待できる環境に焦点を絞っている。特にトーテックアメニティ株式会社とは2014年からインターシップの協定を結び，本年度の学生の企業への就職を病院以外にも目を向ける結果となっている。また，インターシップを希望する学生が2016年には3名おり，今後も増えていく事が見込まれている。以上のように医療事務職を養成する大学は2025年以降に起こる高齢者人口の減少による病院の減少を見越して，医療の知識が必要な企業と連携することで活路を見出そうとしている。

4．今後の教育について

今後も医療事務職を養成する大学は医療系の特色を生かし，医療機関ではない企業などに就職する学生を育成することで，就職口の裾野を広

げていくと思われる。しかし，ただ学生が就職を希望する一般企業に対して，他の大学の様な早期キャリア支援をするだけでは，医療事務職を養成する大学の学生は就職が難しいと思われる。なぜならば，医療事務職を要請する大学は医療従事者を育成する機関として一般企業から認知されており，他の異分野の一般企業に就職することは医療系で学んだ利点を全く活かせないからである。そのため，単純な就職口を拡大するだけでは医療系の特色が失われ，他の一般大学の学生と差別化ができない。また，医療事務職を要請する大学では日進月歩の医療知識を学ぶため，病院実習などの複数年度に渡る一朝一夕に身につかない様な体験的学習が実施されている。その事情から他の一般大学が実施している就職支援をそのまま導入することは時間的に難しいという現状がある。よって，医療事務職を養成する大学では，一般大学の就職支援をそのまま導入するのではなく，医療系の特色を生かした就職の支援をすることが望ましいと思われる。

　つまり，医療事務職を養成する大学は従来の医療機関に就職する学生の支援を柱にすると共に他の大学との差別化が必要である。そのため，医療事務職を養成する大学は医学に関する知識を習得していることを医療系大学の特色とし，医療に関わる企業に就職できるように支援することが今後も発展していくためには不可欠だと思われる。

5. おわりに

　医療事務職を養成する大学は日々進歩する医療機器や変遷する社会に合わせた教育が求められている。医療サービスを受ける地域住民，医療サービスを提供する医療機関などの医療現場が密接に関わる医療事務職を養成する大学では他の一般的な大学と比較してその影響は大きいと考えられる。特に高齢者人口が増加する2025年前までは医療需要が比較的に安定しており，学生の就職状況は大きな問題はないものと思われる。しかし，高齢者人口が減少する2025年以降は医療機関でサービスを受ける人口が落ちてくるため，医療事務職の学生の就職状況は悪化するこ

第二編　大学におけるキャリア教育と専門教育との「交流」

とは容易に想像できる。そこで，本章では医療事務職と医療現場が求める医療事務職から医療事務職を養成する大学の現状について言及した。さらに医療事務職を養成する大学のキャリア支援の取り組みについて言及した。そして，最後に今後の医療事務職を養成する大学の教育について述べた。その内容は医療系の大学として発展することが医療事務職を養成する大学の学生にとって就職活動するのに極めて重要であり，単純に他の一般大学を真似た支援をすることは避けた方が良いという結論になった。そのため，2025 年の高齢者人口が減少する問題に対応するために医療事務職を養成する大学は医療機関，及び医療に関わる企業に対する就職の支援を行うことが最も望ましいと思われる。

【文献】

厚生労働省（2016）福祉・介護 地域包括ケアシステム．地域包括ケアシステムの実現へ向けて：今後の高齢者人口の見通し．
　　http://www.mhlw.go.jp/seisakunitsuite/bunya/hukushi_kaigo/kaigo_koureisha/chiiki-houkatsu/dl/link1-1.pdf

厚生労働省（2013）平成 25 年国民医療費の概況 結果の概要．
　　http://www.mhlw.go.jp/toukei/saikin/hw/k-iryohi/13/dl/kekka.pdf

公益財団法人日本医療保険事務協会 診療報酬請求事務能力認定試験の概要（2016 年 6 月 30 日閲覧）．
　　http://www.shaho.co.jp/iryojimu/exam/

一般財団法人 日本医療教育財団技能審査認定 医療事務技能審査試験．（メディカル クラーク®）（2016 年 6 月 30 日閲覧）．
　　http://www.jme.or.jp/exam/mc/pdf/outline01.pdf

都道府県知事認証特定非営利活動法人医療福祉情報実務能力協会 医療情報実務能力検定試験（2016 年 6 月 30 日閲覧）．
　　http://www.medin.gr.jp/exam_sche/exam_med_info.html

全国医療関連技能審査機構 医療保険請求事務者認定試験（2016 年 6 月 30 日閲覧）．
　　http://www.zenkokuiryo.co.jp/exam.html

株式会社技能認定振興協会 医療事務管理士技能認定試験（2016 年 6 月 30 日

閲覧).

http://www.ginou.co.jp/iryoujimu/tabid/157/Default.aspx

一般財団法人 日本病院管理教育協会 医療管理士資格認定試験 (2016 年 6 月 30 日閲覧).

http://www.jh-mgt.org/ijikanri.html

全国医療技能検定協議会 医科医療事務検定 (2016 年 6 月 30 日閲覧).

http://www.an-mc.com/k_ika.html

一般社団法人医療秘書教育全国協議会 医療秘書技能検定試験 (2016 年 6 月 30 日閲覧).

http://www.medical-secretary.jp/iryo/shinsa/1k.html

一般財団法人 日本医療教育財団 診療情報管理技能認定試験 (2016 年 6 月 30 日閲覧).

http://www.jme.or.jp/exam/mr/

一般社団法人 日本病院会 診療情報管理士認定試験 (2016 年 6 月 30 日閲覧).

https://www.jha-e.com/top/abouts/license

一般財団法人 日本病院管理教育協会 病歴記録管理士 (2016 年 6 月 30 日閲覧).

http://www.jh-mgt.org/byorekikiroku.html

一般社団法人医療秘書教育全国協議会 医事コンピュータ技能検定試験 (2016 年 6 月 30 日閲覧).

http://www.medical-secretary.jp/iji/

一般財団法人 日本医療教育財団 技能審査認定 医事オペレータ技能認定試験（メディカルオペレータ）(2016 年 6 月 30 日閲覧).

http://www.jme.or.jp/exam/mo/

全国医療関連技術審査機構 医事情報システムオペレーター (2016 年 6 月 30 日閲覧).

http://zenkokuiryo.co.jp/exam.html

株式会社技能認定振興協会 調剤事務管理士技能認定試験 (2016 年 7 月 1 日閲覧).

http://www.ginou.co.jp/chozai/tabid/159/Default.aspx

一般社団法人 専門士検定協会　調剤報酬請求事務専門士検定協会 (2016 年 7 月 1 日閲覧).

http://www.chozai.isiyaku.org/

第二編　大学におけるキャリア教育と専門教育との「交流」

都道府県知事認証特定非営利活動法人医療福祉情報実務能力協会 薬剤情報
担当者.

http://www.medin.gr.jp/exam_sche/exam_medical_info.html

一般財団法人 日本医療教育財団 技能審査認定 調剤報酬請求事務技能認定.

http://www.jme.or.jp/exam/df/

医療保険学院 －株式会社 エム・アイ・シー 医療保険調剤報酬事務士検定試験

http://www.mic-kk.co.jp/school/index.html

一般財団法人 日本医療教育財団 技能審査認定 介護事務管理士技能認定試験 .

http://www.ginou.co.jp/kaigo/tabid/161/Default.aspx

一般財団法人 日本病院管理教育協会 介護保険事務管理士.

http://www.jh-mgt.org/kaigohokenjimu.html

一般財団法人 日本医療教育財団 技能審査認定 ケアクラーク技能認定試験
（ケア クラーク®）.

http://www.jme.or.jp/exam/cc/

一般社団法人医療秘書教育全国協議会 福祉事務管理技能検定試験.

http://www.medical-secretary.jp/hukushi/

第三編

大学から社会への「移行」

序論　大学から社会への「移行」

松下　慶太

　第三編では大学から社会への「移行（トランジション）」についての論考を収録する。大学から社会への「移行」は本来多様な道筋がありうるが、少なくとも日本の大学におけるキャリア教育という文脈では、就職活動を通じて企業に入っていくプロセスと言い換えることができるだろう。

　まず日本の就職システムについて確認しておこう。学校基本調査によると1990年に36.3％だった大学進学率（短大含む）は2000年には49.1％に、さらに2010年には56.8％、また2017年には57.3％と6割に迫るほど高まり、大学のユニバーサル化が指摘されるようになった。しかし、世界的に見ると、OECDの調査では韓国やフィンランド、アメリカなど大学進学率が80％を超えている国もあり、日本においてもさらに大学進学率が上昇する可能性は高く、大学のユニバーサル化はさらに進展すると思われる。

　こうして日本においては2000年代以降高校から大学に進学し、企業に就職するというルートが「一般的」となっていった。企業に就職する際に学生は就職活動（企業にとっては採用活動）を行う。1960年代以降、日本では終身雇用、年功序列などを特徴とする雇用システムが成立、普及してきた。大学から企業への移行プロセスにおいては新卒一括採用システムがそれにあたる。この企業の採用における新卒一括採用システムが教師や医者、弁護士など専門職を除き「就職活動」という日本独特とも言える移行プロセスにおける「通過儀礼」を生み出すことになった。

　新卒一括採用システムは70年代、80年代と日本が順調な経済発展を遂げている間は良質な労働力を提供するシステムとして機能してきた。しかし、バブル経済崩壊後の90年代以降は、こうした日本型雇用システムに動揺が見られ、1990年代末から派遣労働など不安定な働き方が拡大

第三編　大学から社会への「移行」

してきた。この時代は「就職氷河期」と呼ばれるなど就職率が低下し、フリーターやニートなどが問題視され、当時の若者たちは「ロストジェネレーション（ロスジェネ）」と呼ばれるなど、大学から社会への「移行」がスムーズに行かないことが社会問題として取り上げられるようになった。

　2000年代初期はITバブルを背景に、学生たちが就職活動を経ずに企業を立ち上げる起業ブームが起こり、必ずしも就職活動を経ない「移行」が広がるかに思われた。一方で、2008年前後はリーマン・ショックを受けて製造業を中心に非正規雇用、派遣切りが問題になるなど、「正社員」でない不安定な雇用スタイルはリスクをはらんでいるということが露わになった。

　ベック（1997）が指摘するように、後期近代において「個人化」が進んでいくことで、階級や身分など社会システムやカテゴリーから解放され、自分が能動的に判断、選択できるようになるのと同時に、さまざまなリスクや選択の責任が（時代や社会政策が理由であったとしても）個人に帰せられるようになった。こうした社会を本田（2005）は身分、学歴など客観的な指標で決定される「メリトクラシー（業績主義）」ではなくコミュニケーション力や人間力など全人格的な能力をもって評価する「ハイパー・メリトクラシー（超・業績主義）」の社会と表現した。乾（2010）はこうした個人化のもとにある「自分固有の人生」を再帰的（Reflexive）な人生であると指摘した。すなわち、私たちは、自己の行った行為や過去を振り返りながら意味づけし直すことを通して自分の人生をコントロールする時代に生きているのである。キャリア教育などで自分の「軸」を見つける、学生時代に頑張ったことを語るといった自己分析がキャリアデザインとつなげて考えられ、またその作業が就職活動の基礎作業になっていることはこうした状況を反映していると言える。

　それでは、このような時代状況の中で企業はどのような人材を採用しようとしているのだろうか。そして、そのために大学でどのような教育が行われているのか。企業においてはそれまでOJTや研修など企業が教育・学習機会を提供し、人材を育成してきた。しかし、企業自体に余

裕がなくなると、こうした企業内において人材を育成するシステムがうまく機能しなくなってくる。そのため、採用においてもすぐに組織に適応し、仕事をすることができうる「即戦力」を求めるようになってきた。それを能力レベルに言い換えたのが経済産業省が2006年より唱えている「社会人基礎力」であろう。「社会人基礎力」とは「前に踏み出す力」、「考え抜く力」「チームで働く力」の3つの能力からなっている。そして、「前に踏み出す力」においては「主体性・働きかけ力・実行力」「考え抜く力」においては「課題発見力・計画力・創造力」、「チームで働く力」においては「発言力・傾聴力・柔軟性・状況把握力・規律性・ストレスコントロール力」とそれぞれの能力に対して、計12の能力要素から構成されている。これらは従来の教養や基礎学力、専門知識といった、何を知っているかという「知識」ではなく、技能や態度を含む様々な心理的・社会的なリソースを活用して、特定の文脈の中で複雑な要求(課題)に対応することができる力、すなわち「コンピテンシー(能力)」という視点での評価軸である。企業が求める人材に必要な「コンピテンシー(能力)」としての「社会人基礎力」をどのように身につけるのかはユニバーサル化した大学教育において重要な課題となっている。インターンシップ、産学連携プロジェクトなどが多くの大学で正規のカリキュラムとして取り入れられるようになった。そして、こうした各大学での取り組みは「社会人基礎力グランプリ」あるいは「社会人基礎力を育成する授業30選」として取り上げられるようになった。

このように大学でのキャリア教育、また正課カリキュラムにおいて社会への「移行」を意識したプログラムが広がっていく中で、何を学ぶか、だけではなく、誰と学ぶか、も重要な要素である。なぜなら、大学は比較的同質性の高いコミュニティであり、前提を共有している人とのコミュニケーションが中心となっているが、実際の社会では年齢や趣味、またグローバル化が進む現在においては国籍や思想、宗教なども含めて前提を共有していない人とコミュニケーションを取り、一緒に仕事を進めていく状況が当然となってくるからである。舘野(2014)は大学から企

業への移行と大学生の人間関係に関する調査から，大学において学生が
「異質な他者」とつながる行為は，企業に入った際に不確実性を減少させ，
スムーズな組織社会化を進めることを指摘している。ここからも分かる
ように，他の学部の学生，他の大学の学生，社会人など「異なる他者」を
どのように学びに介在させるかは今後のキャリア教育をデザインしてい
く上で重要な要素になってくると言える。

【文献】

U. ベック・S. ラッシュ・A. ギデンズ（松尾精文・叶堂隆三・小幡正敏（訳））
　　（1997）再帰的近代化 - 近現代における政治，伝統，美的原理，而立書房.
本田由紀（2005）多元化する「能力」と日本社会 ―ハイパー・メリトクラ
　　シー化のなかで，NTT 出版.
乾彰夫（2010）＜学校から仕事へ＞の変容と若者たち－個人化・アイデン
　　ティティ・コミュニティ，青木書店.
溝上慎一・松下佳代編（2014）高校・大学から仕事へのトランジション，ナ
　　カニシヤ出版.
舘野泰一（2014）入社・初期キャリア形成期の探求：「大学時代の人間関係」
　　と「企業への組織適応」を中心に．中原淳・溝上慎一（編），活躍する
　　組織人の探求，東京大学出版会.

第11章 「ダイナミックプロセス型キャリア」のケーススタディによるキャリア観の醸成

勝又　あずさ

1. はじめに

　「僕の自己紹介はこれを読んでください」とプロフィール代わりにいただいたものは，大学生がゼミの課題で取材し作成した，その方の「他人史」だった。「人生をこうやって辿ると本当にいろいろありました。当時の悩みや挫折も今になれば物語です。上手く書いてくれたから僕はこうやって使わせてもらっています」。その作品には，少年時代，大学時代，そして就職後今に至るまでの修羅場が，本人の語り口で記されていた。

　前頁までの序論 (松下2017) に記された，1.人は自己の行為や過去を振り返り意味づけし直しながら人生をコントロールしていること。2.異質な他者とつながることが重要であること。3.リスクや選択の責任が個人に帰せられ，人間力など全人格的な能力をもって評価する社会が到来したこと。これらの主張を，本章では「ダイナミックプロセス型キャリア論」とともに解説していく。

　ダイナミックプロセス型キャリア論 (花田2013) では，自分は人生で何を得たか，自己実現したかというよりも，目指すプロセスにおいてどのように取り組み，どのような努力をしたか，予測不可能で矛盾に充ちた日々刻々と変わる社会で何を大切にして取り組んだかを重視している。

　成城大学の正課科目「キャリアモデル・ケーススタディ」では，このような生き様(プロセス)を語り合い，キャリアの在りかたを追究し，個人課題として前述の他人史を作成した。

　本章前半はダイナミックプロセス型キャリア論について述べ，後半は大学のキャリア教育としてキャリアモデル・ケーススタディ[1]の実践を紹介し，そして，学生たちが理論や授業を通して何を得ているかを考察していく。[2]

第三編　大学から社会への「移行」

2.「ダイナミックプロセス型キャリア論」

2-1.　変化と可能性から築くキャリア

　会社は一生自分の面倒はみてくれない。「日本やアメリカの労働人口の, 約半数が就いている職業は, 10 ～ 20 年後には人工知能（AI）やロボット等に代替えできるようになる可能性が高い」[3]。今ある仕事がなくなり, もちろん新しい仕事も生まれてくる。社会人として必要なリテラシー要素には英語力や IT 基礎スキルに加え, いずれプログラミングスキルも要求されるようになり, 文系と理系の区別もなくなりつつある。社会も人も, 世の中も職業も, 日々変化し進化し, 取得・獲得してきたスキルや知識の賞味期限は長くはない。

　花田（2013）は, このような変化の激しい時代は, 技術・知識の陳腐化にともない, 常に「変化」に向き合いながら自身のキャリアを構築し続けることが重要と述べている。どのような立場や位置づけにある人も, 自分の多様な可能性に気づき, その「発揮」にむけた行動開発を行うことが重要である。人は変化を通して成長する, 逆境にめげずチャンスを掴む, さらに, 自分から「殻」を破り, 質的に異なるレベルに身を置く必要性を述べている。ダイナミックプロセス型キャリア論は企業の現場で開発された理論であるが, この概念は大学生活にも当てはまることで, むしろ大学時代にその意識を形成しておくことが重要と考える。

　あらためて, ここではキャリアを,「多様な能力と可能性を有している自分自身への気付きを通して, その自分らしさの発揮を多様な局面で実施し続ける『プロセス』」と定義する。

　次に花田ほか（2011）を引用し,「キャリア」に関する 3 つの理論モデルを説明する。

2-2.　理論モデル I 「特性因子モデル」

　人にはそれぞれ特性があり, その特性と仕事環境が持つ要素とのマッチングが重要であるという概念である。前提として人の特性は長期間に

わたって変わらないものであり，安定している，もしくは生まれつきのものであるという，フランク・パーソンズの「人と職のマッチング」がこのアプローチである。特性（個人の適性や価値観）と因子（仕事・職業が求める必要な能力・適性），この2つの要素以外の，流動的要因が変化したときの視点は，ここには含まれていない。客観的であり，科学的であるとは言いながら，本当に人間の特性を客観的に把握できるのであろうかという疑問が残る。

2-3．理論モデルⅡ「サイクル・段階モデル」

キャリアの課題は人のライフサイクルや発達ステージごとに変化していき，各段階においての課題に取り組むことがキャリアの発達を促進するという考えである。その前提として，人間には必ず共通して通る「サイクル」や「段階」があり，そのステージごとに共通して直面する課題がある，仕事の側面だけではなく，人生の局面を包括的に見るという考え方である。しかしこの考えは個性性に薄く，一人ひとりにモデルを落として考えるには不十分である。

2-4．理論モデルⅢ「ダイナミクスモデル」

「ダイナミックプロセス」は，人生何が起こるかわからないという考えをベースに節目や変化をどのように自ら勝ち取っていくかに焦点を絞り，変化をおこす力，変化を乗り切る力，変化の後のフォローの仕方を個人が学び実践することを重視している。プロセス重視の「Planned Happenstance型キャリア論」（クルンボルツ1999）における「偶発性」とは，何がおこるかわからない，先がよめない，世の中矛盾に溢れているという考え方がベースにあり，「Planned」とは，あらゆる可能性をすべて検討する計画ではなく，「こうしたい」というキャリアビジョンとゴールを持ち，それに向けた計画を立てることである。自身にとって役立ちそうな力を磨きながら，想定外のこと「Happenstance」が起こったときに，自分には対応できる力があることを理解し，また従来の対応に固執しな

第三編　大学から社会への「移行」

いことが重要である。

　会社組織においては，予期しなかった不慣れな職務，得意ではない職務であっても個人がその仕事に積極的に取り組むモチベーションを自ら発揮し，新たな能力を開発していくという考えである。いわば，リアリティ・ショックを自己成長のきっかけに前向き・積極的に捉える方策である。

　ここからは，「ダイナミクスモデル」をもとにしたキャリア（≒生き様）教育科目として「キャリアモデル・ケーススタディ」の実践を述べていく。

3. 正課科目「キャリアモデル・ケーススタディ」の実践

3-1. 科目概要

　成城大学のキャリアデザイン科目群には「自分と他人と社会」について考える初年次科目に続き2年次以降には職業観・勤労観を醸成する科目を設置している。「キャリアモデル・ケーススタディ」（全学部共通2・3・4年次対象）は，前述，企業の現場において開発された「ダイナミックプロセス型キャリア論」を，大学のキャリア教育という新しい領域に実装している。他者のキャリアをケーススタディしながら自らのキャリア観を醸成していくキャリア（生き様）教育科目である。諸先輩の修羅場・土壇場・正念場に着目し，想定外の出来事をどのように乗り越え今に至っているか，経験や学びがどのように今に活きているかといった「プロセス」について車座になり近い距離で議論する。

　私たちは普段，新聞や雑誌上で，人の人生について記された文章を読んだり，あるいは，カフェで隣のテーブルの人生相談を耳にすることがある。「そういう生き方もあるんだ」「この人は随分苦労してきたんだ」と他者の人生を観て，少なからず影響も受けている。無意識的に「キャリアモデル・ケーススタディ」を行っている。このケーススタディの場を正課科目の中で設計し，様々なアプローチで人の生き様を追究してい

第 11 章　「ダイナミックプロセス型キャリア」のケーススタディによるキャリア観の醸成

く。趣旨の1つ目は，日頃から「キャリアモデル・ケーススタディ」を行なうその視点を身に付け習慣づけていくことである。そして2つ目は，授業でとりあげるキャリアモデルの人生を一緒に辿り，もし自分だったらどう意思決定をするか，どう行動するかを考える。つまり前者は他者のキャリアを客観視し，後者は主観的に視ていく。

　授業は，成功者の成功部分に目を向けるのではなく，また，エリートと言われる人たちの生き方を目指す授業でもない。人がどんな人生観を持ち，修羅場を乗り越えてきたか，何が要因で価値観が変わり物事を受け容れたか。その過程で見える景色がどのように変わったか。それぞれが自身の経験と重ねながら生き方の視野を拡げていく。

　授業14回は主に3つのラウンドで構成する。1ラウンド目は，社会人ゲストスピーカー（以下ゲスト）を招き生き様を語り合うセッションである。90分間の授業では，ゲストスピーチは25分間，その後の質疑応答を50分間配分し，ゲストと一緒にその方のキャリアを様々な角度から分析していく。2ラウンド目はグループ課題である。著名人の生き様を数名で分析しプレゼンテーションを行い，クラス全員での議論に発展させる。3ラウンド目は，個人課題「他人史」の作成である。他人史は完成までのプロセスこそ重要で，様々な学びの場が用意されている。他者の胸中を考えるコミュニケーションワークや，モデルへの依頼とインタビューのロールプレイングなど，人と向き合うために大切なことを気付きあい，習得しあう。以上3つのラウンドを通して，自分はキャリアをどのように歩んでいこうか・いくのだろうかを考えていく。誰にも人生にドラマがあり，学生にも忘れられない出来事があり，そこには人との出逢い，言葉との出逢いがある。授業の中盤では「今の自分に導いた一言」を共有し，自身の過去を意味づけし人生全体に意味があることを気付きあう。生活環境も価値観・仕事観も異なる，一人ひとりの生き様に正面から向き合う，そして，そこに共通するものは何かも考え，自他のそのドラマから学び，生き様を観る，そして生き方を意味づける習慣をつけていく。

201

第三編　大学から社会への「移行」

開講時期：後期　単位数:2単位（全14回）　履修者数:計15名
対　象　者：全4学部（経済・文芸・法・社会イノベーション）2,3,4年次
　　　　　　（2015年度）

グランドルール

---

1. 参加者一人ひとりは大切なパートナーです。お互いの尊厳を大切にしましょう。
2. 極力否定語は肯定語に置き換えて表現してみてください。
3. 本来，失敗はありません。あるのは学びです。
4. 考えたこと，感じたこと，やりたいことをまず表現してみましょう。
5. 疑問も大切にしましょう。
6. お互いのオープンなシェアリング（共有化）が新しい観方を拡げます。
7. 知ったプライバシー情報は口外せず，話は心で，聴きましょう。
8. みんなの意見を大事にする場をみんなでつくっていきましょう。

グランドルールを授業初回に全員で共有し，初回のレスポンスシート（授業時に配付・回収）上でその意
思表明を行った。
その後毎回の授業冒頭でもスクリーンに投射し，レスポンスシートにも毎回掲載した。

3-2. ラウンド1「キャリアモデルをゲストに招きプロセスを語り合う
　　　セッション」：

　ゲストに，これまでに直面した課題，乗り越えた際の原動力，転機と
なった出逢い，きっかけなどを話してもらい，その後に質疑応答を行う。
　ゲストは，授業を通して過去をふりかえり意味づける。学生はゲスト
の生き様に寄り添いながら，当事者意識をもち，キャリア形成の在りか
たを模索する。「人生」の多様性を理解し「イベント・ノンイベント（変
化）」に柔軟に向き合う大切さを学んでいく。
　学生は登壇するゲストについてホームページや書物なども用いて事前
に学習し，各自が質問の準備をしながら当日に臨む。
　授業90分間は，冒頭の事務連絡・ゲスト紹介に続き，参加者全員（学
生・単発の参加者（一般聴講者）・教員）の一言自己紹介を行う（所要時間
約7分）。参加者は声を出し，自己開示することで授業への参画意識を
整える。ゲストにとっても話す相手を知る機会になる。全員でラポール
を形成した後，ゲストスピーチではパワーポイントスライドや資料等を

第11章　「ダイナミックプロセス型キャリア」のケーススタディによるキャリア観の醸成

活用しながら、幼少時代から今に至るまでの物語、節目や出逢い、修羅場、大切にしていることなど約25分間を自由に話してもらう。スピーチの後は50分間の質疑応答を行う。掘り下げて聞きたい部分、「それはどのようなことがきっかけで?」「そこで何を感じましたか?」「その場面をもう少し詳しくお話いただくことは可能でしょうか」「それが今の○○さんのキャリアにどのようにつながっていますか」「当時の正念場での原動力は何ですか…」といった質問に答えてもらう。困難を乗り越えてきたモデルのプロセスを通して「価値合理」の重要性を実感する。授業終了前8分間はゲストへお礼のメッセージを記し、お礼を言いながら直接手渡す。

　ゲストセッションについては学内に公開し履修をしていない学生の参加も可能にした。なるべく近い位置で、全員が同じ目線で、等身大で向き合う、創発の場づくりは学生が担うよう呼びかけていく。

ゲストとのダイアログ

補足（授業の特徴）
- 授業は「Project-Based Learning」のなかに「Problem-Based Learning」を組み込み、「トリプルジャンプ」方式の一部を導入した。事例シナリオを活用し授業初回に科目の趣旨を共有した。
- クラスづくりやゲストとの関係構築を目的に「ラボラトリー方式の体験学習」（人間関係づくり）を行った。一人ひとりの気持ちを大切に、自身を承認し、互いに認め合う。すべてのプロセスを雑に扱ってはいけないことを学ぶ。

第三編　大学から社会への「移行」

目的合理と価値合理

目的合理：
人は，目標を一旦設定してしまうと，目標達成の結果に目を向け，そこから何が得られるかよりも，自己実現に向けて設定した目標の，達成そのものが重要となり達成手段に囚われてしまう。達成する手段が一度確立してしまうと，その手段の発揮こそが最も合理的だと，その手段の行使に囚われすぎてしまう。（手段の自己目的化）

価値合理：
目的の達成が何を生み出すのかを再検討し，生み出された新しい生き方を通して多様な道筋を見直す。それにより今まで見ることのできなかった世界観でものをみることができ，どんな困難な大変なできごとであったとしても，それを通しての成長をモチベーションの源泉にしていく。

花田光世（2013）「働く居場所」の作り方．日本経済新聞出版社より引用（一部改変）

3-3.　ラウンド 2「著名人をキャリアモデルにプロセスを分析する」（グループ課題）：

　グループごと著名人を選び，その人のキャリアを分析する。新聞，書籍，ホームページをはじめとしたメディア等を活用し，生き様，節目，出逢い，困難を乗り越えた原動力，その人ならではの「人間力」の発揮を分析し，PowerPoint 等を活用しながらプレゼンテーションを行う。成功者と呼ばれる人たちの成功体験の中にも，これまで知らなかったどん底や試練があり，多様な可能性に気づき主体的にキャリアを拓いていく原動力を分析していく。キャリアモデルの生き方を部分的に見ればそれは自分自身も経験してきたこと・考えていたことだと気づく。

キャリアモデル分析のモデル（例）：

羽海野チカ，オードリー・ヘップバーン，坂上忍，西野カナ，マツコデラックス，宮崎駿，吉野敬介等　*2015 年度 *敬称略

（同年代を分析すると，キャリアモデルにおきたイベントやチャンスを自分の人生と重ねて考えられ，新たな気付きを得る）

第11章 「ダイナミックプロセス型キャリア」のケーススタディによるキャリア観の醸成

3-4. ラウンド3「身近なキャリアモデルのプロセスを作品「他人史」にする」（個人課題）:

ユニークなキャリアを構築した有名人の「成功者物語」は成功の後追い解釈とも言える。なるほどと思いつつ自分にはそうはなれない，自分とは違う世界の話だと気持ちが冷めてしまうこともある。そこで，個人課題では身近な人をモデルに「他人史」を作成する。作成までのステップとして，キャリアモデル（他人史のモデル：以下モデル）の選定と依頼，承諾後には取材アポイントから完成までの段取りと日程を共有する。

学生は，準備を整えインタビューにうかがう。インタビューでは，話をしやすいような場の形成に努め，相手のキャリアと正面から向き合いながら話をひきだしていく。インタビューから文章を作成し，校正作業を経て，クラス全員分の完成作品を冊子化し，作者（学生）からモデルに礼状とともに贈呈する。授業最終回には全員で成果を披露しあい，「プロセス」の共有を行う。一連の活動を授業期間（約3か月半）かけて行う。

他人史のモデルの属性:
NPO活動やアルバイト先の上司，サークルや寮の先輩，幼少時代の恩師，母親の友人，父親，祖母，授業のゲスト，学内教員，等

モデルの「転機」:
いじめ，部活動のレギュラー争い，受験，失恋，両親の離婚，浪人時代，就職活動，学びなおし，婚活・産活，過労，失業，倒産，NPO立ち上げ，地域まちおこし協力隊参加，起業，社内ベンチャー，一人旅，LGBT（カミングアウト），友人の白死，家庭問題，介護など。

他人史作成のプロセス

① 他人史作成の趣旨共有

授業ではまず，次の趣旨を共有する。「他人史」は，作者・他人史のモデル・読者，それぞれに価値がある。

第三編　大学から社会への「移行」

　作者は作成プロセスを通して，1.「キャリア自律」（堀内・岡田2009）の概念を学び，2.社会人と関わることでビジネスコミュニケーションスキルを鍛え，3.メンバー間で共有することで作成のアプローチやモデルのキャリア観の違いを理解する。4.他人史が完成するまでに遭遇する予期せぬ課題を解決し達成する。5.現場に出向くことで社会人の日常を肌と目で感じることができ，6.完成の際には両者の満足・達成感が得られる。次にモデルにとっては，1.自分では気づかなかった自分の人生を意味づけし，2.自らの生き様を後進への貢献に繋げていく。

　そして読者にとっては，多様な生き様を学び，キャリア形成のモデルとしてケーススタディができる。自分にも訪れるかもしれない想定外の出来事，修羅場をどう乗り越えたらよいのか，乗り越えたときにどう成長できるのかを疑似体験する。

キャリア自律

> 　堀内・岡田（2009）は，キャリア自律を「自己認識と自己の価値観，自らのキャリアを主体的に形成する意識をもとに（心理的要因），環境変化に適応しながら，主体的に行動し，継続的にキャリア開発に取り組んでいること」と定義している。
> 　定義の中の心理的要因としては，「職業的自己概念」「主体的キャリア形成意識」「職業的自己効力感」の3つを取り上げている。キャリア自律行動として，「仕事への主体的取組み」「ネットワーキング行動」「継続的な学習」「環境変化への適応行動」の4つを想定している。（心理的要因がキャリア自律行動を促進していることを明らかにしている）要因のうち，「主体的キャリア形成意識」は，キャリアを自分自身の問題として認識し，会社や他者に依存するのではなく，自らの意思で，キャリアを形成していこうとする意識で，ある。「ネットワーキング行動」とは，積極的に人的ネットワーキングを構築し維持しようとする行動であり，またネットワーキングを構成する人々と相互理解と相互扶助，意識の共有をはかろうとする行動である。「環境変化への適応行動」とは，キャリア，職場，仕事など自分を取り巻く環境の変化に柔軟に対応することである。
> 　会社組織において，社員のキャリア自律を促進するためにはキャリア自律の自己責任を強調するだけでなく，社員が自らの職業的自己概念を高め，自分の能力・スキルの強み・弱みを把握し，主体的にキャリア開発に取り組めるよう支援していくことが重要と述べている。環境変化への適応は，変化の激しい現在においてはキャリアを形成し生き残っていくためには不可欠な要因であるが，キャリア充実感を高めるためには心理的側面と自らの動機にもとづく主体的な仕事への取組みが必要と述べている。

堀内泰利・岡田昌毅（2009）キャリア自律が組織コミットメントに与える影響より引用（一部改変）

② 模範作品によるケーススタディ

「他人史」のバックナンバーや市販の書籍，新聞記事を読み，各自が何を感じたか，どの部分が印象に残り，もし自分だったらどう行動するかを議論する。諸先輩のキャリアに当事者意識を持ちながら向き合う。「あの人はあのときなぜそのように行動したのだろう」「その原動力は何だろう」。他人史の作成時にはどのような切り口からキャリアを掘り下げるのがよいか様々なアプローチを学ぶ。ケーススタディは日々自身でできるので（普段の会話，新聞，週刊誌，カフェの隣のテーブルの会話など）その習慣をつけることも目的としている。ここでは，一人ひとりの生きかたを否定しないことが何よりも重要である。

③ 他人史モデルへの依頼

モデル候補者を自身で探して依頼する。大学の正課科目の課題としてモデルの人生が作品になるゆえ，この取り組みの趣旨，公表範囲，スケジュールなどをモデルに簡潔に伝え承諾をもらう。依頼の際には，成城大学の概要やこの授業の紹介が十分にでき，臨む姿勢と誠意が先方に伝わるよう，授業中に事前に「他人史のモデルになっていただくお願い」のロールプレイングを行う。

④ インタビュー

WEB等で事前にモデルについて調査し，質問項目を整理しておく。持参品をはじめ準備は念入りに行う。待ち合わせ場所には時間前に到着しモデルを待つ。挨拶と事務連絡（音声録音の許可や校正スケジュールの了解等）の後は世間話によるラポール形成を行う。モデルも学生も緊張するので，焦らずに正面から向き合い寄り添う関係を構築する。インタビューでは話のながれを丁寧につくり，場面を具体的に掘り下げるところは質問をし，モデルの当時の様子をフラッシュバックしながら感情を引き出していく。インタビューは脱線も柔軟に，ながれを誘導せずに時間をコントロールしすぎないようにする。1対1でのインタビューでは

第三編　大学から社会への「移行」

大人数での講演では聴けない話がうかがえる。

　モデル側が指定するインタビューの場所は勤務先のオフィスや普段行けないようなカフェなどが多く，終了後には社員食堂や行きつけのお店で食事をしながら聴く，この場だけの話こそ大事にしてもらう。対面でのコミュニケーションに失礼がないよう，また，当日の限られた時間を丁寧に使うようインタビューの事前ロールプレイングも授業中に時間を充分とって実施する。

他人史質問・執筆項目（例）

　1．タイトル（インタビューの内容を総括して）
　2．モデルのプロフィール（プロローグ）
　・今の仕事の内容：
　　役割・職種・業種・役職・仕事内容・仕事環境（職場の雰囲気，社員の様子など）
　・仕事生活カレンダー：
　　平日と休日の一日のながれ（起床から就寝まで），1月から12月の中での忙しい時期，など
　3．モデルのキャリアルート（本文）
　・職業選択・キャリア（経験転機）と，その時の自分を振り返って（成功体験と失敗体験，そこから学んだこと）
　・自分を変えたあの出逢い，あのできごと，あのひとこと，乗り越えた糧，そのひとことは，誰から，どんな場面で，それが今にどのように生きているか，その物語をうかがう
　・今のモチベーションの源となること
　・自分のキャリア（夢，展望）など/信念，考え方，自分らしい生き方とは？
　・座右の銘，モットー，やりがい，生きがい，最近嬉しかったこと，感動したこと
　4．モデルから学生へメッセージ（エピローグ）
　5．インタビューを終えての作者の感想
　　（印象に残ったこと，そこから気づいたこと，それをどのように次に繋げていくか）

「キャリアモデル・ケーススタディ」講義資料をもとに筆者（勝又）が作成

⑤　執筆

　モデルの言葉の背景や行間も理解し活字にする。文章の言い回しにも配慮していく。文末の学生の感想には「モデルの過去を演じながらモデルの魅力をあらためて感じた」「相手を知ると距離が縮まって相手のことをもっと好きになった」といったコメントがあった。アンケートの回答によると，録音した音声の文字おこしは，インタビュー時間のおおよそ5倍の時間（平均）を要する。

208

第11章 「ダイナミックプロセス型キャリア」のケーススタディによるキャリア観の醸成

⑥ 文章校閲

モデルの気持ち，意図や要望，そして事実が活字にできたかどうかを確認してもらう作業である。モデルがインタビュー時に話してくれた内容であっても作者の心だけに留めておいてほしいと，モデルによる校閲で文章の1/3も割愛された例もある。モデルは学生を前にしながらつい言葉にしたが，「君だから話をしたけれど，やはりこの内容が独り歩きするには抵抗があり，ほかの人に知られたくない」と意向を示した際には，自身に話をしてくれたことに感謝し，モデルの気持ちを最優先する。

⑦ 完成・贈呈

提出された文章を全員分まとめて冊子化する。授業担当者はレイアウトと誤字以外は校正しない。「他人史」はモデルと作者の協働作品である。

3-5. 授業を通しての学生の気付き（コメント）

この授業を通して学生たちがどのように感じ，何を得たか，以下の振り返りを行う。その際の学生の振り返りコメントを一部抜粋し紹介する。

他人史作成後の学生の振り返り項目

1．他人史を作成してみて
・まずはざっくばらんに感想をお書きください。
・作成の過程で気づいたことは何ですか。
2．作成まで，の各ステップの中で
・アポイント（取材のお時間を頂戴するお願い）にあたり，苦労したこと，感じたことなど。
・インタビューにあたり，準備をしたこと，気を付けたこと，よかったことなど。
・インタビューの内容を活字にしていくにあたり，苦労したことやよかったことなど。
・インタビュー中，そしてその内容を活字にしていく過程で感じたこと「その人ならでは」など。
3.作成を終えて
・作成した他人史をさらに充実させるとしたら，どのような点を掘り下げますか。
・「他人史作成」は，あなたの今後にどのように活きていきますか。
・自分自身の中で，今後の課題（や目標）があればお書きください。
・今後，後輩がこの「他人史」を作成するにあたり，アドバイスをお願いします。
・その他自由に記してください。

「キャリアモデル・ケーススタディ」講義資料をもとに筆者が作成

第三編　大学から社会への「移行」

　モデルの歴史に責任感が生まれた。「他人史」は「自分史」ではない。自分のことであれば，ある程度ごまかしたり適当に書いても良いし，変なことを書いて恥をかくのは自分である。でも，他人のことではそうはいかない。完成したものは冊子になって他の人に読まれるから，自然に責任感がわいてきた。しかし，それは「重荷」な責任感ではなく，「モデルの人生を僕が責任を思って伝えるんだ！」という使命感でもあった。その人についてのプロフィールや経歴はインターネットや書籍を見れば誰でも知ることができる。でも，ある時にどう感じたのか，どんな人との出会いがあったのか，といった細かい情報は，直接お会いしてインタビューをしなければ知ることはできない。まさに「百聞は一見に如かず」である。

　とても幸せでバリバリ働いている人も，今までの人生で多くの挫折や困難を経験してきた。でもそのひとつひとつの出来事がその人の人生観や今の生活を作り上げている。人生はこうして振り返ると長いようにも短いようにも思えて，自分が今ここにいて好きなことをする時間と環境があるのはとても幸せなことだと思った。

　キャリアを形成していくなかで，時には困難も差し掛かる。疑問を抱いたときには一度立ち止まり，壁にぶつかったときにはそこで自分ができることを考える。ひとつひとつに真摯に向き合うモデルの姿勢が印象的だった。環境や他人を言い訳にすることなく，その与えられた環境で精一杯もがくことや，周りに対して感謝の気持ちを忘れずに過ごすということは，簡単そうで難しい。

他人史作成で苦労したこと（抜粋・文章表現を一部修正）
・インタビューで答えやすい質問を練ること　・具体的なエピソードを聞きだすこと　・ほぼ初対面の人なので関係構築に苦労した　・相手の発言の背景を読み取り活字にするのが難しかった　・自分自身の話や意見も伝えながら引き出すこと　・インタビューして終わりではなくモデルが宝物にしてくれるものをつくること

第11章 「ダイナミックプロセス型キャリア」のケーススタディによるキャリア観の醸成

授業を通して学び得たこと（抜粋・文章表現を一部修正）

・過去は点と点で繋がっていること　・直面した壁をどう乗り越えてきたか経験に勝るものはない

・本音で向き合う姿　・自分ができないことを環境のせいにするな　・やるかやらないかを迷ったらやる　・人生（キャリア）を考える癖がついた　・他者の話を聴き，自分を客観視できた　・遠い存在の人も考えかたを知ると身近に感じる　・人を大切にしたいと思った　・普段知り合えない仲間（履修生）と活動ができた　・技術・スキル・能力も大切だが，人間力（態度・姿勢・意識）も大事だ　・生涯学習し，成長し続けることの大切さがわかった　・現状に留まらず継続的に成長し続けていきたい

・幅広く人と繋がることの大切さ　・たくさんの価値を感じられたのはこれからの人生に響いていく

・人一人ひとりにキャリアがあり，ないがしろにしてはいけない　・何か夢中になれる人になりたい　・人生何があるかわからない

4.　大学におけるキャリア教育とキャリアモデル・ケーススタディ

4-1.　キャリアモデル・ケーススタディを通しての学び

　学生が異質な他者のキャリアをケーススタディする，本科目を通しての学びは主に3つあると考える。1つ目はダイナミックプロセス型キャリア論の概念に基づくキャリア観の醸成，つまり，予期せぬイベントや理不尽な社会でいかに前向きに挑むかといった考え方の醸成である。2つめは「人間力と成長意欲」，表面的な成長ではない修羅場を乗り越える強さを認識することである。3つめは「人とのつながり」，多様なキャリアや考え方を共有し尊重し関係を構築することである。

　正課科目「キャリアモデル・ケーススタディ」の役割は，場（プラットフォーム）の設計と考える。人が集まることで価値を生み出す，互いに価値提供をしあうといった，相互作用の場，仕掛け，仕組みつくりである。直面する「変化」を前向きに捉え，自ら変容し，自身で道を拓いてい

第三編　大学から社会への「移行」

く。そのプロセスを履修生と社会人と歩んでいくことが，ここでのキャリア教育と考えている。

4-2. 授業実践における課題

　選択科目として少人数のゼミ形式で展開する場合，「キャリア」に関心がある学生が自主的に履修している。関心がない学生の履修をも促し学生間の意識や価値観の違いもこの科目の学び合いの要素にしたいと考えている。また，本科目だけが独立するのではなく，各学部の専門科目，教養教育，職業教育，初年次教育，リーダーシップ教育との連携を図り相乗効果も狙いたいと考えている。

　授業においての学生のキャリア観醸成度を測るには，履修期間（開講時と最終回）の変化だけでは実証するには限界があり，受講後の大学生活や，卒業後社会に出てからの調査も必要である。一方，成長の要因は授業以外にもあり，例えば他のキャリアデザイン科目，専門科目，部活動・サークル，アルバイト・NPO活動等との相互作用，また環境（社会・経済・流行）も影響するゆえ，授業実践のみが成長の要因とは言いきれない。その意味では，他の活動との相乗効果とその考察を検討していく。

　この科目は授業実践者，ゲスト，モデル，受講者の属性や人数によって，さらに他の科目との連関によっても，進め方や学生の学びの深さが異なるゆえ，それらの条件と属性にあった実践が必要になる。大学生の入口・通り道・出口それぞれの背景を考慮しても，キャリア教育は，必ずしも一つの方向に向かないことを十分に心得ておく必要がある。

5. おわりに

　過去の社会経験が陳腐化していくことを授業担当者自身のみならず学生も気付かないことがある。社会も人も常に変化し進化し，そもそも一人ひとりのキャリアもキャリア観も異なる。キャリアに関する理論も，授業の内容も，育成方法も進化していく。授業担当者自らが当事者意識を持ち，教育実践を進化させていくべきと考えている。

【注】

1) 2012 年度～ 2016 年度 開講。
2) 本稿は，慶應義塾大学大学院政策・メディア研究科における筆者の修士論文の一部を大幅に加筆・修正したものである。
3) 株式会社野村総合研究所が，英オックスフォード大学のマイケル A. オズボーン准教授およびカール・ベネディクト・フレイ博士との共同研究として 2015 年 12 月 2 日に発表した。

【文献】

花田光世（2013）「働く居場所」の作り方．日本経済新聞出版社．

花田光世・宮地夕紀子・森谷一経・小山健太（2011）高等教育機関におけるキャリア教育の諸問題，Keio SFC Journal，11 (2)，73-85.

花田光世・堀内康利（2014）キャリア開発論講義資料．慶應義塾大学総合政策学部．

花田光世・宮地夕紀子（2003）キャリア自律を考える：日本におけるキャリア自律の展開．CRL REPORT，1.

堀内泰利・岡田昌毅（2009）キャリア自律が組織コミットメントに与える影響 1．産業・組織心理学研究，23 (1)，15-28.

勝又あずさ（2013）キャリアモデル・ケーススタディ．MOST．京都大学高等教育研究開発推進センター．

マーク・L・サビカス（2015）サビカスキャリア・カウンセリング理論〈自己構成〉によるライフデザインアプローチ．乙須敏紀（訳），日本キャリア開発研究センター監訳，福村出版．

マーク・L・サビカス（2016）ライフデザイン・カウンセリング・マニュアル．水野修次郎（監訳・著），加藤聡恵（訳），日本キャリア開発研究センター監修，遠見書房．

大澤邦雄（2010）生徒がつながる人間関係スキル 11 講．株式会社プレスタイム．

津村俊充（2012）プロセスエデュケーション 学びを支援するファシリテーションの理論と実践，金子書房．

第三編　大学から社会への「移行」

【謝辞】

　本研究と今回の執筆にあたり，指導教員の慶應義塾大学名誉教授花田光世先生にご支援いただきました。授業は成城大学学生とゲスト皆様のご協力により行うことができました。心よりお礼を申し上げます。

第12章　キャリア教育の「効果」の探索
—京都産業大学におけるコーオプ教育を事例に—

伊吹　勇亮・後藤　文彦

1. はじめに

　本章では，キャリア教育がどのような効果を持っているのかについて，京都産業大学におけるコーオプ教育を事例に取り上げ検討する。キャリア教育の効果について検討する場合，受講前後を比較するケースが多いが，ここでは，受講前後はもちろん，その後の就職活動および卒業後の職務満足に至るまでの長期的なスパンにわたって実証的に検討する。さらに，このような効果を上げるための仕掛けについてもその汎用性に配慮しながら参考までに紹介する。そこで，まず本節では，本題に入る前に，いくつかのことを整理しておく。

　まずは用語の整理である。巷間，キャリア教育やコーオプ教育という言葉を用いて様々なことが議論されているが，本章においては，大学での教育に範囲を限定した上で，伊吹ほか(2015)での議論をベースに，用語を次のように整理したいと思う。「キャリア教育」とは学生のライフキャリアを活き活きとしたものにするために実施される，ライフキャリアのデザインを自身の力で成し遂げられるようにするための教育であり，文部科学省が言うところの「社会的・職業的自立」を目指す教育である。それは既存の「専門科目」や「教養科目」の中に埋め込まれることもあれば，キャリア教育の実施を主たる目的とする「キャリア科目」が設置されることもある。

　キャリア教育には様々な開講形式のものが考えられ，その中には産学（あるいは産官学など）が協働して行う産学協働教育の形をとるものもある。本章では，長期有償インターンシップをベースとする産学協働型キャリア教育を「グローバル型コーオプ教育」，日本でよく実施されている比較的短期間（1日〜2週間）のインターンシップや課題解決型授業

（Project-based Learning や Problem-based Learning ／以下，PBL と称す）と
いった産学協働型キャリア教育を総称して「日本型コーオプ教育」あるい
は単に「コーオプ教育」と呼ぶ。なお，キャリア教育には他にも座学によ
るものや実験をベースにするものなど産学協働の形をとらないものも存
在する。

　次に事例として取り上げる京都産業大学のコーオプ教育について，森
ほか（2013）を元に簡単に説明する。京都産業大学においては 2001 年
に大学独自のインターンシップ科目の構想を立ち上げ，翌 2002 年より
海外インターンシップを含む各種のインターンシップの開講がなされた。
その後，2003 年に座学とインターンシップを 4 年間交互に繰り返す「O/
OCF（On/Off Campus Fusion）」の開講，2007 年にはインターンシップ
ではなく PBL の形式で「O/OCF」を発展させた「O/OCF-PBL」の開
講，2009 年には 24 クラス開講 2,175 人が受講する巨大初年次教育となっ
た「自己発見と大学生活」の開講など（1 年次生は全学部合計で約 3,000
人），次々と科目が立ち上がっていく。2014 年度は 21 科目 100 クラス
4,736 人の受講生という規模にまで成長してきている。

　京都産業大学のコーオプ教育は，進路指導担当組織ではなく教務担当
組織が主導でプログラムの開発を行ってきたことにその特色があり，そ
の立ち上げ当初より共通教育科目（いわゆる教養教育科目）のひとつと
して位置づけられるなど，教育の一環であることが強く認識されている。
また，2014 年度より新たに「むすびわざコーオプセミナー」という科目
を立ち上げ，グローバル型コーオプ教育にも積極果敢に進出している。

　本章の構成は以下の通りである。次節では，そもそもキャリア教育
にはどのような成果がありうるのかについて確認する。その確認に基づ
き，第 3 節ではコーオプ教育受講学生の能力の伸長について，第 4 節で
はコーオプ教育の受講経験と就職活動成果との関係について，さらに
第 5 節では就業後の職務満足との関係について，京都産業大学における
コーオプ教育の成果に関する複数の研究をベースに検討する。第 6 節で
は，これらの成果を上げるために必要な仕掛けについて，京都産業大学

で実際に取り組んでいる試みを紹介した上で議論を行う。最後に第7節で，本章のまとめを行う。

2. キャリア教育の成果とはなにか

日本におけるキャリア教育の導入が，大学間競争の重要な要因としての就職率を向上させる手段としてのもの（伊吹・木原 2015，児美川 2013，松尾 2012）という背景を持っていることもあり，キャリア教育はとかく就職や就業と関係して捉えられがちである。このことの善し悪しはともかくとして，ライフキャリアの重要な要素であり，Schein (1978) も指摘しているように，キャリア・サイクル段階の中の1つの大切な区切りとしての仕事の世界へのエントリー活動と考えられる就職活動と，キャリア教育とが，結びついていることは事実であろう。ではこのとき，キャリア教育の成果にはどのようなものがあり，それはどのようにして測ら

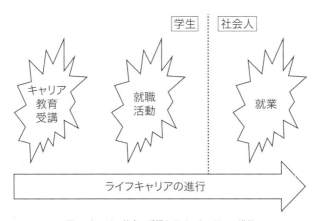

図1 キャリア教育の受講とライフキャリアの進行

れるべきであろうか。

図1は，単純化したものではあるが[1]，キャリア教育と就職・就業との関係を示したものである。日本においては，キャリア教育を受講した多くの学生は，その後しかるべきタイミングで就職活動を行い，無事に内

第三編　大学から社会への「移行」

定を獲得し卒業することができれば企業をはじめとする様々な組織にて就業することになる。この図から，キャリア教育の成果として測るべきものとして，少なくとも3つの時点のものが考えられる。

　1つめはキャリア教育を受講した直後である。キャリア教育を受講する前と受講した後とで，なにかしらの知識や能力の変化が起きていることが期待される。では，それはどのような変化であり，それはどのように測ればいいのかについて，考える必要が出てくる。

　2つめは就職活動終了時点である。高校生（やその保護者，そして高校教員）がその大学を志望するかどうかに就職実績の善し悪しが大きな影響を与えることは想像に難くないことから，キャリア教育を受講したことで就職活動において「望ましい」成果が出るかどうかということは，大学にとっては一大関心事であると言える。ただし，この点について体系的になされた研究は，まだそれほどないのが現状である。

　3つめは就業後である。就業後数年経った時点での職務満足は，その度合いにおいても内実においても，キャリア教育受講の有無によって違いが出てくる可能性がある。また，より定量的なデータとしては，正社員として継続して勤務しているかどうかについても違いが出てくるかもしれない。これらのことを把握するためには，在学中のキャリア教育受講経験と結びつけた形での大規模な卒業生調査の実施が不可欠であるが，このような調査はまだそれほど世に出てきていない。

　これら3つの時点での成果について，京都産業大学のコーオプ教育を対象とし，コーオプ教育の受講経験有無がそれぞれの時点での成果に与える影響についての研究が，近年相次いで公刊されている。京都産業大学を対象とした研究のように，3つの時点それぞれに対して同一の大学におけるキャリア教育への取り組みの影響を見る研究群は，管見の限り他にはないので，以降の3つの節では，そのそれぞれの研究に基づき，3つの時点での成果について検討していく。

3. コーオプ教育受講学生の能力の伸長

京都産業大学が開講しているコーオプ教育，その中でも特に「O/OCF-PBL」と呼ばれるPBL型授業を受講した学生が，その受講前後でどのように能力を伸長させたかについての研究に，後藤 (2012)，後藤 (2013)，伊吹ほか (2014) という3つがある。これら3つの研究は，それぞれ異なる問題意識でなされたものであるが，共通している項目として「コーオプ教育受講前後の受講生能力伸長」の測定が挙げられる。これらの研究では (そして「O/OCF-PBL」という科目では)，受講することで伸びてほしい能力として透過性調整力 (Permeability Control Power ／以下，PCと称する) を挙げている。PCとは，Bern (1961) が仮説として提唱した自我間を行き来する心的エネルギーを自律的にコントロール (James 1986) する力のことである。桂ほか (1997) は，この力を，交流分析で一般的に用いられている5つの自我状態を場面に応じて適切に切り替える力としてとらえ，その力を測定する方法を開発するとともに，それに透過性調整力と名づけた。

伸びて欲しい能力としてPCを取り上げるには下に示す2つの理由がある。

(1) 「O/OCF-PBL」の授業のみならず，専門学修の要であるゼミでの学びや卒業後の社会でもチームワークがポイントになる。

　チームワークが必要となる状況をはじめ，他者と関わりを持つことが求められる状況においては，非定型的な多様な課題に対して複数人で対応していくことになるが，似たもの同士が集まるわけでもなく，また多様な場面に適切に対応する必要があることから，個人は自我状態をその場その場に応じて適切に切り替えることが求められる。このことは，ゼミや社会といった非定型的で答えのない世界で生きていくにあたって，ライフキャリアを活き活きとしたものにするためには，PCが欠くべからざる能力であることを意味している。よって，特にチームワークを伴うPBLにおいて，PCの上昇は教育

第三編　大学から社会への「移行」

成果の変数のひとつとして取り上げることができる。

(2)　在学中はもちろん卒業後にあっても，学びにとっては，参加（Lave and Wenger, 1991）への自律的コミットメントが必要条件になる。

桂ほか（1997）は，PC値の高い人には，仕事などに対して強いコミットメントを持っている傾向があるとしている。学びが生じるにはコミットメント以外の要素も当然必要ではあるが，コミットメントがなければ学びのチャンスはなくなる。このような意味で，高いPC値は学びのための必要条件であるということができる。

さて，後藤（2012）では2010年度秋学期に「O/OCF-PBL1」を受講した学生のうち97名を対象として，後藤（2013）では2011年度秋学期に「O/OCF-PBL1」を，そして2012年度春学期に「O/OCF-PBL2」を引き続いて受講した86名の学生を対象として，伊吹ほか（2014）では2012年度秋学期に「O/OCF-PBL1」を，そして2013年度春学期に「O/OCF-PBL2」を引き続いて受講した学生のうち77名の学生を対象として，それぞれPCの伸びを検証している。その結果，2013年度春学期「O/OCF-PBL2」を除いた全てにおいて[2]，PBL科目の受講前後でPC値の平均は統計的に有意に上昇していることが判明した。また，後藤（2012）は，この効果が「O/OCF-PBL」受講に特有のものであることを，非受講群との比較で検証している。

これらの研究結果から，概ね，PBLの受講はPCの向上に寄与していると言える。つまり，コーオプ教育は他者とうまく関わっていくために必要な自我状態の切り替えを「より上手にさせる」役割を果たしていると言っていいであろう。このことは，コーオプ教育を受講することが，このあとに検討する就職活動や就業後の職業観にも影響を及ぼすことは言うに及ばず，在学中のキャンパスライフの充実度や，ひいてはライフキャリア全体の充実度にも影響を及ぼすことを示唆している。

ただし，コーオプ教育，あるいはキャリア教育であればなんでもいいのかというと，そうではないかもしれない。少なくとも「O/OCF-PBL」

においてはうまくいっている，と考えるべきであろうし，他のキャリア教育においても同様の効果を得るためには，「O/OCF-PBL」にてなされている工夫について考慮する必要がある。この点については第6節で検討を加える。

4. コーオプ教育の受講経験と就職活動成果との関係

　就職活動成果は，それがキャリア教育のメインの目的ではないとはいえ，重要な指標のひとつであることは疑いない。それは，すでに述べたように，就職がライフキャリアの中でも大きな転機のひとつであることは間違いなく，自身にとって望ましい就職を行うべく，どのような就職活動を行うべきかについて考えることに寄与するような教育がキャリア教育の視野に入っていることは，否定されるべきではないと考えられるからである（伊吹・木原 2015）。

　京都産業大学が開講している「O/OCF-PBL2」という PBL 型授業を受講した学生と受講していない学生との間で，就職活動成果にどのような違いが出ているかを検証した研究として伊吹・木原（2015）がある。彼らは，京都産業大学を「2009 年度に入学し，2012 年度に卒業した学生」と「2010 年度に入学し，2013 年度に卒業した学生」の合計 4,819 名を網羅したデータベースを用い，「進路決定状況」「内定獲得日」「資本金規模」「従業員規模」といった項目について，「O/OCF-PBL2」の受講経験の有無によって違いがあるかどうかを検証している[3]。

　その結果，「進路決定状況」，すなわち企業からの内定獲得あるいは大学院への進学を卒業時に確定させていた学生数と，「内定獲得日」，すなわち卒業年度の4月1日を基準日とした際の内定日と基準日との差分の平均値とについて，「O/OCF-PBL2」の受講経験の有無によって統計的に有意な違いがあることが示された。つまり，受講経験があれば，進路確定させている割合が高く，内定獲得もより早期であることが実証されている。また同時に，内定先企業の「資本金規模」や「従業員規模」については受講経験の有無によって差はないことも実証されている。

第三編　大学から社会への「移行」

　この結果は，コーオプ教育が就職活動という成果，少なくとも最終的な進路の確定や早期の内定獲得に寄与していることを示唆している。また，早期に内定を獲得しているにも関わらず「資本金規模」や「従業員規模」に差がないという結果は，コーオプ教育を受講したことによって主体的に物事を考えることができるようになっているため，世間一般で考えられている「大企業ほど早期に内定を出す」という考え方に対し，内定自体は早期に獲得するものの，自分の希望や適性に応じた企業であれば大企業にこだわらず自分で選択して就職先を決めることができる，その表れとも言え，このことも当人のライフキャリアを充実させるためには望ましい成果を上げているものと考えられる。もちろん，前節同様，この結果も，キャリア教育であればなんでもいいということを意味しているわけではないため，授業を支える仕組みについての検証が必要となる。

5. コーオプ教育の受講経験と就業後の職務満足との関係

　京都産業大学におけるコーオプ教育受講経験と就業後の職務満足との関係を見た研究に後藤・大西（2014）がある。彼らは2006年度から2009年度までに同大学を卒業した1万383名に対して調査票を発送し，1,353の有効回答を得たデータを分析し，コーオプ教育の受講経験と仕事の満足度，またその満足度をもたらす要因についての関係を検証している。コーオプ教育が短期的な能力伸長だけではなく中長期的な職務満足に対しても影響を及ぼしているのでなければ，ライフキャリアを活き活きとしたものにするための教育であるとは言い得ないであろう。その意味で，職務満足の度合いやその内実に対して，コーオプ教育の受講経験により差が出ることが期待される。

　調査の結果は，次の通りである。まず，仕事満足度そのものに関しては，コーオプ教育の受講経験有無で統計的に有意な差は認められなかった。しかし，仕事満足要因に関しては，受講経験群と非経験群との間に大きな差が出た。つまり，受講経験群においては，「現在の年収は業務の内容や量に合っている」「現在の仕事の労働日数，労働時間は適度である」

といった仕事ないし職場を源泉とする仕事満足要因と,「1つの会社に長期間勤めるのはいいことだ」「自分は将来に明確なキャリアプランを持っている」といった自己の仕事観を源泉とする要因との2つのものが識別されたのに対し,非経験群においては前者の要因しか関連がなかった。

この結果は,仕事満足の要因が職務に関わる表面的なものだけにとどまるか,自己の仕事観に照らし合わせて満足かどうかという「持論」(金井2007)にも基づくものかという,仕事への満足度に対する,ひいては仕事へのモチベーションに対する質的な差があり,それはコーオプ教育の受講経験の有無によって左右されるということを意味している。受講経験群は,持論に偏っているわけではなく,持論源泉と職場源泉の2つの要因群でバランスをとっているという点がポイントである。持論を形成するための有効な方策としてコーオプ教育を活用することが考えられ,このことは前節で述べた「早期内定獲得であっても規模差はない」という点とも符合している。

6. 成果を上げるために必要な仕掛け

以上3つの節で,キャリア教育の成果として考えられる3つの時点での指標について,コーオプ教育は一定の成果を上げていると,京都産業大学のコーオプ教育を調査対象としている研究においては示されていることを説明してきた。しかし,現時点においては,次の2つの疑問はまだ残されたままの状態である。

1つめは,いずれの研究も「コーオプ教育の受講経験の有無」を軸として考えているために,「産学連携型ではないタイプの(つまり,コーオプ教育ではないタイプの)キャリア教育」においても同様の成果があると言えるのか,また「グローバル型コーオプ教育」を受講することでこれらの傾向は強化されるのか,それとも変わらないのか,これらの点については断言ができないのではないかという疑問である。前者についてはこれを検証した研究が見当たらず,また後者については日本においてはその事例がまだ極端に少ないことから検証の対象となりえず,本章において

第三編　大学から社会への「移行」

この疑問を解決することはできない。今後の課題であると言える。

　2つめは，京都産業大学のコーオプ教育だからうまくいくのか，その他の大学においても同様に成果が出るのか，というこの仕掛けの汎用性に関する疑問である。他大学での調査結果との比較は，同様のセッティングでの検証が他大学でなされているわけではないため，容易ではない。しかし，京都産業大学が成果を出している要因として，同大学での取り組みの特徴を挙げることで，それを参照することはできるかもしれない。

　そこで本節では，木原・後藤（2012）を元に，その特徴的な取り組みを，3つの観点から探ることにする。

　1つめは，授業そのものの位置づけである。第1節でも述べた通り，京都産業大学においては，コーオプ教育をはじめとするキャリア教育は「進路マター」ではなく「教務マター」として，共通教育（教養教育）のひとつとして発展してきたという経緯がある。すなわち，専門教育を含めた全学の教育の中にキャリア教育がしっかりと位置づけられており，キャリア教育での学びと他での学びを融合させることがカリキュラム上で強く意識されている。また，京都産業大学で開講されているキャリア教育科目の過半がコーオプ教育であり，コーオプ教育，すなわち産学の連携をベースとした教育こそが学生の成長に寄与するとの意識が強いことが読み取れる。これらの点が，成果を上げる教育ということに繋がっていることが大いに予想される。共通教育に位置づけられていることから受講生は必然的に学部横断的になり，産学連携は必然的に学外の様々な人との協働をもたらす。これらのことにより「他者との出会い」が担保され，受講生は自身の自我状態を適切に切り替える必要性を感じ，そして実際に切り替えに挑戦する。ひいてはそのことが自身の理解と持論の形成に結びつくものと考えられる。

　2つめと3つめの観点は，京都産業大学のコーオプ教育の中でも特に「O/OCF-PBL」という科目に特徴的な点である。2つめの観点は，その組織的な仕掛けである。これには大きく「教員のノウハウ共有機会」「課題設定」「クラス規模」の3つがある。

「教員のノウハウ共有機会」については，2つの特徴的な仕掛けがある。1つは，授業運営の意思決定のために年7回程度開催される担当者会議とは別に，毎回の授業後，担当教員およびコーオプ教育研究開発センター事務スタッフにより実施される30分程度の「振り返りミーティング」である。「O/OCF-PBL」は1授業多クラスにて運営されているが，このミーティングでは，その日の受講生の様子や授業運営上気になったこと・工夫したことなどが共有され，時には他クラスの運営へのアドバイスが相互になされることもある。もう1つは「ファシリテーション・ガイドブック」と呼ばれる冊子の作成である。2014年度に刊行されたこの冊子は，授業の目的・目標やその手法について，関連する教職員が最低限把握しておくべきことについてまとめたものであり，2015年には改訂版が引き続き刊行されている。

「課題設定」においては，学外から課題をもらうことと，課題に動きが埋め込まれていること，この2つが特徴として挙げられる。前者は，課題を学外からもらうことで必然的に他者と出会わなければならない状況を作り出している。後者は，単なる調べ学習ではなく，自らの手を使い足を使って様々な行動をとることが受講生の成長には必須であるという考えをベースとして，現地で現物を見ることで，携帯電話やパソコンの四角いディスプレイからだけではわからない空気や匂いとともに情報を入手しないことには，解決できないような課題を設定している。

「クラス規模」は，チームワークの基礎を学ぶ「O/OCF-PBL1」では20名前後，学外の課題提供機関からの課題に取り組む「O/OCF-PBL2」や「O/OCF-PBL3」では10名前後のクラス規模としている。これは，学生の成長を確実なものとするためには教員が学生の能力成長を把握できねばならず，そのためには，個々の学生の考え方や能力のレベルに応じて為すべき教育を変えなければいけないという考え方に基づいている。

京都産業大学における特徴的な取り組み，その3つめの観点は，教員と学生との関わり方である。「O/OCF-PBL」においては各クラス教員に対し，授業において講義を行うのではなくコーチングやファシリテー

第三編　大学から社会への「移行」

ションのマインドで学生にかかわることを求めている。これは，学生に実体験の試行錯誤の中から「学び方そのものを学び取ってほしい」という考えが背後にあるためであり，「学び方を学ぶ」ためには，試行錯誤したものを整理して振り返って何が自分にとって望ましいことかを自覚する必要があるためである。このとき教員に求められるのは，試行錯誤と振り返りという手段を用いて学習者自らが主体的に学べるよう支援することである[4]。また，同授業では，学生自身がリーダーシップのあり方としてファシリテーションの技法を使うこともあり，教員が学生にそうするよう促すこともある。

　以上3つの観点で示された京都産業大学における特徴的な取り組みが，第3節から第5節までで見てきた成果を同大学のコーオプ教育が上げていることの背後にある要因であると考えられる。これらの特徴のうち，いくつかは京都産業大学独自のものであり，いくつかは他大学でも既に実践されているかもしれない。しかし，コーオプ教育を学生の能力伸長のための方策と考え，それを効果的に実践するために試行錯誤の末に考え出されたこれらの取り組みを一揃えとして用意することで，他大学においても京都産業大学と同様の成果を上げることが可能となるのではないだろうか。

7.　おわりに

　本章では，キャリア教育がどのような効果を持っているのかについて，京都産業大学におけるコーオプ教育を事例に取り上げ，検討してきた。具体的には，そもそもキャリア教育にはどのような成果がありうるのかについての確認を出発点に，受講直後の能力伸長，就職活動成果，就業後の職務満足という3つの成果について，京都産業大学における取り組みを例に挙げて検討を進めてきた。

　もちろん，京都産業大学の取り組みが唯一絶対のものではなく，その大学が置かれている様々な状況によってアレンジが必要なものも多々ある。しかし，同大学のように体系的に取り組むことを通じて，キャリア

第12章 キャリア教育の「効果」の探索

教育はその期待される成果を上げるであろうことは疑いない。では各大学でどのように取り組んでいくのか，これこそが本章の読者に期待されていることである。

【注】

1) 実際の学生がすべてこのようなリニアなモデルに乗っているとは考えにくく，また起業する学生や，残念ながら新卒就職がうまくいかなかったり中退してしまったりした学生などは，この図では示しきれていない。以降の議論を進めやすくするために，キャリア教育を受講する多数の学生が辿るルートを単純化して示すことを意図した図である。

2) 伊吹ほか（2014）は，2013年度春学期の「O/OCF-PBL2」においては，統計的な有意性はないものの，PC の平均値そのものが下降していることを報告している。これは，後藤（2013）が検討している SR（Self Reflection: 自分を見る時の傾向であり，点数が高い程自分をよく見よう（あるいはよく見せよう）とする傾向がある）の減少との関係が考えられるが，この点についての詳細な検討はなされておらず，今後の研究課題であると言える。

3) この他にも伊吹・木原（2015）では「進路決定先の志望度」と「進路決定先の満足度」についても検討しているが，本章ではふれない。

4) ただし，チームワークの基礎を学ぶ「O/OCF-PBL1」においては，チームワークを円滑に進めるための諸概念を教示することが（ワークを伴いながらではあるが）必要であり，部分的に講義型で学生に接する必要が出てくる。

【文献】

Bern, E. (1961) Transactional Analysis in Psychotherapy. Grove Press.

後藤文彦（2012）初年次教育の有効性に関する実証的研究．高等教育フォーラム，2, 1-7.

後藤文彦（2013）学びの過程に関わる力の向上群と低下群との判別に関する研究－自我状態の透過性調整力を媒介にして－．高等教育フォーラム，3, 1-8.

227

後藤文彦・大西達也（2014）キャリア教育としての産学連携教育が卒業生の仕事満足要因に与える影響に関する実証的研究. 高等教育フォーラム, 4, 1-7.

伊吹勇亮・木原麻子（2015）課題解決型授業の受講経験と就職活動における内定状況との関係. 高等教育フォーラム, 5, 1-10.

伊吹勇亮・松尾智晶・後藤文彦（2014）課題解決型授業における満足度と教育成果との関係. 高等教育フォーラム, 4, 9-16.

伊吹勇亮・大西達也・富山雄一郎（2015）グローバル社会を生き抜く力の育成に産学官がすべきこと－WACE世界大会 in Kyoto プレ大会 討論会報告－. 高等教育フォーラム, 5, 225-229.

James, M. (1986) Diagnosis and Treatment of Ego State Boundary. Transactional Analysis Journal, 16-3, 188-196（ジェームス, M.・深沢道子（訳）（1991）自我状態境界の諸問題の診断と治療. 交流分析研究, 15-1・2, 1-13）.

金井壽宏（2007）働くみんなのモティベーション論. NTT出版.

桂戴作・杉田峰康・新里里春・水野正憲（1997）PCエゴグラム. 適性科学研究センター.

木原麻子・後藤文彦（2012）課題解決型授業の実践報告－独善性の排除と主体性の維持－. 高等教育フォーラム, 2, 55-62.

児美川孝一郎（2013）キャリア教育のウソ. 筑摩書房.

京都産業大学PBL研究会（2014）O/OCF-PBL 2014 ファシリテーション・ガイドブック. 京都産業大学キャリア教育研究開発センター.

Lave, J. and Wenger, E. (1991) Situated Learning : Legitimate Peripheral Participation. Cambridge University Press.（レイヴ, J., ウェンガー, E.・佐伯胖（訳）（1993）状況に埋め込まれた学習―正統的周辺参加―, 産業図書）.

松尾智晶（2012）キャリア教育の効果と本学の試みに関する考察. 高等教育フォーラム, 2, 17-24.

Schein, E. H. (1978) Career Dynamics: Matching Individual and Organizational Needs. Addison-Wesley Publishing Company.（シャイン, E. H.・二村敏子・三善勝代（訳）（1991）キャリア・ダイナミックス, 白桃書房）.

第13章　産学連携PBLにおける「自己」と「他者」の意義

松下　慶太

1.　はじめに

　近年，大学教育において産学連携PBL（Project Based Learning）はアクティブ・ラーニングの一環として多く見られるようになった。同時に，産学連携PBLは大学の段階から社会人や企業と接することからキャリア教育の文脈からも注目されている。

　本章では産学連携PBLにおいて，学習者自身の「自己」とそこにいる社会人や他の履修者などの「他者」とが双方にとってどのような意味を持ち，どのように影響しているのかについて，事例を取り上げつつ，考察していきたい。

2.　インターフェイスとしての産学連携PBL

　大学における産学連携自体はこれまでも理工系を中心に製品開発などがなされてきた。加えて近年，学生が主体的に学ぶためのアクティブ・ラーニングが推進されるようになり，その中で受動的とされた講義形式とは異なり，学生自らが企業や地域の課題解決に取り組むPBLが注目されるようになってきた。とりわけキャリア教育としての意味も含めて，学生が企業の課題解決に取り組む産学連携PBLが目立つようになった。

　例えば，同志社大学は2006年度から「プロジェクト科目」を設置し，地域や企業から公募で課題を募集し，選定した上で，実施している。また2009年にはPBL推進支援センターを設立し，こうしたプロジェクト科目の運営や評価についての活動を行っている。2017年度のプロジェクトを見ると，日本伝統織物研究所と連携した「京都の伝統織物で感動を！　魅力発見プロジェクト」や株式会社自在と連携した「留学生と創る！　『京の職人文化読本』」といった「京都らしい」もの，また株式会社

第三編　大学から社会への「移行」

ユー・エス・ジェイと連携した「テーマパーク利用者の利便性向上に関する企画立案プロジェクト」などビジネスの要素が強いものも多く見られる。

　他にも立教大学経営学部は「BLP（ビジネス・リーダーシップ・プログラム）」というコア・カリキュラムを設定し，1年生から3年生までリーダーシップをテーマにしたPBLを展開している。例えば，2017年度の1年生向け必修クラスBL0では株式会社ビームスをクライアントとし，「メンバーの誰かがジブンゴトとして捉えているテーマを1つ選んで，BEAMSができることを提案せよ」という課題に対して提案を考え，プレゼンテーションを行うといったものであった。

　こうした産学連携PBLは同志社大学や立教大学だけではなく，多くの大学で見られるものになっている。産学連携PBLは，大学においてゲスト講義や就職活動ガイダンスや説明会に加え，学生と社会人とがより実践的な場面で出会うインターフェイスのひとつとして機能していると言えるであろう。また産学連携PBLにおいて企業，ビジネスの「リアルさ」を学生のうちから経験することはキャリア教育としても意味が大きいであろう。

　こうした経験が学習に重要だということについて，古典的にはE.デール（Edger Dale）の「経験の円錐」で説明されることが多い。すなわち，読む，聞くなどの言語的な象徴よりも，メディアや実際に見る方が，またそれよりも実際にやってみたり，他人に教えたりという経験が学習の定着につながるというものである。ただし，これは知る・覚えるべき客観的な知識があり，それが定着するかどうか，という学習観に基づいていることには注意しておくべきである。一方，経験そのものを学習の一環として捉えるものとしてD. コルブ（David Kolb）が提唱する経験学習モデルがある。これは，経験をした後で，その経験がどのような意味を持つのか，ということを振り返り（省察），それが他の状況でも適応出来うるような法則を見出し（概念化），実際に試す（実践）ことを繰り返しながら，学んでいくというモデルである。

第13章　産学連携PBLにおける「自己」と「他者」の意義

　それでは産学連携PBLによる経験から学生は何を学んでいるのだろうか，あるいは提供する大学，教員，企業はどういった学びを想定しているのだろうか。近年広まっている産学連携PBLによる「学び」を見ると，かつての産学連携研究のように学生が企業での即戦力となりうるような専門知識，スキルを獲得し，高めるためというよりも，後述する「社会人基礎力」に総称されるような「社会人」としての一般的に求められるコンピテンシー・態度を身につけるという意味合いの強いものが多くなってきていると言える。両者のどちらが良い，悪いというものではないが，大学あるいは教員として産学連携PBLを導入する際には，提案や商品開発などアウトプットのクオリティを高めるなど専門性を高めることと経験を通してコンピテンシー・態度が獲得されることのどちらが目的なのか，あるいは両方なのか，どの程度を想定するのか，などを全体のカリキュラムにおける位置付けも含めて検討した上でデザインすることが重要になってくる。

　一方で，企業側は何のために産学連携PBLにコミットするのかということも検討されるべき課題のひとつであろう。商品開発や技術開発のための産学連携PBLであれば，そこから生み出されるアウトプットのクオリティをどのように高めるか，研究成果をどのように応用できるか，あるいは教育効果という意味ではコミットする学生の専門性が高めることができるか，ということが中心的な課題だった。しかし，産学連携PBLにおいて学生のコンピテンシー・態度の獲得が学習目標となったのであれば，そこにコミットする企業は，学生のコンピテンシー・態度獲得のための教育にコミットするのか，そこに自社のメリットはあるのか，などを考えなりればならない。あるいは大学と連携する中で派遣する社員の教育・育成の一環として捉えるという考え方もありうる。いずれにせよ，産学連携PBLの教育効果を考えた場合，以上で述べたように企業と連携する大学・教員側との調整，認識のすり合わせが重要になってきている。

231

第三編　大学から社会への「移行」

3. 学校から仕事への移行

　前節では産学連携PBLが拡大し，学生と企業，社会人とのインターフェイスが拡大したこと，また経験学習としての産学連携PBLをより効果的にするためには，学生に何を学んでもらいたいか，そのためにどのようにコミットするかを明確にし，大学，企業が相互にすりあわせることがポイントになることを指摘した。

　この節ではこうした背景を学校から仕事，学生から社会人への移行という視点から見ていきたい。大学におけるキャリア教育やキャリアガイダンスの中で「学生＝甘い，社会＝厳しい」という構図が前提として語られることが多くある。そういった意味では「甘えのある学生」から「厳しい社会で生きる社会人」へとスムーズに移行できること，いわゆる「School to Work」という移行が大学におけるキャリア教育の目的となっていると言える。こうした「School to Work」の移行に関してはトランジション研究としてこれまで蓄積されてきた。近年では雇用だけでなく，就職活動や新規一括採用など採用の問題，アイデンティティや心理など若者の内面に関わる問題，学校におけるスキルやコンピテンシーなど教育，とりわけ高等教育の問題としても取り上げられるようになってきている（矢島・耳塚2001，竹内・高生2003，乾2010，溝上・松下2014など）。

　「School to Work」の移行について，学生を受け入れる企業など組織の側に立って見てみよう。学生が企業・組織にどのように適応するかということは組織社会化研究として蓄積されている。組織社会化とは，組織に参入する主体が組織の規範や価値，行動様式を受け入れ，必要なスキルを獲得し，組織に適応していくプロセスとされている。

　中原（2014）はこうした組織社会化プロセスについて，1. 組織側が主体となり，新規参入者に対してなされる「組織による社会化」と2. 新規参入者自らが主体的行動をなすことで社会化を完遂する「個人による社会化」とに区分している。こうした中原の枠組みから見ると，産学連携PBLは，企業という組織へ「参入しようとする者（学生）」に対して，「参加するに足る者」にすべく，事前に○○といったコンピテンシーや態度

を身につけさせる「組織による社会化」を支援する試みであると言える。しかし同時に，「参入しようとする者（学生）」が「参加するに足る者」になるべく「コスト意識」や「顧客重視」などといったコンピテンシーや態度を身につけようと自ら主体的行動を起こせる学習者になること，すなわち「個人による社会化」を支援している試みであるとも言える。このように，産学連携PBLを「組織による社会化」を支援する試みとして見た場合，大学あるいは教職員は企業の立場に立っていると言える。一方で「個人による社会化」を支援する場として見た場合，大学あるいは教職員は学生の立場に立っていると言える。産学連携PBLにおいて大学と企業とのすり合わせが重要になってくると指摘したが，このように大学あるいは教職員が双方の視点を往来できる，あるいはしなければならない立場をどのように活かすかが，授業設計の上で特にポイントになる。

　それではここで言う○○といったコンピテンシーや態度は一体どういったものなのだろうか。それぞれの企業の求める人材，大学が育成したい人材は当然，多様だが，キャリア教育においてよく取り上げられているものとして「社会人基礎力」がある。「社会人基礎力」とは経済産業省が2006年から提唱しているもので，「前に踏み出す力」「考え抜く力」「チームで働く力」の3つの能力（12の能力要素）から構成されており，「職場や地域社会で多様な人々と仕事をしていくために必要な基礎的な力」とされている。先立って出された2005年の「社会人基礎力に関する研究会 −「中間取りまとめ」−」の中で，社会人基礎力という名称について次のように述べられている。

　　職場で求められる能力を定義すれば，「職場や地域社会の中で多様な人々とともに仕事を行っていく上で必要な基礎的な能力」とすることが可能であり，社会の中で人と触れあうことを前提としていることから「社会人基礎力」と名付けることが適当である。（「社会人基礎力に関する研究会 −「中間取りまとめ」−」p.4）

第三編　大学から社会への「移行」

　こうした報告書からは，これまで曖昧にされてきた社会に出る力や
キャリアについてコンピテンシーという形で示したことにより，キャリ
ア教育における評価軸を設定できるようになった点では大きな貢献だと
言える。一方で，社会人基礎力は社会(職場)で求められている力ではあ
るものの，社会(職場)で働いている人達がすべからくそうした力を持っ
ているかどうか，については明らかにされていない。すなわち，社会人
基礎力は社会人になるための十分条件であるのか，必要条件であるのか，
については明示されていないことには留意する必要がある。

4.「社会人」概念を巡って

　前節では社会人基礎力は社会人になるための十分条件か必要条件かが
明示されていない，あるいは曖昧なまま浸透していることを指摘した。
そもそも社会人基礎力に含まれている「社会人」とは一体誰を指すのだろ
うか。この節では「社会人」という概念がどのように成立したのか，歴史
的に振り返って確認しておこう。

　『大辞林 (第二版)』によると「社会人」は①学校や家庭などの保護から
自立して，実社会で生活する人，②(スポーツなどで) プロや学生では
なく，企業に籍をおいていること，③社会を構成している一人の人間，
とある。英語に訳そうとすると「adult」や「member of society」となるが，
「adult」は社会人というよりも，大人や成人という日本語を充てるほう
が一般的で，「member of society」は子どもや学生も含まれている。しか
し，先に挙げた経済産業省の「社会人基礎力」の英語版報告書を見てみる
と，「Fundamental Competencies for Working Persons」と訳されている。こ
こからは，社会人になるということと仕事をすることがイコールで結ば
れていることが分かる。

　日本における「社会人」という言葉自体を歴史的に辿ってみると，杉森
孝次郎が1922年に出版した『社会人の誕生』がその嚆矢となる。杉森は
人と人との関係が「社会」であり，さまざまな諸問題を引き起こす国家間，
民族間，階級間の争いを乗り越えるべきだと指摘し，「階級人として死

第 13 章　産学連携 PBL における「自己」と「他者」の意義

し，社会人として再生するのだ。国民人として死し，社会人として再生するのだ」（p.21）と述べる。ここからも分かるように，「社会人」という言葉自体はそもそも必ずしも「働くこと」が織り込まれているわけではなく，社会で生きている人すべてを指していたことが分かる。

　こうした「社会人」イメージが「働く人」として，いつごろから，どのように人口に膾炙するようになったのだろうか。朝日新聞のデータベースを用い，「社会人」をキーワードに記事検索を行った結果，社会人が記事に登場し始めるのは杉森より 10 年下って，1930 年代半ば以降になる。例えば，1936 年には「女子教育の悩み」として教員から「学校に出れば社会人，家庭に帰れば責任ある主婦」という役割についての葛藤について悩みが寄せられている。また，1937 年には，除隊兵の就職先が決まったということで，「社会人初年兵」を歓迎する市民が紹介されている。これらの記事から示されるのは，「社会人」は家庭や軍隊などとは異なる概念として，位置付けられている点である。1938 年の相談応接室というコーナーでは，女学校を出て 6 年間デパートに勤めているが希望を失い，懐疑的な気持ちになっているという相談に対して，以下のように社会人としての自覚を持とう，というアドバイスがなされている。

　　全てを批判的に見るとおっしゃる貴女は，も一度自分自身を，同時に又自分の生きている社会を，もっとよく見なおしてご覧になりませんか。そうして個人の問題よりももっと力強く迫っている時代の全体的生活意識の中に，貴女自身の立場を見出そうとはなさいませんか。此際貴女に一番必要なのは自分も亦国家社会の一因だというはっきりした自覚だと思います。着飾って買い物に来る有閑婦人と働く自分とを比較して，金のない不幸を歎くより，職業を持つことの社会的意義に自信を持って，自分を高く評価なさいませ。自分のしている仕事は，何等かの意味で国家社会に貢献しているのだという自覚に生きる時，たとひ草刈にもせよ屑拾いにもせよ，無意義な仕事はないはずです。

第三編　大学から社会への「移行」

　有閑夫人と比較し，職業を持つことへの誇りを持つようにという文面からは「社会人＝働いている人」という認識が見られる。こうした認識は戦後，時代が下っても同様だった。例えば，1965年4月5日の社説には「社会人第一歩への出発」として，社会人とは何か，について①職業人ということ，②他人の中に交じること，③名刺で仕事をするな，という3点が挙げられている。①について，「職業人の目標は，その道のエキスパートになることである」と指摘し，どのような職業であっても，平凡であってもコツコツと努力し，社会の「地の塩」となることの重要性を唱えている。また②について，日本の会社を「知も涙もある株式会社」と評し，「家庭や学校と違うところは，はじめてヒンヤリとした人間関係の中に身を置くということである」ために，姿勢を低くすることの重要性を唱えている。

　歴史社会学的に「社会人」概念を検討した前田（2005）は，「社会人」という語句が持つ曖昧性こそが，一定の「聖性」を付与され，特定の社会規範を正当化する一種のマジックワードとして機能する理由のひとつであると指摘している。このようにある実存的に考えられているものが，どのように概念として成立していくのかを歴史を巡り，検討した研究としてF. アリエス（Philippe Ariès）の『＜子供＞の誕生』がある。アリエスによると，17, 18世紀までヨーロッパでは「子供」という概念は希薄で，子供は「子供」ではなく，「小さな大人」として家族というよりも，共同体の中で位置付けられており，18世紀以降，徒弟制度や学校などの制度の整備とともに「子供」が存在として成立していったことを指摘した（Aries 1960）。こうした視点に立つと，「社会人」もこの節で見てきたように，実存的なものというよりも，社会的な「概念」として，学校や家庭といった制度やシステムとともに成立していったことが分かる。大学のキャリア教育に即して見てみると，学生は「社会人になる」ように教育・指導・支援される対象であるのと同時に，産学連携PBLなどでは「小さな社会人」として参画することが求められる立場でもある。

　以上のことからキャリア教育には2つののジレンマを抱えていると言

える。ひとつは、「社会人」という枠組みが曖昧なまま、学生は社会人になるべき・目指すべき、あるいは社会人基礎力という能力を身につけるべきとされているという点である。そしてもう一つは大学において学生は教育されるべき存在であるのと同時に、「小さな社会人」でもあるという二重性をはらんでいる点である。

　しかし、こうした2つのジレンマはキャリア教育において解消すべきものではなく、むしろそれが不可避的に生じるものとして、学びにつながるようにポジティブなものとして捉えるという方策を取ることもできるのではないだろうか。次節では、筆者の勤務する実践女子大学においてそれを目指す試みとして、学生、教員以外の「多様な他者」を招き入れることを意識した産学連携PBLの事例について見ていきたい。

5. PBLにおける「他者」の影響－実践女子大学 Open PBL の事例から－

5-1. 実践女子大学 Open PBL の試み「主体的」のもう一つの意味
　前述したように近年、多くの大学がキャリア教育、アクティブ・ラーニング推進という文脈から産学連携PBLを導入している。筆者の勤務校である実践女子大学でも、これまで建築デザインや食品科学など生活科学系を中心に産学連携プロジェクトとして行ってきたが、2014年から生活科学部と文学部・人間社会学部が別キャンパスになったこともあり、「実践プロジェクト」という産学連携PBL科目を新たに設置した。「実践プロジェクト」は共通科目として設置されており、学部・学科を問わず2年生以上の学生が履修できる。ここでは、筆者が担当した文学部・人間社会学部対象の「実践プロジェクト」を事例に挙げながら、とりわけPBLに携わっていただいた企業の方々、コーディネーター、他大学の学生など「他者」に注目しながら、その効果や課題について考察を進めていきたいと思う。2014年度は設置初年度のため、履修者21名全員が2年生であり、そのうち人間社会学科が10名、現代社会学科が4名、英文学科が4名、国文学科が3名という内訳だった。

第三編　大学から社会への「移行」

　2014年度はリコージャパン株式会社（以下，リコージャパン）をクライアント企業に迎えた。リコージャパンは支社において営業売上を伸ばすという目的は共有しているにも関わらず，上司・若手社員のコミュニケーションが噛み合っていないことがあるという課題を抱えていた。こうした状況を打開するために，「リコージャパン支社におけるコミュニケーションの問題を調査し，それをチロルチョコのパッケージをデザインから解決する」という課題に取り組んだ。単にコミュニケーションが円滑になるような提案をする，ではなく敢えてチロルチョコのパッケージをデザインすると設定してアプローチの制限をした。なぜなら，「実践プロジェクト」では専門知識の習得やスキル向上よりも，社会人基礎力などコンピテンシーを向上させることを重視しているため，各学部の専門性が敢えて出にくいような状況にしたいという思惑があったからである。

　「実践プロジェクト」のデザイン，実施にあたってとりわけ注目したのが「他者」の影響である。2012年に行われた「京都大学／東京大学／電通育英会共同　学校から仕事へのトランジション調査」で，社会人に「最も成長に影響を与えてくれた人」を聞いている。そこではその影響を与えた人がどこに所属していたかについて，「自分と同じ大学」が63.3%，「自分と違う大学」が13.5%，「企業・NPO等」が6.3%，「その他」が16.8%と，「自分と同じ大学」が多くを占めていることが示されている。またその人がどのような関係だったかについては「同期・同僚」が39.8%，続いて「先生・講師」が23.3%，「上位者・先輩」が21.4%となっている。そして，それらの人とはどのような活動の中で出会ったのかについては「部活動・サークル活動」が20.3%，続いて「専門での授業」が17.7%，「アルバイト」が16.9%，「教養での授業」が13.1%となっている。これらの結果を見ると，社会人が振り返ってみて，自分の成長に大きな影響を与えているのは多くの場合，同じ大学に所属し，授業や部活動・サークル，アルバイトなどを共にした同期・同僚であるということが分かる。しかし，産学連携PBLにおいては，学生－教員という「閉じた回路」ではなく，むしろ多様な他者が介在することにより前述したような多様性を確保するた

めにいくつかの工夫を行った。そこでここで取り上げた産学連携 PBL
である「実践プロジェクト」ではなるべく多くの「他者」が関わり，多様
性を確保するためにいくつかの工夫を行った。

　まず学生における多様性を高める工夫として，同じ課題を福岡女学院
大学と同じシラバス，進行で授業を行った。大規模の総合大学と比べる
と，女子大ではさまざまな学部の多様な人々に出会う機会は多くないの
が現状である。同様の悩みを抱える女子大学と同一課題・同一シラバス
を使用することにより，企業連携や学内調整に関するリソースを有効活
用しつつ，履修者の多様性を確保した。

　また評価の多様性を高める工夫として，課題を出すクライアント企業
の社員，授業を担当する教職員とは別に社会人コーディネーターを置い
た。社会人コーディネーターの主な仕事は授業の進行やグループワーク
のファシリテーションである。履修している学生から見ると，クライア
ント企業の社員，教職員は評価と直接的に結びついているイメージが強
く，そこからのアドバイスを「指示」「指導」と受け取りかねない。その
ため，プロジェクトに関する学生からのさまざまな相談は（本人たちが
意識的でないにせよ）「指示」「指導」を仰いでいることと同義になり，ま
た，企業の人や教員の求める「正解」があり，それを探したか探せないか
で成績・評価が決まる，という考えに陥る可能性がある。コーディネー
ターを配置することで，授業における評価（教員），提案に関する評価
（クライアント企業）だけではない軸が存在するということを可視化する
ことで，評価の多様化の確保に努めた。

　その結果，履修する学生はもちろん，他大学の学生，クライアント企
業，コーディネーターも含め多様な人々が携わることになった。

　以上で説明したように，産学連携 PBL に関わるフォーマットをなる
べく共通のものにし，学生・社会人ともに多様性を高めるアプローチを
「Open PBL」と呼び，今後も検証を重ねつつ，展開していきたいと考え
ている。

第三編　大学から社会への「移行」

5-2．Open PBLによる「他者」の意味

以上を踏まえ，「実践プロジェクト」において学生がチームで協働し，成果を出していく過程で多様な他者がどのような影響を与えているか，社会人基礎力などコンピテンシーにどのような影響を与えるのか，授業を履修した実践女子大学の学生，同じくプロジェクトを行った福岡女学院の学生を対象に授業後に実施したアンケート調査（有効回答33。うち実践女子19，福岡女学院14）から見ていきたい。

社会人基礎力で挙げられている「前に踏み出す力」（主体性，働きかけ力，実行力），「考え抜く力」（課題発見力，計画力，創造力）「チームで働く力」（発信力，傾聴力，柔軟性，状況把握力，規律性，ストレスコントロール力）に関して，自分があると思うかどうか，という問いに対して，特に傾聴力，柔軟性，規律性といった能力に関しては肯定的に捉えている（図1参照）。一方で，「課題発見力」「発信力」「働きかけ力」に関しては否定的に捉えている姿が浮かび上がってきた（図2参照）。

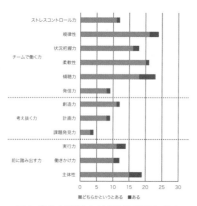 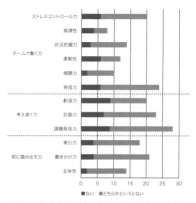

図1　社会人基礎力に対する自己評価・肯定（実施前）　　図2　社会人基礎力に対する自己評価・否定（実施前）

第13章　産学連携PBLにおける「自己」と「他者」の意義

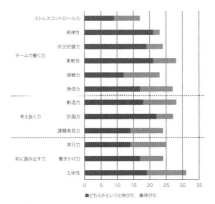

図3　社会人基礎力に対して伸びたと思うか？

　事後にこれらの能力について，「落ちた」「どちらかというと落ちた」「変わらなかった」「どちらかというと伸びた」「伸びた」という5件法で尋ね，「伸びた」「どちらかというと伸びた」の合計をしたところ，「主体性」「柔軟性」「創造力」の順に高いことが分かった（図3参照）。

　それでは，社会人基礎力に対して，どのような他者が影響を与えたか見てみよう。今回のOpen PBLにおいて学生は「他大学の学生」「他チームのメンバー」「今回知り合ったチームのメンバー」「もともと知っていたチームのメンバー」というように分けられる。またそれ以外では授業を担当した「教職員」，授業の進行を担当した「コーディネーター」，課題を出したり，情報を提供したり，最終評価をする「クライアント」がコミットしている。

　図4，図5はこうした「他者」が自分の社会人基礎力のどの部分に影響したと思うかについて回答してもらった結果を示したものである。インタビューやアンケート調査など情報を提供し，問題解決のプレゼンテーション先でもあるクライアントよりも，授業を担当した教職員が，教職員よりも，進行を担当したコーディネーターの影響が大きいと言える。また影響を与えたと学生が考える力については，「考え抜く力」が最も大きく，次いで「前に踏み出す力」「チームで働く力」と続いている。学生

第三編　大学から社会への「移行」

に関してはどうだろうか。他大学の学生や他のチームのメンバーではなく、またもともと知っていたメンバーでもなく、「今回知り合ったチームのメンバー」が大きな影響を与えていることが示された。そして影響としては「チームで働く力」、次いで「前に踏み出す力」「考え抜く力」と続いている。

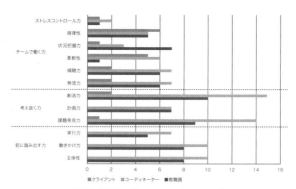

図4　社会人基礎力の伸長に影響を与えた人（社会人）

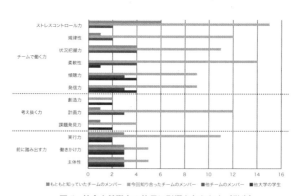

図5　社会人基礎力の伸長に影響を与えた人（学生）

ここまでOpen PBLにおいてさまざまな立ち位置にいる「他者」が社会人基礎力の各要素のどこに影響を考えているのかを見てきた。今回の調査では限られたサンプル数、また単年度における結果であるという限界

第 13 章　産学連携 PBL における「自己」と「他者」の意義

はあるが，社会人基礎力をバランスよくつけるためには，さまざまな立ち位置からコミットする「他者」の多様性を確保することがポイントになることが分かる。そして，前述したようにコミットする前にこうした影響や働きかけについて教職員，クライアント企業含めて確認，検討することが産学連携PBLをデザイン・実施する上で重要である。

6.　キャリア教育・産学連携 PBL における「自己」と「他者」の意義

　この節ではOpen PBLにおける学生が自らどのように成長したかという「自己」の認識とそれに影響を与えた他の学生，社会人など「他者」の意義，またより広義にはキャリア教育における「自己」と「他者」の意義について，社会学的な見地から考察をしていきたい。

　自我形成について，よく知られている見方として，G. H. ミードによる「I（主我）」「me（客我）」という構図がある。すなわち，自己（I）と他者の態度や期待されていることを内面化すること（me）との相互作用によって，社会的自我（social-self）を形成されるという見方である。とりわけ，役割期待の学習過程において，親や教師など個別で，身近な「重要な他者（significant other）」からの期待に応える段階から，社会や世間といった「一般的な他者（generalized other）」からの期待を内面化するという見方はキャリア教育においても有効であろう。今回知り合ったチームのメンバーやコーディネーターはすでに知っている学生や教職員よりは「一般的な他者」に近いが，クライアントなどと比べるとより身近な存在である，と言えるであろう。そういった意味で，Open PBLのアンケート調査において影響を与えた人についての結果は興味深いものである。

　またA. ギデンズ（2005）は自己アイデンティティとは「生活史という観点から自分自身によって再帰的に理解された自己」とし，自己の物語の再帰的組織化によって自己アイデンティティが構成される過程を「自己の再帰的プロジェクト」と規定した。このように，変容する自己は，個人的変化と社会的変とを結びつける再帰的な過程の一部分として模索され，構成される，とギデンズは指摘する（ギデンズ 2005）。そういった

243

意味で，Open PBL は他のメンバーやコーディネーターといった自分のことを知らない「他者」を媒介とし，自分の行為を再帰的に振り返りつつ，あるべき／提示すべき自分を構成するプロセスの場であったと捉えることができる。しかし，そのあるべき／提示すべき自分が「社会人」というイメージから逆算的に形成されているという可能性もある。そのため，「あるべき社会人イメージ」をつくること・つくってしまうことの功罪についてはより慎重に検討する必要がある。なぜなら，キャリア教育あるいは就職活動の自己分析，エントリーシートや面接などにおいて，「本当の自分」と「求められる自分」との分裂は常に課題となっているからである。エントリーシートや企業選びで，軸がぶれてはいけないと指導されつつ，こだわりすぎないことも同時に指導される。また面接などでも常に「ふさわしい」言動，態度，服装など「空気を読む」ことが求められているのか，いないのか，学生と企業はお互いに疑心暗鬼の状態に陥っている。こうした結果，内定を取ったものの「本当に」その企業でよかったのか悩んでしまう「就活ブルー」に陥る学生も多くいる。浅野（1999）や辻（1999）は一連の若者調査から「本当の自分」など一元的自我があり，状況や場面に応じて自分を使い分けるのではなく，場面場面のそれぞれが「本当の自分」であると考える多元的自我論を展開している。キャリア教育においてよく語られるキャリア，社会人，成長，自己などの言葉はそれに携わる人達が知らず知らずのうちに前提としているイメージ，定義がずれやすい状況が生まれている。この節で検討したような社会学的な知見は一見迂遠に見える「そもそも論」かも知れないが，キャリア教育に携わる人達の認識をすり合わせるためには有効ではないだろうか。

　最後にキャリア教育そのものの課題を指摘しておきたい。都市化，グローバル化，情報化が進む現代社会はかつての時代よりも身分や階級，地域社会などから解放され，個人が多様な選択肢を取ることができる社会，バウマンの言葉を借りれば「リキッド・モダニティ（液状化する近代）」になった。ベックはこのような状況を「近代化の第二段階」と捉え，個人がさまざまなしがらみから解放されたのと引き換えに，自己責任の

もとで選択を「せざるを得ない」ものになっていると指摘している。こうした「個人化」はキャリアについても同様である。職業選択の自由は憲法でも保証されている基本的人権のひとつであるが，これは職業が生まれながらに固定されていた時代から自由を求めた結果であるとも言える。日本において1989年から就職・転職情報誌「salida」や「とらばーゆ」などのCMでも「職業選択の自由」というフレーズが軽快なタッチで使用され，また同時期にはフリーターが増加するなど文字通り，職業選択の自由を謳歌する時代を迎えた。

しかし，バブル経済が崩壊し，非正規雇用の増大など雇用の多様化，人材のグローバル化が進んだことに伴って，フリーター，ニート，引きこもり，SNEP (Solitary Non-Employed Persons：孤立無業) などが社会問題として取り上げられるようになった。前述したような「リキッド・モダニティ」が先鋭化する現代においては，「選択しない自由」はほぼなく，自己責任のもと選択が迫られるようになる。フリーター，ニート，引きこもり，SNEPはこうした自己責任による選択の結果という見方も依然として根強くある。

大学におけるキャリア教育はそうした状況にならないように，正規雇用の就職を支援するためのサポートが大きな役割であるが，逆に言うとキャリアについて何らかの選択を迫っているとも言える。すなわち，キャリアという選択の「支援」と「強制」が裏表となっているシステムでもあるということは留意すべき点であろう。

【文献】

浅野智彦 (1999) 親密性の新しい形へ. 畠田英典・藤村正之編 (1999) みんなぼっちの世界，恒星社厚生閣.

浅野智彦編 (2006) 検証・若者の変貌－失われた10年の後に－，勁草書房

Bauman Zygmunt(2000)Liquid Modernity, Polity Press（森田典正訳 (2001) リキッド・モダニティ－液状化する社会，大月書店).

Dale,Edgar(1946)Audiovisual Methods in Teaching, The Dryden Press.

第三編　大学から社会への「移行」

電通育英会（2013）京都大学／東京大学／電通育英会共同　学校から仕事
　　へのトランジション調査.
　　http://www.dentsu-ikueikai.or.jp/transmission/investigation/result/
　　(accessed 2016. 02.01)

Giddens, A. (1991)Modernity and Self-Identity, Polity Press（秋吉美都・安藤
　　太郎・筒井淳也訳（2005）モダニティと自己アイデンティティ，ハー
　　ベスト社）.

乾彰夫（2010）＜学校から仕事へ＞の変容と若者たち：個人化・アイデン
　　ティティ・コミュニティ，青木書店.

経済産業省（2005）社会人基礎力に関する研究会−「中間取りまとめ」−.
　　http://www.meti.go.jp/policy/kisoryoku/chukanhon.pdf
　　(accessed 2016. 02. 01)

前田崇（2005）『社会人』概念に関する歴史社会学的考察. 早稲田大学大学
　　院教育学研究科紀要. 別冊13（1），214-226.

溝上慎一・松下佳代編（2014）高校・大学から仕事へのトランジション：変
　　容する能力・アイデンティティと能力. ナカニシヤ出版.

中原淳・溝上慎一（2014）活躍する組織人の探求. 東京大学出版会.

竹内常一・高生研編（2002）揺らぐ「学校から仕事へ」−労働市場の変遷
　　と10代. 青木書店.

辻大介（1999）若者のコミュニケーション変容と新しいメディア. 橋本良
　　明・船津衛編（1999）子ども・青少年とコミュニケーション，北樹出版.

Ulrich Beck, Anthony Giddens, Scott Lash(1994)Reflexive Modernization
　　− Politics, Tradition and Aesthetics in the Modern Social Order −（松雄
　　精文・小幡正敏・叶堂隆三訳（1997）再帰的近代化，而立書房.

矢島正見・耳塚寛明編（2001）変わる若者と職業世界：トランジションの
　　社会学. 学文社.

第14章　大学生と社会人が共にキャリアについて考える
　　　実践の課題とデザイン

橋本　諭

1.　はじめに

　本章では，筆者が開発した大学生と社会人が共にキャリアについて考えるワークショップ（面接ワークショップ）について，その開発の背景と意図およびデザイン手法を，具体的なワークショップ内容と合わせて解説する。

　具体的な内容については，3点に分けて述べていく。

　1点目は利点と課題である。大学生と社会人が共にキャリアを考えるにあたっての利点や課題を先行研究のレビューを通じて概観する。2点目はデザイン手法である。キャリア教育を行うにあたってのイベント（ワークショップ）の作成方法について，主にワークショップデザインの観点から解説する。3点目は事例紹介である。筆者が開発した「面接ワークショップ」について，前述の2点を踏まえ，具体的な作成手順等を述べながら解説する。

　この3点から読者の方々が具体的なキャリア教育を行うための実践をデザインする一助となることを目指している。なお，本章における「社会人」とは主に若手社会人を主な対象とし，具体的には企業に入社後3年以内程度を想定している。

2.　大学生と社会人が共にキャリアを考えるにあたっての課題

2-1.　背景

　大学生のキャリア教育は，多岐にわたっている。大別すれば，教室の中での取り組みと教室外での取り組みに分けられるであろう。教室の中

247

第三編　大学から社会への「移行」

での取り組みとしては，一斉講義としてキャリアに関する知識を身につけるもの，社会人として必要な特定のスキル（いわゆる就職活動で必要となる面接対策なども含む）を学ぶものがあげられる。また教室の外での取り組みとしては，具体的に社会との接点を持って学ぶものなどである。

　昨今，特に大学においては，広く社会からアクティブ・ラーニング（能動的な学習）が求められていることからも，社会との接点を持ったスタイルが注目されている。具体的には，PBL（プロジェクトベースドラーニングorプロブレムベースドラーニング）やSL（サービスラーニング），インターンシップなどがそれにあたる。手法によって狙いや実施方法は異なるが，ひとつの特徴として授業等を通じて，大学生が社会人と接点を持つことが挙げられる。すなわち，大学生と社会人の間で，何らかの交流が行われることになる。

2-2．大学生と社会人が共に対象となる取組

　キャリア教育に関連する大学生と社会人が交流を行う（伴う）実践は複数ある。その共通する特徴を整理したうえで課題を考えていく。伝統的な取り組みとして，インターンシップが挙げられる。

　大学生が社会人側（会社）を訪問し，実際の仕事の体験を通じて学ぶという形態である。ワンデイと呼ばれる1日のみのプログラムから，数週間から数か月の期間を取るものまで多種多様である。なお，インターンシップの場合には，プログラムの運営主体は企業となり，大学生はそれに参加するという形態である。

　他方，昨今キャリア教育においては，伝統的な取り組みに加え別の取り組みも行われてきている。大学などがプログラムの主体となり，数時間から半日程度のイベントの形態を取りながら，大学生と社会人が共に参加し，主に大学生の将来のキャリアについて対話やワークショップを行うといったものである。気軽に自分に近い経験者から何かを学ぶ。先輩と後輩，上下関係から学ぶ形態といえるであろう。

　荒木ら（2013）は，こういった大学生と社会人との交流実践に関する課

題を整理し，社会人側の交流への利点を創りだすことが必要であると述べている。荒木らは，先行研究をレビューし，学生と社会人が交流を行うインターンシップやサービスラーニングなどの取り組みにおいて，参加する大学生側には自己効力感の向上や社会参加志向の向上といった利点が見られるという研究があるが，社会人側についてはそもそも利点を分析した研究が少ないことを明らかにしている。加えて，独自の大学生と社会人の交流実践の実施と評価を行い，その評価結果からは，社会人側の利点を創り出すことが，継続性の観点から必要であると述べている。具体的には，社会人にとっても大学生との交流が新たな気付きや展望が得られるよう活動をデザインする必要性があると言い，中でも「将来を展望する活動」が必要であると述べている。

　大学生と社会人が交流する場合，多くの場合就職活動や入社後のことが話し合うテーマとなる。大学生側にとっては，将来のことがテーマとなるが，社会人側にとっては過去を話すことになる。そのため，実践においては何らかの仕掛けを用意することで，社会人側が将来を展望する活動が必要であるとしている。

2-3. 大学生と社会人が共に考える上での課題

　次にイベント自体に焦点を絞って考えてみることにする。大学生と社会人が参加するイベントにおいて特徴的な「大学生と社会人」という「立場の差」に着目する。例を使って説明していく。

　大学生と社会人が参加するイベントに参加する大学生は，将来のキャリアや就職活動について何らかの悩みを抱えている。故に，その悩みを社会人に対してぶつけ，そして「答え」を得ようとするのが一般的である。つまり，この場合の社会人とは，「年長者」であり「経験者」となり，その人達から何かを学ぼうとする，という構造になる。参加者が真面目な学生であればあるほど，社会人に対して敬意を持って臨むので答えを得ようとする傾向は強くなる。

　そのため社会人側は，括弧のついた「社会人」として扱われることにな

第三編　大学から社会への「移行」

る。すなわち，「年長者」であり「経験者」，「答えを出してくれるだろう
人」という立場が与えられることになる。そして，「答え」を期待される。
その期待に応えるために，何らかのアドバイスをしなければならないと
いう目に見えないプレッシャーにさらされるのである。

　キャリア研究においても著名な，組織心理学，対人支援関係の大家エ
ドガー・シャインは，著書「人を助けるとはどういうことか」の中で，コ
ンサルタントがクライアント，親と子，上司と部下といった人間関係に
おいて，アドバイス等の問題解決を行うことを「支援学」としてまとめて
いる (Schein 2009)。

　支援学においては，支援が円滑に行われるためには「支援する側」と
「支援を求める側」の関係性が重要であると述べている。支援する側は支
援を求める側よりも上位の立場に立つ。これをワンアップと呼んでいる。
逆に支援を求める側は下位のポジションとなる。これをワンダウンと呼
んでいる。

　シャインは，この上位・下位の関係自体が影響を与えると述べている。
たとえば，ワンダウンにいる人は，本当に助けが得られるか否かに関わ
らず，（知識や経験を用いて）支援を求めることにより，支援者に対して
権力や価値を与えているという。そして，この関係は不均衡なものだと
し，適切な支援関係を築くためには，この不均衡を認め対処することが
必要であると述べている。

　大学生と社会人が交流する実践について，支援学の枠組みで考えてみ
よう。大学生側はこれからのキャリアを考えることになり，当然未経験
であることからワンダウンになる。一方，社会人側は既に経験してきて
いるというアドバンテージがあることからワンアップに置かれると考え
るのが自然である。このように，大学生と社会人との交流実践には，支
援学の観点からは，「不均衡」が生じやすいものだと言える。

　また，シャインは「支援できる」というワンアップに立つことは大きな
誘惑であり，抑えがたいものがあると述べている。つまり，アドバイス
をする側に立つことは，魅力があるということである。そのため，相手

250

第14章　大学生と社会人が共にキャリアについて考える実践の課題とデザイン

よりも優れているとか役に立つアドバイスができるとは仮に思っていなくとも、「助けようとしてしまう」というのである。このことが、支援が上手くいかない、あるいは支援を受ける側の状況がさらに悪化することに繋がると述べている。

なお、こういったワンアップ、ワンダウンが生じてしまうことには、支援する側にも求める側にも、どちらの側にも罠があるという。それぞれの罠について詳細に見ていくことを通して、大学生と社会人との交流実践を行う上での知見を確認していくことにする。

2-4.　支援を受ける側の罠

シャインは、支援を受ける側（クライアント）側には、5つの罠があると述べている。

項　　目	内　　容
1．最初の不信感	支援する者が手助けをしてくれようとしている、またその能力があるのかを確かめようとする。自分の本当の問題とは違った悩みを打ち明けたりする。
2．安堵	支援する者と問題を共有できたことから、支援者に依存し従いたくなる。自らの問題に対して無責任になる。
3．支援の代わりに、注目や安心感、妥当性の確認を求めること	支援をして欲しいのではなく、自分自身に注目してもらうことを望んでいる
4．憤慨したり防衛的になったりすること	支援する者と対等な立場になろうとして、支援する者が無能であると述べるチャンスをうかがう。
5．ステレオタイプ化、非現実的な期待、（対人）知覚の転移	支援する者について、その支援内容ではなく、過去に受けた支援の経験と照らし合わせ比較する。

（Shein（2009）を元に筆者作成）

この5つの罠について、大学生と社会人との交流実践に照らし合わせて考えてみるといくつもの示唆が得られる。たとえば、大学生が将来の

第三編　大学から社会への「移行」

キャリアについて相談する場合，イベントの最初の時点で本当に自分の考えていることを述べるとは限らない。ある特定の職業に就きたいと考えていたとしても，それを直接口に出すことはせずに，「○○を勉強することは，就職活動でも認められますか？」といった無難な質問になることが想像できる。この場合，「○○が就職活動で役立つかどうか」ではなく，本当はある特定の職業に対してキャリアの目標があり，その話を聞きたいと思っていたりする。そして，その質問をしても良い相手なのか，アドバイスを貰える人なのかを確かめようとしている訳である。その時，ただ単に自らの自慢話のような話を延々とする人に対しては，アドバイスをもらえる人ではないと捉えるだろう。すなわち，「最初の不信感」という罠にはまってしまうと考えられる。

　他にも，「オススメの業界とか会社はありますか？」といった支援を受ける側が何も考えずに無責任になってしまう「安堵」に関わる罠もある。また，アドバイスがほしいのではなく，社会人に「これまで通りで良いのではないか？」という言葉を掛けてもらうことが目的化する「支援ではなく，安心感を得ようとする罠」なども想像できる。

　また，「憤慨したり防衛的になること」は，社会人側への圧力としても存在する。社会人は支援する側ということでワンアップではあるが，「役に立たない」という烙印を押されてしまえば，そのポジションは危うい。さらに，キャリア教育という文脈に即して考えると，キャリアには唯一絶対の正解がある訳ではなく，常に様々な選択肢がある。また，社会人だからといって自分が経験してきたこと以外では，大学生との違いはあまりないとも言える。つまり，社会人だからといって，圧倒的に優位な立場に立つこと自体に矛盾が生じるのである。故に，大学生と社会人との交流実践においては，大学生側が防衛的になるということを主催者側が当初より想定しておき，対処できるようなデザインになっていなければ，参加した社会人を不安定な立場に立たせてしまうのである。

第14章　大学生と社会人が共にキャリアについて考える実践の課題とデザイン

2-5. 支援する側の罠

シャインは，支援する側（支援者）には，陥りやすい6つの罠があると述べている。

項　　目	内　　容
1．時期尚早に知恵を与えること	（支援を求める側から）提示された課題が真の問題と思い込んだり，早く解決策を提示することによりクライアント側をさらに下の立場に追いやってしまう。
2．防衛的な態度にさらに圧力をかけて対応すること	行った支援やアドバイスが正しいものであり，受け入れられると思い込み，クライアントを説得してしまう。
3．問題を受け入れ，（相手が）依存してくることに過剰反応する	関係が始まったばかりの段階で，一方的により高い地位を占め，具体的な指示を出してしまう。支配権を握ってしまう。
4．支援と安心感を与えること	支援や安心を与えることで，クライアントの地位を下げてしまう。支援者が答えを与えてくれる権力のある役割になってしまう。
5．支援者の役割を果たしたがらないこと	客観的であろうとして，また罠を避けようとしてクライアントとの心理的な距離を取り過ぎてしまう。
6．ステレオタイプ化，事前の期待，逆転移，投影	自らの経験から，クライアントを位置づけ，同じように扱ってしまう。

（Shein（2009）を元に筆者作成）

支援者側の6つの罠についても，大学生と社会人との交流実践として考えてみるといくつもの示唆が得られる。たとえば，交流実践において，「時期尚早に知恵を与えられる可能性」はいくつも考えられる。まだ大学生が自分の進路について考えが進んでいない段階であるにも関わらず，「君は，○○だろう」といったように具体的な方向性を示してしまったり，小手先のテクニックをこれ見よがしに披露してしまったりすることは，何らかの交流実践を行ったことがある人であれば，少なからず見聞きする例であろう。他にも，自分の意見が受け入れられない場合には，社会人という立場を使って「説得」してしまったりする。しかも，社会

第三編　大学から社会への「移行」

人自身は「説得をした」とは思っていないことも多い。大方の場合には，「説明不足だったから，追加で説明をしたらわかってもらえた」と社会人側は思っているが，大学生からすれば「説得された」というようなケースである。他にも，アドバイスが具体的な行動を指示してしまうような「支配」を行ってしまうこともあり得る。また，社会人側より「自分の時はもっと遊んでいた。みなさんはすごい」というようなメッセージが発せられることもある。これは，文字通りの意味もあり得るが，「支援者の役割を果たしたがらない」とも受け取れる。どんなアドバイスをすることが大学生にとって良いかわからないことから，支援者としての立場を避けたコメントとも考えられるわけである。

　このように，社会人側が支援者として陥ってしまう罠があることが見て取れる。

2-6. 本節のまとめ

　本節では，大学生と社会人との交流実践について，荒木らの研究，シャインによる支援学の枠組みで概観した。荒木らの研究によれば，大学生と社会人の交流イベントは，大学生側の利点を創りだすことができるため，デザイン上は社会人側の利点を考慮することが必要であることがわかった。また，支援学の観点からは，大学生側・社会人側のどちらの立場からも，交流実践の枠組みは不安定なものであることが示唆された。すなわち交流実践をデザインする立場においては，前述した「罠」があることを考慮したデザインを行う必要があるといえる。

3. キャリア教育のデザイン

　前節で述べてきた大学生と社会人との交流実践についての課題を踏まえ，イベントの形態をデザインする手法について解説する。具体的には，一方的な講義形式のみによる知識伝授型の授業スタイルではなく，自ら参加する形態を対象として捉え，デザイン手法について取り上げる。

3-1. イベントのデザイン

　数時間から半日程度の一般的な長さのイベントをデザインするにあたり，取り得る選択肢は複数ある。何らかの知識を教授するのであれば，知識伝達型の一斉講義型のスタイルの効率が良い。一方，参加者同士のインタラクションなどを求めるのであれば，相応の「ワーク」や「問いかけ」を用意する必要がある。唐突に，「将来やりたいことについて話し合いをしてください」では，デザインしているとは言えない。

　参加者同士がインタラクションを持ちながら学習するスタイルとして，ワークショップが参考になる。中野（2001）は「講義などの一方的な知識伝達のスタイルではなく，参加者が自ら参加・体験して共同で何かを学び合ったり創り出したりする学びと創造のスタイル」と，ワークショップを定義している。別の定義として，山内ら（2013）では「創ることで学ぶ活動」とワークショップ自体を広く捉えている。なお，本章ではワークショップとは何かを論じることを目的としていない。大学生と社会人の交流実践という性格から，参加者がインタラクションを持って学習する方法論としてワークショップデザインの手法を取り上げる。

3-2. ワークショップのデザイン

　ワークショップデザインにおいては，いくつかのフレームワークが存在する。たとえば，TKFモデルである（上田 2014）。これは，「つくって：T」「かたって：K」「振り返る：F」というワークショップにおける一連のアクティビティをコンパクトにモデル化したものである。参加者は，グループもしくは個人でワークショップのコンセプトに合致した何らかの「モノ」を作る。次に，作った対象物を媒介させて語る。また，参加者間，主催者と参加者間で語り合う。最後に，作った対象物，語った内容を振り返るというワークショップにおける基本的な流れを示している。

　このモデルにおいて重要なことは，ただ単純に語り合う訳ではなく，その前に何らかの「作ったモノ」があるということである。グループの意見や自分の現状の考え方を外化し，可視化した対象物があることにより，

話し合いも具体的なものになる。たとえば,「〇〇についてどう思いますか?」という概念を聞く問いかけよりも,具体的なモノをお互いに見ながら「何故このように作成したのですか?」といったように,説明を求める問いかけの方がより具体的な話ができるようになる。

こういったワークショップにおける特徴は,キャリア教育においても参考になる所が多いであろう。キャリア教育においては,将来や過去という漠然としてしまいがちなテーマを語ることが多くなる。その際に何らかの対象物があるというのはわかりやすい。たとえば,「働き方」について語るときに,働いている姿をレゴブロックで作成した上で語り合えば,PCに向かう仕事なのか体を動かす仕事なのかとか,一人で黙々と働くものなのか,チームで協力して働くのかなどは具体的に見える形で話し合いができるであろう。

なお,詳しくは後述するが,TKFモデルについて「何を作るのか」は,次の「かたる」「振り返る」というアクティビティに繋がってくるため,どのようにデザインするのかが非常に重要である。

他方,ワークショップのデザインモデルには,イタリアンミールモデルという「型」を取り入れたモデルもある(中原・上田 2013)。これは,イタリア料理のコースになぞらえたモデルである。イタリア料理のコースでは,前菜から始まりメインディッシュに至り,最後にコーヒーで終わるという一つの型があります。すなわち,イタリアンミールモデルは,ワークショップにおける型を提示するモデルである。

アンティパスト	前菜	attention and relevance
ブリモ	第1の料理	engagement
セコンド	第2の料理	interaction and communication
ドルチェ	デザート	reflection
エスプレッソ	コーヒー	awareness

(上田(2010)を元に筆者作成)

第14章 大学生と社会人が共にキャリアについて考える実践の課題とデザイン

　ワークショップにおいては，活動（アクティビティ）の最初にアイスブレイクを行うことが多くある。アイスブレイクとは，参加者の緊張（アイス）をほぐし，次のアクティビティへスムーズに移行することを意図している。イタリアンミールモデルでは，このアイスブレイクが前菜をモチーフに考えられている。前菜は独立した存在ではなく，その後のメインディッシュに繋がるものが提供される。すなわち，アイスブレイクはその後のメインのアクティビティに繋がるものとしてデザインされる必要がある。

　アイスブレイクは，用語が独り歩きし皆が楽しく参加できるゲームのようなメインのアクティビティとは全く関係しないものと捉えられていることがある。しかし，イタリアンミールモデルでは，アイスブレイクの活動がメインの活動に連動していないものは取り入れない。アイスブレイクにおいては，メインの活動に対して関心（attensiton）を持ってもらうこと，関連性（relevance）を示すことが大切だとされている。

　なお，よくデザインされたアイスブレイクは，参加者にその活動がアイスブレイクだったとは気付かせない。あくまでも自然にメインの活動に繋いでいる。少なくとも，「アイスブレイク」と宣言しては実施していない。アイスブレイクだと宣言することは，参加者のことを「凝り固まっている」と宣言してしまっているからである。あくまで自然に，参加者の緊張をほぐすような活動を取り入れていくのである。

　次に，プリモとセコンドがある。コースにおけるメインとなる料理2つであることから，ワークショップにおいてもメインの活動としてデザインを行う。プリモについては，TKFモデルにおける「つくる活動」であり，本気で関わることができる内容とすることが重要である（engagement）。続いてセコンドはTKFモデルにおける「かたる活動」であり，活動を通じて他者との交流を行うものである（interaction and communication）。

　メインの料理の後はデザートとしてドルチェがある。ドルチェに該当するのは振り返り（reflection）である。メインのアクティビティに集中し

257

第三編　大学から社会への「移行」

ていればいるほど，どういった内容の活動であったのかは把握しづらい
ものである。また，ワークショップにおいては，活動がそのまま学習に
直結するわけではない。山内ら（2013）では，活動目標と学習目標を分
け，別のものとして取り扱っている。活動を振り返ることによって，何
らかの学習に至る過程を用意することが必要不可欠なものとなる。加え
て，経験学習の文脈においても体験を振り返ることを通じて，体験が概
念化され，次の活動へと繋がって行くことが示されている（kolb 1984）。
イタリアンミールモデルでは，この振り返りを組み込んでいるのである。

　最後はエスプレッソである。一連の活動を通じて得られたことを元に，
何らかの気づきを得ることである（awareness）。たとえば，ワークショッ
プの一連のアクティビティを振り返って，自分が対話するときは「就職
活動」について語っていたが，他の人の意見には「どう働きたいか」とか，
「仕事観」のようなものがあったことが分かったとする。そのとき，キャ
リアについて考えるとは言っても「就職活動」というイベントに視点が集
約化されており，「働くこと」自体を見ることができていなかった，とい
うことが気づきとなる。イタリアンミールモデルは，アンティパストか
ら始まった一連の活動に真剣に取り組むこと，そしてドルチェでの振り
返りを経て，気づきへとつながるというモデルである。

4.　面接ワークショップの作成

　これまでの議論を振り返り，筆者が開発したワークショップの説明に
移る。前述の2節では，大学生と社会人が共にキャリアを考える際のメ
リットや課題について概観した。少なくとも大学生側にはメリットがあ
ると言えるが，シャインの支援学の視座からは，大学生・社会人共に不
安定な位置付けとなりうることを示した。故に，不安定な位置づけを解
消するデザインが求められることになる。次に，3節ではイベントのデ
ザインとして，ワークショップデザインについて紹介した。2つのモデ
ルを紹介したが，こういったモデルを型として使用することで，一定の
品質を担保したイベントが作ることができるであろう。本節では，2節

第 14 章　大学生と社会人が共にキャリアについて考える実践の課題とデザイン

で述べた課題を解決することを目指したワークショップをどのように作成したのかを中心に述べていく。

4-1.　面接「笑゜」とは

　筆者が開発したワークショップの名称は,「面接 (笑゜) : めんせつワークショップ」である。「採用面接」という就職活動 (転職活動) においては当たり前でありながら, それ以外の場面から考えると特殊なシチュエーションをモチーフにしている。特に,「面接官が質問を行い, 被面接者はそれに答える」という面接官がコミュニケーションをリードしていくというシチュエーションに着目している。友達同士や家族では, まずこういったシチュエーションはあり得ないであろう。もちろん, 会社内の上司と部下であってもこういったシチュエーションは想像しにくいものである。会話は双方向的なものだからである。

　そこで, この不思議なシチュエーションを「真面目に捉えすぎず, 笑いながら行おう」という意味から,「笑」という言葉を入れている。また, 枠 (括弧) に笑 + 半濁点によりワークショップと, かなり強引に当て字で読ませている。以下では, 面接ワークショップと記述する。

　この面接ワークショップの主な目的は, 就職活動における採用面接について大学生と社会人が共に対話を行うことである (プログラムの設計としては, 大学生と社会人が望ましいが, 大学生同士, 社会人同士でも可能である)。大学生が抱いている面接についてのイメージや, その場での振る舞い方, 面接の意義などを社会人側からのそれと比較, 対話することである。「面接」という就職活動におけるシンボル的な存在を題材に語りあうことから, より身近なものとして考えられるようになることを目指している。

　面接ワークショップでは, 対話を行うことを目的にしているが,「面接について対話しましょう」という直接的な問いを立てる訳ではない。双方にとって有意義な対話となるように, いくつかの仕掛けを設けている。具体的にワークショップの流れに沿って説明していこう。

第三編　大学から社会への「移行」

　面接ワークショップは，以下の4つのパートに分かれる。

「イントロダクション」
「相手の良い所を引き出す質問作成（ペアワーク）」
「模擬面接（グループ）」
「種明かし＆リフレクション」

　イントロダクションにおいては，ルールの説明，ワークショップの狙いを説明する。ペアワークを行った後，模擬面接を行うことをこの時点で説明しておく。

　はじめのアクティビティはペアワークである。2人一組（大学生と社会人）でペアを作り，「ペアとなった相手の良い所を引き出す質問」を作成する。ここで，作成した質問を使って，次の模擬面接を行う。

　模擬面接では，主催者（ファシリテーター）が面接者となり（参加者から協力者を得ることもある），大学生と社会人を混ぜランダムに4人を被面接者として選抜する（全体では，10人〜20人程度の参加人数を前提としている）。この模擬面接は，グループ面接の形態を取

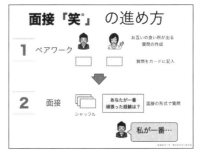

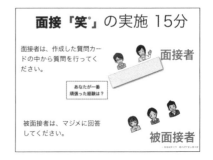

る。特徴は，ペアワークの際に作成した質問を使用し進めることである。面接者が考えた質問をするのではなく，ペアワークの際に作成された質問をそのまま使用する。

通常の面接においては，面接者は権威を持った存在になるものと思われるが，このワークショップにおいて面接者は，単に質問を伝えるだけの存在である。このワークショップのメインとなる活動は，このペアワークと模擬面接である。もう少し詳しく説明していくことにする。

ペアワークにて作成するのは，「相手の良さを引き出すことができる質問」である。特に，次に行う模擬面接において良い所が出てくるような質問を互いに考える事になる。お互いに様々な会話を通じて相手の良い所を見いだし，その良い所が面接という場で発揮されるような質問（Good Question）を作成するのである。なお，このペアワークの際には相手の良い所がどこであるのか，またどんな質問を作成したのかはお互いに秘密にしておく。また，作成する質問は，ペアにだけ通用するものではなく，不特定多数の人にも答えられるように一般的な質問にすることがルールである。たとえば，大学の研究活動に諦めずに取り組んでいる姿勢が素晴らしいと感じた場合には，「研究に対してはどのようなスタンスで臨みますか？」といったものではなく，「これまで頑張ってきたことを通じて，何かポリシーのようなものはありますか？」といった形で質問を作成する。

模擬面接においては，参加者が作成したGood Questionをシャッフルし，面接者がいくつかの質問をピックアップし，参加者から選抜した被

第三編　大学から社会への「移行」

面接者に質問する。被面接者は，本当に自分が面接を受けていることを想定し，質問に答えていく。なお，被面接者に選ばれなかった人は，模擬面接を観察する。通常は存在しない，人の面接を観察するという体験をしてもらう。

　模擬面接の質問はシャッフルして提示している。そのため，その質問の中にはペアワーク時に自分の良い所が引き出されるような質問（Good Question）が含まれている可能性がある。しかし，それがどれであるのかは模擬面接の際にはわからない。被面接者は，もしかしたら，自分の良さが出る質問があるかもしれない，という状況の中で模擬面接をすることになる。

　模擬面接が終了した後，種明かしとリフレクションを行う。これは，ペアワークを行ったペアに戻り，どういった質問を作成したのかを相手に開示（種明かし）し，何故そのような質問になったのかお互いに対話を行う。

　なお，リフレクションについては主に3つの観点の問いかけを行う。すなわち，「よかれと思った質問は，相手に届いたのか？」「よかれと思った質問に気付くことはできたか？」「面接とは何か？」である。

　種明かしとリフレクションについては，次項以降詳細に解説する。まずは，このワークショップのデザイン手法についてTKFモデルを使って説明していく。

4-2．ワークショップの作成モデルから見た面接ワークショップ

　TKFモデルにおける「つくる活動」として行うのが，ペアワークで行う「Good Questionの作成」である。これは，大学生と社会人がペアワークとして行う。採用面接において良い所が発揮されるように，お互いの良い所を探り，さらにそれが発揮される質問をつくるという活動である。採用面接における質問は，その回答によってその人自身がわからなければ意味がない。今回の場合であれば，相手の良いところがわかるような質問を作ることがルールとなる。

262

第 14 章　大学生と社会人が共にキャリアについて考える実践の課題とデザイン

　これには，大学生・社会人の双方にとって狙いがある。大学生に対しては，面接を受ける側の立場ではなく，面接官の立場や視点を仮想体験する経験を得ることである。一方，社会人に対しては，効果的な質問を考えることがいかに難しいことかを体験することが目指されている。

　次に，「かたる活動」が「種明かし＆リフレクション」である。模擬面接については，一見メインアクティビティのようではあるが「かたる活動」につなげるため，また，話題を広げるための活動として位置づけている。種明かしとして，ペアワークで作成した質問について互いに開示するが，その際「何故，その質問を作成したのか？」をお互いにフィードバックしていく。また，作成した質問に対してどのように感じたのかもフィードバックしていく。

　相手の良さが出るような質問ではあるが，それが相手に届かなければ意味がない。他方，良さが出ることを意図した質問をどのように受け取ったのかも大切なことである。場合によっては，良かれと思って作った質問が，「非常に厳しい質問」だと受け取ることもあり得る。お互いの意図などを話し合うことで，「面接」という活動に対する対話を深めることを意図している。

　最後が「振り返る活動」である。こちらも「種明かし＆リフレクション」がそれに当たる。人それぞれ振り返る観点は異なるが，以下の3点は共通する項目として挙げられる。

1. 自らが作成したペアに向けた質問を相手はどう感じられたか？
2. ペアが作成してくれた質問はどのように感じたか？
3. 「面接」について，ワークショップの前後でとらえ方が変わったか？

　「つくる活動」において作成した質問（具体的なモノとしては，質問カード）をツールとして，「かたる活動」での内容を振り返り，何らかの気づきが得られることを目指している。たとえば，相手は自分のことをどう捉えたのか？　というのは，自己分析に繋がる。自らが考えていた

263

第三編　大学から社会への「移行」

自身についてのイメージと，他者がどのように捉えたのかを統合することができるであろう。

　また，面接そのものについても振り返りを促している。このワークショップでは，「模擬面接」がまさに面接という形態を取っている。一方，面接を「お互いを知る場面」として捉えると，「つくる活動」として行ったペアワークについても「面接」と捉えることができる。では，ペアワークと「模擬面接」ではどのような違いがあったのか？　こういった点も振り返るための材料となる。

4-3.　大学生と社会人が語り合うためのデザイン

　これまで述べてきた通り，面接ワークショップにおいては，ワークショップとしてのいくつかの仕掛けを行っている。最後に，大学生と社会人をワンアップ・ワンダウンという関係ではなく，対等な立場で対話ができるようにするための工夫について述べていくことにする。ここで行っているデザイン上の工夫は3点ある。

1.　ペアワークで作成するのが相手の良い所に関する内容であること
2.　作成するのが「質問」であり，他人にもつかえる一般的なものであること
3.　作成した質問は自らに返ってくる可能性があること

　ペアワークで作成するのが相手の良い所に関する内容であることは，社会人側が2.4で述べた「支援する側の罠」にはまることがないように工夫した内容である。たとえば，「時期尚早に知恵を与えること」という罠があるが，これはお互いのことをまだ理解していない段階で具体的なアドバイスを述べてしまうことなどが挙げられている。そこで，ワークショップにおいては「質問」を作成し，さらにその内容についてすぐに開示しないという制約を設けることで，社会人側がすぐにアドバイスがしづらい（大学生側から期待されない）状況を作り出そうとしている。

第14章　大学生と社会人が共にキャリアについて考える実践の課題とデザイン

　また，「質問」を作成することは，直接的なメッセージではなく，間接的なメッセージへと変換することになる。「君の良い所は○○だと思うよ」というメッセージは，「支援する側の罠」としては「支援と安心感を与えること」につながり，ワンアップ，ワンダウンを明確にしてしまうと考える。そこで，間接的なメッセージにすることにより，また，すぐには開示しないことにより，支援を受ける側に「考えることができるような余白」を作り出すことを目指している。

　なお，大学生側は社会人に対して「良い所」をフィードバックするというのは，ワンダウンの立場になりやすいことを考慮すると難しいものである。下から上に「良い所」を伝えるという関係になるからである。そこで，「質問」という間接的なメッセージに変換している。質問の場合には，答える側が主体となる。良い所を答えるのは社会人側であるから，「きっと上手く解釈してくれるだろう」というハードルを下げる仕掛けを行っている。

　最後に，作成した質問が自らに返ってくるという条件により，社会人側のワンアップを押し下げることを目指している。これは，模擬面接において大学生も社会人側もランダムに被面接者になるという条件を作っていることにより，「自分が模範を示さなければならない可能性がある」というプレッシャーを与えている。ワークショップのルール上，自分が作った質問に自分が答えるということもあり得る。また，別の社会人が作った質問に答えることもある。こういった条件により，ワンアップのポジションにはなりにくい条件を作っているのである。

5．最後に

　本章では，大学生と社会人が共にキャリアについて考える実践について，その課題を支援学の視点から捉え，解決が必要な課題について特定した上で，ワークショップデザインによって解決することを行った事例について紹介してきた。「面接ワークショップ」という事例は，大学生と社会人の交流実践においてフラットな関係を作ることを目指して作成さ

265

第三編　大学から社会への「移行」

れたものである。特に，就職活動時の採用面接について考えることが大
きなテーマとして掲げている。なお，ワークショップの内容や本章で解
説してきた内容については，そのまま取り入れてもらいたいのではない。
各読者の捉えている課題をもとに，どのようにキャリア教育へとつなげ
るのかに対する取り組み事例として読んでもらえると幸いである。現状
でも様々な課題があることが想定され，その課題に応じて解決策は異な
ると思われる。ワークショップデザインなどの方法論に沿っていくこと
は，ひとつの道筋となると考える。

【文献】

荒木淳子・見舘好隆・橋本諭（2013）大学生と社会人によるキャリア意識向
　　上を目的とする交流の実践と評価．産業能率大学紀要　34(1), 57-70.

Kolb, D.(1984) Experiential Learning as the Science of Learning and
　　Development. Prentice Hall, New Jersey.

中野民夫（2001）ワークショップ−新しい学びと創造の場−，岩波新書．

Schein,E.H(2009) Helping: How to Offer, Give, and Receive Help. Berrett-
　　Koehler Publishers, Oakland. : 金井壽宏・金井真弓 訳 (2009) 人を助ける
　　とはどういうことか，英治出版．

上田信行(2014)ワークショップの活動（つくって，かたって，ふりかえる）
　　について教えてください．協働と表現のワークショップ−学びのため
　　の環境のデザイン−（第 2 版），東信堂．

上田信行・中原淳（2013）プレイフル・ラーニング，三省堂．

山内祐平・森玲奈・安斎勇樹（2013）ワークショップデザイン論−創ること
　　で学ぶ−，慶應義塾大学出版会．

第15章 大学の学びと海外フィールド体験そしてキャリアデザイン連結の潜在的可能性
―社会的キャリア支援の育てるかたちに向けてキャリア教育におけるコンピテンシーとルーブリック活用―

渡部　淳

1. はじめに

　キャリアデザインは，学校や企業あるいはその他の組織が単一で用意すべきモジュールではなく，あくまで学生が教育的・社会的機会を活かし，自らの意志と力で作り上げるものである。同時に，キャリアデザインの成否は学生のみに帰されるものではない。若者のキャリアに取り組む意欲を引き出し，若者の学生としてだけでなく，社会人，市民としての学びを伸ばし，興味関心や気づきを具体的に卒業後の人生に反映させることができるかどうかは，むしろ若者が生きる社会の側に，人間を育て支援するデザインがきちんとあるのかどうかにかかっている。

　本章では，発展途上国での開発支援や国内外でのボランティアなど，いわゆる国際協力と言われる分野を，単なる興味関心ではなく卒業後のキャリアに何らかのかたちで関わるものとして捉える最近の学生たちの，学内外での実践や学びの新しいかたちにヒントを得て，学生のキャリア意識の構築に社会全体としてどのような支援枠組みのデザインがありうるのかを考える。近年，国際協力分野に関心を持つ学生の学びのかたちは，NGOや旅行代理店が主催する短期間のボランティアツアーなど，従来の大学が用意するインターンシップや教員が引率する海外研修とは異なる，本人の関心に基づいた主体的選択や組み合わせが可能となり，多様化の様相を呈している。この学びの場のステークホルダーは大学のみならず，企業，NGO，公的機関など多岐にわたる。学生たちの現在進行形のさまざまなキャリアに関わる学びの事例や傾向を統合して，若者を育てる側の社会が各ステークホルダー間で連携・連結することにより，

第三編 大学から社会への「移行」

社会全体としてどのようなキャリア支援のグランドデザインを持ちうるのか，また意識しうるのかについて考察する。この社会的キャリア支援のグランドデザインの構築は，確実に少子高齢化社会に向かっている日本にとって，単に教育の一部としてのキャリアデザインという枠にとどまらない。若者を人材としてだけでなく市民としても質を高め，早い段階から人生設計のイメージと社会参加の意識を持たせることは，喫緊の政策的課題の解決の鍵であると同時に，社会全体でどのように若者を育てるのかというこの国の人材育成の未来のかたちを議論する絶好の機会でもある。

2. 大学生の海外フィールドでの体験的学び―体験知の獲得

　筆者の専攻は政治学と国際関係論で，現在大学では英語と専門の社会科学関連科目である，国際関係論，国際協力論，地方自治体論，政治・社会学などを教えている。従来，日本や世界の開発援助を学ぶ大学での国際協力論の教育において，いかに現場の空気や体験を学生に伝えるのかは，特に筆者のように自ら海外のフィールドでの援助などの実践経験を持たない者にとっては悩みの種であった。しかし近年，国際協力に関わる NGO や旅行代理店，あるいは JICA（国際協力機構）などの公的機関の主催で行われる，ボランティアツアーやスタディツアーとよばれる，開発援助のフィールド体験と異文化理解，観光，国際交流などを組み合わせたツアーへの参加が，急速に学生たちの間で広がりを見せている。このボランティアツアーは，大学の休暇期間中に参加できる1週間から1か月程度の短期間で学業に支障が出ない範囲で行われ，特に東日本大震災以降広がった「ちょいボラ」のトレンドの中で盛んになってきている。

　大手旅行代理店のホームページには，ボランティアツアー，スタディツアーあるいは海外インターンのためのページがあり，国際協力，国際交流，インターンシップ，医療，環境問題などの目的別や，アジア，アフリカ，中近東などの地域別で関心に沿ったツアーを検索することができ，50種類近いツアーがある（H.I.S.ホームページ）。また旅行代理店の

このボランティアツアーは，その実施にあたり民間の国際協力NGOや
JICAのような公的機関とも協力関係を結んでいて，NGOやODA（政府
開発援助）の途上国支援の現場を訪れるツアーを実施している。NGO
主催のツアーは，国際協力NGOの国連，アジア，ヨーロッパなどでの
ネットワークを生かして，日本から世界各地で参加できる1週間程度の
短期のものだけで約400件，1か月程度のものを含めると約2,600件もあ
り（NICEホームページ），ツアーを国際協力への社会啓発活動の主軸に
している日本の国際協力NGOも出てきている。JICAもODAの原資と
なる納税者である国民の国際協力への理解を深めてもらう，社会広報を
目的とした同様のスタディツアー・視察ツアーを実施しており，学生や
若者に高い人気を博している。カンボジアだけを例にとっても，JICAは
自前のスタディツアーの他に，大学，NGO，地方自治体などの団体や個
人が企画したスタディツアーを年間約200件受け入れている（JICAカン
ボジア事務所ホームページ）。

　近年，こうした安価で経済的・時間的に参加しやすいツアーの出現に
より，かつてはどこか遠いあるいは危険なイメージの存在であった海外
の国際協力の現場は，学生にとって一気に気軽に行くことができる身近
なものとなった。筆者の大学でも，ツアーに参加した，あるいはこれか
ら参加したい学生の数は増加する傾向を示している。さらに興味深いこ
とに，このようなツアーを通して体験的な学びの経験をした学生，体験
知とよぶべきものを獲得した学生の多くは，開発援助や海外情勢につい
てより深くまた広い視点から学びたいとの強い学習動機を得て，大学に
戻ってから国際協力論や国際関係論といった，新しい興味関心に関連す
る専門科目の講義を履修する例が筆者の大学では見られる。

　こうしたフィールドでの学びを通して，体験知を獲得した国際協力に
関心を持つ学生たちには1つの共通点がある。それは，大学において通
常の講義形式の授業以外の学びの機会にも，積極的に参加しているとい
うことである。このように現場の空気を体験してから，大学での関連す
る授業や外部講師による特別講義に積極的に参加する現象は，筆者の大

第三編　大学から社会への「移行」

学の近くで2008年7月に開催されたG8洞爺湖サミットの際に，開催地の洞爺湖町の依頼で海外から来るお客様のために，通訳ボランティアとして参加した約40名の学生たちにも観察された。体験知は関連する科目の学習動機を高めるだけでなく，未知・未体験の領域に積極的に関わっていくという，大学教育にとどまらない生きる姿勢の形成も促進している。

3.　大学における通常の講義以外の学びの形──現場知・専門知の活用

　キャリアの選択肢の1つとして，NGO，青年海外協力隊，JICA，国際機関などを考えている学生の多くは，海外のフィールドに出かけることの他に，現場で活躍した経験を持つ人の話や，アジア・アフリカといった国際協力の現場となる地域に関わる，専門家の講演などにも積極的に参加する傾向が見られる。こうした学生の多くは，通常の講義の他に開発の現場を経験した大人の話や，国際協力が盛んな地域についての専門家の話，現場知や専門知からも積極的に学ぶ姿勢が見られる。特に，フィールドでの体験知のある学生たちは，この現場知や専門知への共振性の要素を多分に持っている。

　例えば，上述のボランティアツアーに参加した学生のうち，筆者の担当する講義(国際協力論)を履修していない学生が，友人などから情報を得て，当該講義中に行われる「招待講演」(30代〜40代の比較的若い元青年海外協力隊員によるジンバブエ，タンザニア，フィリピンなどでの活動報告など)に積極的に参加・聴講するという事例が見られる。筆者の講義では，元々現地での活動の経験がない筆者の講義内容を補強し，年代の近い若い経験者に話をしてもらうことによって，より国際協力の現場を身近に感じてもらうことを目的に，外部の経験者に授業で話をしてもらう機会を設けてきたが，近年，授業の履修の有無に関わらず，キャリアとしてもより具体的に国際協力分野を考えている学生の積極的な参加が見られる。では，このような学生が通常の講義に関心がないかというと全くそうではなく，社会科学的なよりマクロな視点からの国際協力

第 15 章　大学の学びと海外フィールド体験そしてキャリアデザイン連結の潜在的可能性

の理解についても，同じように積極的に学ぶ姿勢が見られる。

　また，筆者は大使館や領事館といった外国の在外公館の支援を得て，大学に外交官や海外の研究機関などの専門家を招聘する，特別学術講演を大学教育の一環として行っている。これまでに，大学から一番近い在札幌米国総領事館の広報文化交流担当領事から，大統領選挙などのタイムリーなテーマでアメリカの政治や文化（Global Garden 2012），あるいは管轄する東北地域での東日本大震災発生時の支援業務の体験談（Global Garden 2011）など，外交という仕事の現場だけでなく，現在の社会や世界の情勢について学生たちが直接学ぶ貴重な機会を得ている。東京の大使館から教育と国際協力を専門分野にする公使に来ていただいて，グローバル人材についての講演があった際には，学生から公使に日本語や英語で多数の質問が出て，特に留学を考えていた学生たちにとっては大きな刺激となり，その後留学を決断する大きな一助となった者もいる（Global Garden 2013）。ワシントンにある世界的にも著名なシンクタンクである CSIS（戦略国際問題研究所）から，現場での豊富な経験を持つ東南アジアの専門家を招聘した際には，以下の学生から積極的な質疑応答が行われた。過去にこの地域のボランティアツアーに参加した経験があり，食を通じて国際貢献したいと考える管理栄養士を目指す学生。国際協力論などの授業を履修し日本の NGO 問題を研究している学生。あるいは筆者の卒業研究のゼミで途上国の貧困と水などの衛生問題を考える学生や途上国での教育についてより深く学ぶために海外留学を考えている学生（Global Garden 2014）。

　これらの事例から言えることは，情報や世界がより近くなった現代の学生にとって，学びのかたちは従来の一方通行の講義からより多様になってきているということである。また，大学外での就業体験だけを強調した，学生の興味関心に沿わない研修先でのインターンシップや，大学の授業が海外へ横に移動するだけの，教員が引率する海外研修などの従来型のキャリア関連の仕組みだけでは，学生たちの新しい学びのトレンドを吸収しきれないということでもある。これからの学生たちのキャ

第三編　大学から社会への「移行」

リアデザインを支援する枠組みについて，国際協力分野の事例から提案できることがある。それは，海外フィールドでの体験的学び（体験知），大学内外でのキャリアの現場や専門家からの通常講義とは異なる学び（現場知・専門知），そして本来の大学での授業などの教育（学術知）を学生本人の興味関心と意思にしたがって自由に組み合わせ，学びのかたちから自らにデザインさせるような環境が必要だということだ。大学，企業，NGO，公的機関などのキャリアデザインに関わる全てのステークホルダーが連携してこの環境を整備し，多様な学びの場を連結させる社会的デザインを構想することが求められているということである。

4. キャリアデザイン支援のための社会的グランドデザイン─連携と連結

　それでは，このように若年層と彼らを取り囲む環境の両方で起きている変化を踏まえつつ，どのような学生のキャリアデザイン支援のための社会的枠組みが構想され，また意識されなければならないのだろうか。また，そのより具体的な実現のためにはどのようなことが必要となるのだろうか。ここで，これまで概観してきた諸事例と新しい動向から，海外でのフィールド体験，大学内外での通常の講義とは異なる学び，大学での学問を通した学び，の体験知，現場知，専門知，学術知の交流と統合を，学生のキャリア構築あるいは社会人としての教養を涵養する観点から，大学や社会はどのように促進しうるのかを考えてみる。

　筆者の知りうる限り，近年の国際協力分野の学生の学びと成長のプロセスは，スタート地点となるきっかけや卒業後の実際の就職の暫定的ゴールが，各学生によって異なり，またスタートからゴールまでの間に通る学びのかたちも学術知から専門知，そして現場へと向かう者もいれば，学問を通過しないで体験知から自らの力でゴールに至る者もいる。従来であれば，大学の授業で関心を持ってもらい，次に現職や経験者の話を聞き，インターンや現場などに行くというのが順当な手順であると思われていた。しかし，情報化時代の発想が自由な学生には，必ずしもこのパターンだけがベストではないことは，日々学生に接する中で痛感

第15章　大学の学びと海外フィールド体験そしてキャリアデザイン連結の潜在的可能性

することである。

　では，そのような学生のキャリアデザインをまず，学んでいく学生の視点から考えてみる。彼らのキャリアの学びを入口や出口，そしてその支援にかかわる全てのステークホルダーを入れてどのような図式で考えれば良いのだろうか。筆者には，これはかつての留学先であった欧州，特にイギリスとその旧植民地の国々に見られる，ラウンドアバウトと呼ばれる何本もの道路が大きな円に出たり入ったりして，円の中に入ってぐるっと回って目的の道路に出ていく，信号の無い環状交差点の形状に譬えられると考える。筆者の学生時代には，レンタカーで当時住んでいたイギリスや，旅行先のイタリアやドイツなどの未知の土地へ行き，ラウンドアバウトに入ってしまってから，目的地に向かうにはどの道路から出たらよいのかわからず，よく紙の地図を握りしめて迷いながらぐるぐると何周もしたり，後続車には迷惑だっただろうが本当に道がわからなくなってしまって，真ん中の「島」にぴたっと車をつけて停車して，ルートを確認したりした苦い思い出がある。そのラウンドアバウトにこれまでの議論をあてはめると以下のような図になる。

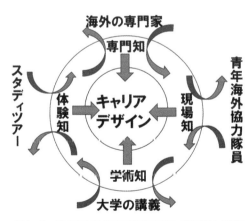

図1　キャリアデザイン形成の学びのラウンドアバウトモデル

273

第三編　大学から社会への「移行」

　図を見ながら学生の学びの視点から見たキャリアデザインのモデルを整理してみる。まず，キャリアデザインに関わるきっかけは，大学の内外，あるいは通常授業の有無を問わない。ある者は青年海外協力隊員の話をきっかけとして，国際協力分野のキャリアを考え始め，いきなりスタディツアーで現地に飛び，学内外の専門家や体験者の話を聞きながら，最終的には大学の講義に戻り後に研究者になるかもしれない。また，ある者は大学の講義で国際協力の分野に目覚め，専門家の話を聞き，最後にスタディツアーに行くかもしれない。そして，筆者の周囲にいる学生のように，元々国際協力に関心があったが，スタディツアーで強い動機が芽生え，大学の講義などでさらに学習を進め，就職経験を積んでから開発援助の現場になんらかの形で関わることを目指す者もいるあろう。このモデルの特徴は，どこが入口でどこが出口であると特に決まっていないことである。また，キャリアデザインの「島」を周回する中で必ずしも，全ての知に触れなければならないというものでもない。本人の興味関心と意識と選択に基づいて，自由にさまざまな学びを実践し，それらの交錯，融合の結果としてその学生らしいキャリアデザインを形成し，その後の実際のキャリア形成にもつながればいいのではないかと考える。また，このモデルのもう1つの特徴は，異なる学びのかたち，学びの場，学びのあり方が，個人の中でつながり1つのキャリア意識として生成していく点である。そして，このようなプロセスのプラットフォームとして，大学が，社会の多様なステークホルダーと，本格的な大人に移行する若者の学びを媒介する場として重要だと考える。

　また，このラウンドアバウトのモデルを上からではなく，成長のプロセスとして立体的に考えてみると，学術知や現場知，体験知や専門知などのポイントを何度も通過しながら，通過するたびに違う発見や学びをしていき，最後にキャリアにつながる螺旋的なモデルとしても考えることができる。それは次のような図になるであろう。

第 15 章　大学の学びと海外フィールド体験そしてキャリアデザイン連結の潜在的可能性

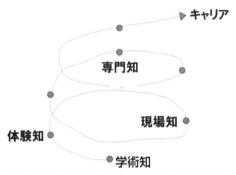

図2　ラウンドアバウトモデルの成長プロセスの螺旋構造

　この図に見られるように，あくまでも学生の主体性・自主性を重んじる自由な学びのラウンドアバウトモデルにおいては，明確なキャリアデザイン形成あるいは実際のキャリア実現に至る成長のプロセスの中で，現場で動機を得て，講義で学習し，また今一度現場で学び，何人もの専門家の話を聴き，成長しながらも同じ学びや知のかたちを繰り返していき，各個人のキャリアデザインを形成していくと考えられる。その各個人内で交錯し融合する学びの全体的動的プロセスを，それぞれの成長段階で各「知点」を通過していく螺旋のような構造として捉えると，キャリアデザインに取り組む学生あるいは支援する大学，企業，各機関の社会の側も，どう具体的にキャリア意識の形成，あるいはキャリア支援をするのかイメージする時にわかりやすいのではないだろうか。

　最後に，このような学生のキャリアデザイン形成や成長に，先に述べたようなそれぞれの「知点」で関わり交わる，大学，企業，NGO，公的機関などの各ステークホルダーはどのように布置されるだろうか。そして，各ステークホルダーの間のキャリアデザイン支援のための連携の枠組みはどのようなものになるだろうか。全てのステークホルダーに共通するテーマは，未来の社会の中核をなす若者を社会全体で育てること，広義の社会貢献ということになると考える。それを，実践的教養人の育成と表現するか，あるいはCSR（企業の社会的責任）という切り口で

275

第三編　大学から社会への「移行」

アプローチするのか，また社会への広報やアカウンタビリティー（説明責任）として考えるのかは，ステークホルダーごとに違うであろう。例えば，スタディツアーを大学で単位化するなど教育の一部として組み込むような状態を前提として，キャリアデザインのあり方の広がりや各ステークホルダー間の関わり方の意義などを考えてみることにする。

　スタディツアーで学生の窓口となる旅行代理店の中には，実際に国際協力分野をCSRの中核に据えている企業もあり，まさに「本業を生かした」企業の社会的責任，社会貢献を果たそうとしている事例と言える。キャリア支援への企業の関わり方を，CSRとして捉えるのが最もわかりやすいと思う。日本のCSRは世界的に見て報告書の作成率は高いが，CSRが社会に浸透してからの日が浅いせいもあり，各企業の本業を生かしたCSRが欧米に比べるとまだ少ない。本業と特に関わりがないかたちでCSRが行われている企業は全体の6割以上になる（CSRコミュニケート2010）。企業がキャリア支援に，社会的なより大きな枠組みの意識を持って参画してくると，このCSRのあり方も本業を活かしたかたちに徐々に変わってくるかもしれない。スタディツアーは現地の受け入れ先のNGOにとっては，次世代の若者に自分たちが行っている世界の課題や問題への取り組みを，直接知ってもらうまたとない機会であり，貴重な社会広報の手段とも言える。また，キャリアとして国際協力を考えている若者に最も近いフィールドであるNGOの現場は，学生にとっては就業体験の場であり，またNGOにとっても優秀な潜在的人材との接触を増やす場でもある。学生にとっては，企業やNGOに比べるとやや狭き門の感がある青年海外協力隊やJICA職員であるが，JICAのさまざまなプロジェクトの源泉となるODAが国民の納税によって成り立っていることを考えると，既に納税者として貢献している一般市民に，我が国の政府開発援助の現場を知ってもらうことは，民主的・社会的広報の重要な一環となる。またその中で次世代の若者や学生に実態を知ってもらい政策判断の指標としてもらう，一段広い民主主義社会の市民への社会還元・広報の側面もある。このように考えると，キャリア支援の

社会的連携による学びの連結の構想は、単なるボランティア的な自己犠牲による各ステークホルダーの一方的な貢献ではなく、各ステークホルダーもより広い人材への接触や社会との関わりの中から、より大きなものを得るwin-winな図式となる可能性もある。以上の話を図にすると以下のようになる。

図3　キャリア支援の全社会的グランドデザイン

　次世代の人材を社会全体で育てることこそ，少子高齢化時代の日本において最も重要な社会貢献であり，企業から見るとCSRとも言えるこの支援デザインも，企業を含んだ全てのステークホルダーにとってはCSV (Creating Shared Value 共通価値の創造) (CSV Japan) としての，若年人口の人材育成と位置づけることも可能である。

5. おわりに

　本章では，大学生の学びの実践や教育現場の最近の動向から，世界のフィールドでの学生の体験と気づきが，高度な動機として大学の学びにむすびつき，これらを俯瞰するより大きな動き全体が，トータルなキャリア形成の成長プロセスであると同時に，このプロセスを支援する社会

第三編　大学から社会への「移行」

的枠組み構想の契機として潜在性を持つことを考察した。社会的キャリア支援構想の目的は，大学，企業，諸組織が個別に若者を育てるのではなく，CSVとしての人材育成を中心に，相互に連結したネットワーク的連携枠組みの中で，学生の主体性や自律性を尊重しながら，彼らが自発的にキャリア意識を育み，各自異なるプロセスで成長していく過程を大学を含めた全社会が意識し，若者がライフコースやキャリアを意識しながら能力を伸ばしやすい社会をどのように作りうるのか，その基礎を考えることである。本章の問題意識は，キャリアデザインに関わる各ステークホルダーの個別の取り組みの改善を目指すことだけではなく，ステークホルダー間の連携・連結によるキャリア支援の社会的枠組みの潜在的デザインを提示することである。新しい世代の自由で多様な学びの傾向は，若者を支援する社会の側にもそれに合わせたより柔軟で包括的な社会的デザイン「育てのかたち」を作るように促している。「育てのかたち」がより成熟した時に，学生たちがその真の実力を発揮する「学びのかたち」が，成長する側と支援する側の双方が共に発展する「共育」とも呼ぶべき相互作用の中で生成され，私たちの眼前に現出する日もそう遠くないだろう。

【謝辞】

　本章を執筆するにあたり，筆者が指導教員である北海道文教大学外国語学部英米語コミュニケーション学科・国際言語学科の卒業研究ゼミにこれまで参加した，全ての学生たちの発表や議論から多くの示唆を得たことを記します。特に，佐藤遥さん（国際協力と旅行業のCSR），高谷芽衣さんと手塚智彩絵さん（国際協力における地方自治体と企業の役割），馮抒雁さん（日本型NGOの特質），松尾憲人くん（女性の社会参加），また，卒業生で現在民間企業の人材開発に携わり，CSVの視点を指摘してくれた岡川祥子さんにも感謝いたします。

第 15 章　大学の学びと海外フィールド体験そしてキャリアデザイン連結の潜在的可能性

【文献】

CSR コミュニケート (2010) 企業の社会貢献活動に関する調査.

　　http://www.csr-communicate.com/report/contribution

　　（2014 年 12 月 30 日閲覧）

CSV Japan ホームページ.

　　http://www.csvjapan.com/index.html （2014 年 12 月 30 日閲覧）

Global Garden 2011 北海道文教大学国際言語学科特別学術講演「大震災後
　　の日米関係を考える：ポスト 9.11 アメリカ外交の射程」（講師：在札幌
　　米国総領事館ジョン・テイラー領事）（2011 年 10 月 27 日開催）.

Global Garden 2012 北海道文教大学国際言語学科特別学術講演「2012 年米
　　大統領・議会選挙：その争点とは？」（講師：在札幌米国総領事館ジェ
　　フリー・ダフィー領事）（2012 年 10 月 11 日開催）.

Global Garden 2013 北海道文教大学国際言語学科特別学術講演「21 世紀の
　　東アジアパートナーシップ：構築に向けた米国，日本そして教育の役
　　割」（講師：在日米国大使館マーク・ディビッドソン公使）（2014 年 1 月
　　22 日開催）.

Global Garden 2014 北海道文教大学国際言語学科特別学術講演「東南アジ
　　アにおける日米協力：アジア太平洋における新しいダイナミズム」（講
　　師：CSIS（戦略国際問題研究所）マレー・ヒーバート氏）（2014 年 10 月
　　30 日開催）.

JICA カンボジア事務所ホームページ「NGO-JICA ジャパンデスク：スタ
　　ディーツアーの内容」.

　　http://www.jica.go.jp/cambodia/office/about/ngodesk/studytour02.html

　　（2015 年 8 月 31 日閲覧）

H.I.S. ホームページ「H.I.S. ボランティアツアー・スタディツアー海外・国
　　内／学生・社会人」.

　　http://eco.his-j.com/volunteer （2014 年 12 月 30 日閲覧）

NICE ホームページ.

　　http://www.nice1.gr.jp （2014 年 12 月 30 日閲覧）

第16章　見合った適職、育てる適職

川﨑　友嗣

1.　社会への移行の「段差」

　第三編の序論で指摘されているように、現在，大学への進学率は50％を超えている。学校基本調査（文部科学省, 2016）によれば、2016（平成28）年3月卒業者の「大学・短大進学率」は54.8％であり、これに過年度卒業者を含めると56.8％に達する。短大を除いた4年制大学への進学率は49.3％、過年度卒業者を含めると52.0％となり、やはり5割を超える数値に達している。中学校から「高等学校等」への進学率が98.7％であることをみれば、小学校の教室に座っている児童の約半分が大学まで進学するという状況であり、大学のユニバーサル化という指摘もうなずけるところである。しかし、進学率だけでなく、進学の仕方も変わってきている。

　教育機関においては、校種間の連携が徐々に進行している。校種間の接続についても変化がみられ、入学試験に合格するというハードルを経ずに上級学校へ進学するケースも出てきている。たとえば、2016（平成28）年度において、中学校は10,404校設置されているが、このうち中高一貫教育を行う学校が669校（併設型464校、連携型205校）存在する。併設型とは「高等学校入学者選抜を行わずに、同一の設置者による中学校と高等学校を接続する形態」であり、連携型とは「簡便な高等学校入学者選抜を行い、同一または異なる設置者による中学校と高等学校を接続する形態」である（文部科学省, 2016）。

　高等学校から大学への進学についても同様であり、入学者の選抜方法が多様化している。文部科学省高等教育局長通知「平成29年度大学入学者選抜実施要領」は、いわゆる一般入試の方法について、「入学者の選抜は、調査書の内容、学力検査、小論文、面接、集団討論、プレゼンテー

第三編　大学から社会への「移行」

ションその他の能力・適性等に関する検査、活動報告書、大学入学希望理由書及び学修計画書、資格・検定試験等の成績、その他大学が適当と認める資料により、入学志願者の能力・意欲・適性等を多面的・総合的に評価・判定する入試方法」と定めている。また、同通知は「一般入試のほか、各大学の判断により、入学定員の一部について、以下のような多様な入試方法を工夫することが望ましい」とし、具体的な入試の種別として、「アドミッション・オフィス入試」「推薦入試」「専門学科・総合学科卒業生入試」「帰国子女入試・社会人入試」を示している。さらに、一般入試・多様な入試方法の双方において、「入学者の選抜に際しては、スポーツ・文化活動やボランティア活動などの諸活動、海外留学等の多様な経験や特定の分野において卓越した能力を有する者を適切に評価することが望ましい。」としている。

　以上のことは、進学のあり方が量的にも質的にも変化してきていることを示しているといえる。これらの結果、校種間の接続は容易になる方向へと変化しており、いわば「段差」が縮まってきていると考えられる。しかし、教育機関から社会への「移行」の「段差」はどうであろうか。校種間の「段差」が低くなっただけ、結果的に社会へ「移行」するときの「段差」が高くなっていることが懸念される。したがって、大学のキャリア教育・キャリア支援においては、「段差」を学生たちが自ら乗りこえていく力を身につけるよう働きかけることが求められるといえる。身につける力については、他の章で議論されているのでここでは触れない。もうひとつ大切なことがある。それは、職業選択の過程において、学生たちが選びやすくなるよう働きかけることである。「自分に合う仕事」にこだわり過ぎると、かえって仕事選びのハードルが高くなる。「選ぶ」ことは大切であるが、「育てる」ことの大切さも伝えていく必要があるだろう。進路や職業を主体的に「選ぶ」には、その準備が必要である。それが「育てる」ことである。また、進路や職業は選んで終わりではなく、学校生活や職業生活を充実させることが大切である。これも「育てる」ということである。特に職業については、適職選択の考え方が普及しているが、

長期にわたって継続していく職業こそ、「育てる」という考え方が重要であるといえるだろう。

本章においては、キャリアの概念を再考するとともに、「見合った適職」「育てる適職」の考え方について検討する。

2. キャリアの概念

ここでは、初等中等教育におけるキャリア教育の本格的導入を期して発表された「キャリア教育の推進に関する総合的調査研究協力者会議報告書」（文部科学省, 2004）に基づいて、キャリアの概念を検討する。

この報告書では、キャリアを「個々人が生涯にわたって遂行する様々な立場や役割の連鎖及びその過程における自己と働くこととの関係付けや価値付けの累積」ととらえている。やや難解な表現であるが、この中にはキャリアの概念が持つ3つの重要な観点が含まれていると考えられる。

(1) 個人が生涯にわたって自ら形づくるもの（発達的観点）

第一は、キャリアとは一人ひとりが生涯をかけて自らつくっていくものだという観点である。発達的観点といってもよいだろう。つまり、キャリアとは一本の「線」として生涯を通してつながっているものととらえられる。この「線」のなかには、誰もが経験するような節目となる「点」が含まれる。たとえば、中学校から高等学校への進学、高等学校から大学への進学、大学から社会への「移行」である就職などであり、ここでは進路を選択すること、決定すること、すなわち「選ぶ」ことが求められる。そこで、学校進路指導や大学の就職支援においては、「選ぶ」ことに重点をおいた支援が行われてきた。

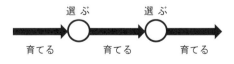

図1　キャリアを「選ぶ」「育てる」

第三編　大学から社会への「移行」

　しかし、これでは「点」が断続するだけであり、一本の線にはならない。「点」と「点」の間を埋めることが必要である。それが「育てる」という働きかけである（図1）。つまり、第一の観点を比喩的に表現すれば、「点から線へ」というフレーズで表すことができるのではないだろうか。

　学校進路指導では、主体的な進路選択が重視されてきたが、進路を主体的に選択するには、準備が必要である。レディネスを高めることによって、はじめて自ら進路を決定できるようになる。それが「育てる」ということである。日本語の「育てる」は自動詞であるとともに他動詞でもあるので、好都合である。つまり、ここでいう「育てる」とは、自ら「育てる」ということであり、教員や周囲からの働きかけを通して「育てる」ということでもある。また、進路は選んで終わりでなく、そこからキャリアの次のステージが始まることを考えれば、選んだものを「育てる」ことも必要だろう。たとえば、高校生が第一志望の大学に首尾よく入学したとして、それだけで充実した学生生活が保証されるわけではない。勉学に励むとともに、クラブ・サークル活動、アルバイト、友人との交流などを積極的に展開することによって、学生生活は充実するはずである。これは、自ら「選んだ」ものを「育てている」ことに他ならない。そして、願わくは、これが次の「選ぶ」につながれば望ましいということになる。

　新卒見込み者の採用に際して、企業が何を求めているかという点については、継続的に実施されている日本経団連と経済同友会の調査がしばしば引用されている。図2は日本経団連の調査結果から上位10項目を抜粋して示したものである。この10年ほど、重視する要件はほとんど変わっていないが、上位5項目をみると、「コミュニケーション能力」（85.6%）、「主体性」（60.1%）、「チャレンジ精神」（54.0%）、「協調性」（46.3%）、「誠実性」（44.4%）となっており、「コミュニケーション能力」は12年連続して1位を占めている。また、図3には経済同友会の調査のうち、文系学生の面接段階で重視する資質（意識・性格的要素）についての結果を示した。こちらも上位5項目をみると、「コミュニケーション能力」（91.9%）、「行動力・実行力」（78.2%）、「性格・人柄」（62.6%）、「ス

トレスコントロール力」(61.1%)、「柔軟性」(54.0%)となっている。これらは、いずれも短期間のトレーニングで身につくものではなく、学生生活にさまざまな経験や活動を積み重ねる中で育まれていくものであろう。したがって、これらが採用の際に求められる条件であるとするならば、積極的に充実した学生生活を送ることが、「選んだ」大学という選択肢を「育てる」ことになり、さらにそれが次の選択肢である就職先を「選ぶ」ことにつながるはずである。しかも、職業こそ「選ぶ」ことで終わるのではなく、そこから始まる職業生活の中で「育てる」側面が強いと考えられる。この点については後述する。

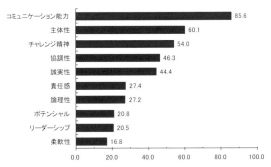

図2　選考にあたって特に重視した点（2015年4月入社）
日本経団連（2016）より抜粋して作成

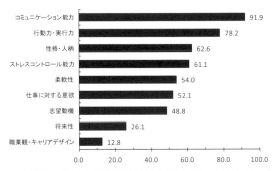

図3　面接段階で重視する資質（意識・性格的要素）（2014年4月入社・文系）
経済同友会（2014）より作成

第三編　大学から社会への「移行」

(2)　仕事もキャリア、子育てもキャリア、余暇や趣味もキャリア（ラ
　　イフキャリアの観点）

　重要な観点の第二は、キャリアの概念は広範であり、職業キャリア
に限定されるものではないということである。日本のキャリア教育は、
1970年代から80年代にかけて、アメリカで展開されたキャリア教育を
モデルとしている。アメリカのキャリア教育は、さまざまな理論に基づ
いて構築されたが、キャリアの概念については、スーパー（Super, 1980,
1990など）のライフキャリアの考え方に基づいている。スーパーは6つ
のライフ・ロール（子ども、学ぶ人、余暇の人、市民、働く人、家庭の
人）を示したが、わかりやすくいえば、仕事もキャリア、子育てもキャ
リア、余暇や趣味もキャリアということである。ここでいうキャリアと
は、働き方・生き方を示している。

　このような第二の点は、「線から面へ」と表現することができるだろう。
仕事のキャリアを1本の線とすれば、家庭生活の線、余暇・趣味の線な
ど、ライフキャリアは多くの線からなっており、これらを束ねれば面に
なるからである。このような観点は、職業の問題であっても、ライフス
タイルや人生の問題との関連で考える視点を提供しているといえる。

(3)　なぜ働くのか、働くことを通してどんなことを実現したいのか
　　（価値観）

　最後の第三は、キャリアという概念は、「なぜ働くのか」「働くことを
通してどんなことを実現したいのか」といった個人の価値観を含んでい
るということである。キャリア教育においては、勤労観・職業観という
用語がしばしば使われてきたが、これは職業に対する個人の見方・とら
え方であり、価値観そのものをさしている。このようなキャリアの主観
的な側面は、その人の客観的なキャリアを方向づけるという意味で重要
である。Schein（2006）の用語を借りるならば、外的キャリアの主観的
な意味づけとしての内的キャリアということになる。外的キャリアとは、
個人がたどる学習歴や職歴のことであり、内的キャリアとは、本人がな

ぜその進路や職業を選んだのか、選んだことをどのように考えているのかという側面を指す。

このような第三の点は、「表面から内面へ」というフレーズで表すことができる。目にみえる表面だけでなく、個人の内面に存在する価値観がキャリアに影響をもたらすならば、その価値観を明確にすることが必要であり、そのために価値観を言語化するための支援が求められるのではないだろうか。

3. 見合った適職、育てる適職

厚生労働省職業能力開発局（2003）の「若年者キャリア支援研究会報告書」は、正規雇用で3年以内に離職する、いわゆる早期離職者の離職理由を調査している。早期離職のうち、1年以内に仕事を辞めた場合の離職理由として最も多い回答は「仕事が自分に合わない、つまらない」（39.1％）であった。また、労働政策研究・研修機構は、2001年・2006年・2011年に，フリーターに該当する若者に対して、フリーターになった理由を複数回答で尋ねている。2001年調査と2006年調査では、男女ともに「自分に合う仕事を見つけるため」（2001年は男性41.8％、女性34.9％、2006年は男性36.3％、女性35.1％）という回答が最も多いが、2011年調査では、この回答が男性28.2％、女性24.1％と徐々に減少しており、「つきたい仕事のための勉強や準備、修行期間として」（男性29.8％、女性29.3％）という理由が男女とも最も多くなっている（労働政策研究・研修機構, 2012）。同じ項目を用いて、もっとも重要な理由も尋ねている。男女合わせた集計結果の推移を3時点でみると、「自分に合う仕事を見つけるため」は21.9％、19.1％、13.5％と減少しており、2001年調査と2006年調査では最も多い理由であったが、2011年調査では「つきたい仕事のための勉強や準備、修行期間として」が17.2％で「自分に合う仕事を見つけるため」を上回っている。これらの結果から、「フリーター経験に付与されてきた「自由」「適職探索」というイメージは過去のものになりつつある」（労働政策研究・研修機構, 2012）と述べられている。さらに、安

第三編　大学から社会への「移行」

達（2004）はキャリア意識として「適職信仰」「受身」「やりたいこと志向」の3つを取りあげ、職業未決定との関連を分析した結果、「適職信仰」は若者のキャリア選択に悪影響を及ぼすのではなく、心理的な未決定を抑制する作用を持つことを見いだしている。なお、ここでいう「適職信仰」とは、「そのうちきっと何かぴったりの仕事に巡り合うだろう、天職に出合えるはずだと、将来に夢や希望を抱きながら適職との出会いを待ち続ける傾向」（安達, 2004）を指しており、「自分に合う仕事」を積極的に探索しようとする傾向とはやや異なる。

　2003～2004年のころから早期離職やフリーター、若年無業者（15～34歳の非労働力人口のうち家事も通学もしていない者）といった若年者の問題が注目されるようになった。当時は「自分に合う仕事」が若年者問題のキーワードでもあった。このキーワードを誤解すると、「自分に合う仕事」がうまく選べなかったからこそ、早期離職やフリーターにつながると解釈し、これを避けようとして適職選択に注力するあまり、かえって仕事を選びにくくしてしまうという悪循環に陥る可能性すらあったともいえる。10年ほどが経過した今日において、このことは過去のものとなったのだろうか。しかしながら、今日においても、適職探索・適職選択といった考え方は根強く、「自分に見合った仕事」にこだわりすぎて、仕事選びがうまくできない大学生はしばしば見受けられる。したがって、先に述べたように、「見合った適職」に対して、「育てる適職」という考え方を引き続き伝えていく必要があるのではないだろうか。

　この主張は、職業選択やキャリアに関する理論の展開からも裏づけることができる。Parsons（1909）に始まるマッチング理論では、個人の特性と仕事の要件とを結びつけること、すなわち自分に「見合った適職」を「選ぶ」ことが強調されている。その後、20世紀半ばにGinzberg, Ginsburg, Axelrod, & Herma（1951）によってはじめて発達的観点を持つ理論が提唱され、Super（1957, 1980, 1990）が生涯キャリア発達の理論を提唱するに至る。その後、多くの発達的観点をもった理論がマッチング理論を批判する形で登場した。そして、20世紀の終わりから21世紀にかけて、Savickas

第 16 章　見合った適職、育てる適職

（2002）を中心としてキャリア構築理論が示されると、キャリアは「選ぶ」だけでなく「育てる」ものとしてとらえられるようになってきた。この動きに関して、下村（2008）は「一時点の『決める』ではなく「作り上げる」へと焦点を移すべきである」と表現している。

　しかしながら、マッチング理論の基本的な考え方は誤りではない。子どもから大人になる発達過程において、自分に向いている仕事は何かと探索することはむしろ自然であり、決して悪いことではない。自己理解や職業理解を促進するならば、適職探索は望ましい行動といえるかもしれない。重要なことは、自分に「見合った適職」を「選ぶ」という点にこだわり過ぎないことである。職業生活は長期間にわたるものであり、経験によって変化していく過程でもある。したがって、「育てる適職」という考え方にも目を向けることが必要である。「選ぶ」ことを否定するのではなく、キャリアとは自ら「選んだ」ものを「育てる」というとらえ方が重要であると考えられる。「見合った適職」と「育てる適職」のバランスをとることが大切であるといえるだろう（川﨑, 2005）。このような理解に基づいて、たとえば、仕事の内容に注目して適性を生かせる職業を選択するというだけでなく、その職業に就いてから、どのような人生の過ごし方をしていくのかを見通すといったように、学生が職業との持続的な関わりをイメージできるようなワークを積み重ねるなどして、大学生のキャリア教育・キャリア支援にあたることが必要であると思われる。

4. 初等中等教育との連携

　本章で述べてきたようなキャリア教育・キャリア支援を展開するには、入学と初等中等教育との連携や接続が大切であると考えられる。現在、高等学校と大学との高大接続・高大連携の取り組みが盛んに行われている。大学側からみると、これらの取り組みは主に入試戦略として位置づけられているが、キャリアは「点」ではなく、「線」であることを考えると、キャリア教育・キャリア支援の面でも連携を深めていくことが求められる。そのためには、初等中等教育におけるキャリア教育にも目を向

第三編　大学から社会への「移行」

ける必要があるといえるだろう。

　2016年12月に示された中教審答申「幼稚園、小学校、中学校、高等学校及び特別支援学校の学習指導要領等の改善及び必要な方策等について」（中教審, 2016）には、新学習指導要領の改定に関する基本的な考え方が示されている。これまで、初等中等教育におけるキャリア教育は、特定の科目や時間を使って行うのではなく、すべての教育活動を通して展開するものと位置づけられてきた。この位置づけは変わらないが、2016年12月の中教審答申では、キャリア教育を特別活動により明確に位置づける考え方が示された。答申では、「小・中学校では、特別活動の学級活動を中核としながら、総合的な学習の時間や学校行事、特別の教科 道徳や各教科における学習、個別指導としての進路相談等の機会を生かしつつ、学校の教育活動全体を通じて行うことが求められる。高等学校においても、小・中学校におけるキャリア教育の成果を受け継ぎながら、特別活動のホームルーム活動を中核とし、総合的な探究の時間や学校行事、公民科に新設される科目「公共」をはじめ各教科・科目等における学習、個別指導としての進路相談等の機会を生かしつつ、学校の教育活動全体を通じて行うことが求められる。」と述べられている。また、より具体的な取り組みの提案として、「小・中・高等学校を見通した、かつ、学校の教育活動全体を通じたキャリア教育の充実を図るため、キャリア教育の中核となる特別活動について、その役割を一層明確にする観点から、小・中・高等学校を通じて、学級活動・ホームルーム活動に一人一人のキャリア形成と実現に関する内容を位置付けるとともに、「キャリア・パスポート（仮称）」の活用を図ることを検討する。」ことが示されている。

　2017年3月には小学校学習指導要領と中学校学習指導要領が告示され、特別活動の学級活動のなかに新たに「一人一人のキャリア形成と自己実現」という内容が盛り込まれた。これまで、中学校の学級活動と高等学校のホームルーム活動に「学業と進路」という内容が設けられていたが、これを「一人一人のキャリア形成と自己実現」に改め、小学校にも盛り込

第 16 章　見合った適職、育てる適職

まれることになったものである。小学校では、「ア現在や将来に希望や目
標をもって生きる意欲や態度の形成」「イ社会参画意識の醸成や働くこと
の意義の理解」「ウ主体的な学習態度の形成と学校図書館等の活用」を内
容としており、中学校では「ア社会生活，職業生活との接続を踏まえた
主体的な学習態度の形成と学校図書館等の活用」「イ社会参画意識の醸成
や勤労観・職業観の形成」「ウ主体的な進路の選択と将来設計」を内容と
している。

　今後は「キャリア・パスポート（仮称）」も活用しながら、より積極的
にキャリア教育が展開されることが期待されている。大学においても、
たとえば「キャリア・パスポート（仮称）」を大学でも活用するとともに、
大学独自のキャリア・ポートフォリオと連携するなど、初等中等教育に
おける動きもふまえて、「点から線へ」という観点からのキャリア教育・
キャリア支援を展開していくことが期待される。

【文献】

安達智子（2004）大学生のキャリア選択－その心理的背景と支援　日本労
　　働研究雑誌 , No.533, 27-37.

中央教育審議会（2016）幼稚園、小学校、中学校、高等学校及び特別支援
　　学校の学習指導要領等の改善及び必要な方策等について（答申）.

Ginzberg,E., Ginsburg,S. W., Axelrod, S., & Herma, J. L.(1951) Occupational
　　Choice: An approach to a general theory. New York: Columbia University
　　Press.

川﨑友嗣（2005）「時間的展望」から見たキャリアデザインとその支援　文
　　部科学教育通信 , 132, 22-23.

川﨑友嗣（2010）大学でのキャリアデザイン　将来のヒントは現在と過去
　　のなかにある－　生駒俊樹（編著）実践キャリアデザイン　ナカニシ
　　ヤ出版　76-07.

経済同友会（2014）企業の採用と教育に関するアンケート調査結果.

厚生労働省職業能力開発局（2003）若年者キャリア支援研究会報告書.

文部科学省（2004）キャリア教育の推進に関する総合的調査研究協力者会
　　議報告書.

第三編　大学から社会への「移行」

文部科学省（2016）平成28年度学校基本調査（確定値）.

日本経団連（2014）新卒採用に関するアンケート調査結果.

Parsons, F. (1909) Choosing a Vocation. Boston, MA: Houghton-Mifflin.

労働政策研究・研修機構（2012）大都市の若者の就業行動と意識の展開－
「第3回若者のワークスタイル調査」から－　労働政策研究報告書
No.148.

Savickas, M. L. (2002) Career Construction: A Developmental Theory of
Vocational Behabior. In D. Brown & Associates(eds.) Career Choice and
Development. San Francisco, CA: Jossey-Bass Publishers.

Schein, E.H. (2006) Career Anchors Participants workbook and self set. San
Diego, CA: Pfeiffer & Co.

下村英雄（2008）最近のキャリア発達理論の動向からみた「決める」につ
いて　キャリア教育研究, 26, 31-44.

Super, D. E. (1957) The Psychology of Careers. New York: Harper-Collins.

Super, D. E. (1980) A life-span, life-space approach to career development.
Journal of Vocational Behavior, 16, 282-298.

Super,D.E.(1990) A life-span, life-space approach to career development. In
D.Brown. and L.Brooks(Eds.) Career Choice and Development: Applying
Contemporary Theories to Practice, 2nded. San Francisco: CA Jossey-Bass.
pp.197-261.

第 17 章　地域の企業と大学が連携した人材育成
　　　　―連携を通して大学生の社会的・職業的自立をいかに
　　　　促すか―

松坂　暢浩

1.　はじめに

　平成 17 年の中央教育審議会答申『我が国の高等教育の将来像』は，21
世紀における大学と社会との関係を見直す契機になるものだった。すな
わち，教育と研究という本来的な大学の使命と合わせて「第三の使命」と
して社会貢献が求められるようになった。その後，平成 18 年の教育基
本法（第 7 条），平成 19 年の学校基本法（第 83 条第 2 項）の改正により法
的にも明確にされた。

　平成 24 年の中央教育審議会答申『新たな未来を築くための大学教育の
質的転換に向けて～生涯学び続け，主体的に考える力を育成する大学へ
～』では，大学と地域社会や企業等の連携に対して言及している。この
なかで大学は，地域に即したイノベーション創出をリードする地域社会
の核となることが望まれるようになった。この流れのなかで，文部科学
省は，地域と連携した新たな取り組みを支援する形で平成 24 年度から
『産業界のニーズに対応した教育改善・充実体制整備事業』【テーマ A】を
スタートした。この取り組みは，大学・短期大学が地域ごとにグループ
を形成し，地域の企業，経済団体，自治体等と連携することにより，社
会的・職業的に自立し，産業界のニーズに対応した人材の育成を図るこ
とを目的とするものであった。そして，この取り組みを発展する形で平
成 26 年度より，地域全体へのインターンシップ等の普及・定着を図る
とともに，大学等におけるキャリア教育の充実を目的とした【テーマ B】
（平成 27 年度から『大学教育再生加速プログラム（AP）』に名称変更）が
新たにスタートした。このなかで，インターンシップ等の質的・量的拡
大と合わせ，地域でインターンシップ等を推進する組織・団体等の連携

第三編　大学から社会への「移行」

とマッチングを行う専門人材の養成が取り組まれた。

　また文部科学省は「地域創生」の観点から，地域のニーズと大学のシーズ（教育・研究・社会貢献）のマッチングによる地域課題の解決を目的とした『地（知）の拠点整備事業（COC）』を平成25年度からスタートしている。この取り組みは，大学等が自治体を中心に地域社会と連携し，全学的に地域を志向した教育・研究・社会貢献を進めるとともに，地域コミュニティの中核的存在としての機能強化を図ることを目標としている。そして平成27年度からは，COC採択大学等を中心に『地（知）の拠点大学による地方創生推進事業（COC+）』が，新たに実施されている。この取り組みでは，若年層人口の東京一極集中の解消を目指し，地方の大学群と地域の自治体・企業やNPO，民間団体等が協働し，地域を担う人材育成の推進と地域への就職率向上が求められている。

　さらに，まち・ひと・しごと創生本部が，2020年までの5年間で地方に若者雇用30万人分を創出する等の目標を明記している。その流れを受けて，総務省と文部科学省（2015）により，具体的な数値目標を挙げて，地方公共団体と大学等が連携して行う雇用創出・若者定着の取り組み（奨学金を活用した支援等）に対し，財政措置等が行われることになっている。また第1回会議において，地方の現状を踏まえて，一部のトップ校・学部以外の大学を，職業訓練校化していくことを求める意見（L型大学）も出されている。

　このような政策的な背景等を踏まえ，本章では，地域を担う人材として期待されている地方大学に通う大学生に焦点を絞り，地域における企業と大学が連携した人材育成の在り方と課題について考えていきたい。

2.　大学生の地元志向の問題点から人材育成について考える

　本章では，地域の担い手として期待されている若者，特に地方圏の大学に通う大学生の特徴と課題について考えていく。

　近年，若者の地方圏から都市への地域移動割合は先行世代よりも減少し，「地方・地元定着」志向が強まっていると指摘されている（労働政策

研究・研修機構 2015）。また，就職情報会社の調査によると，地元の大学に進学した大学生の75％が，地元に就職したいと回答している（マイナビ 2016）。これは，人口減少を抱える地方圏にとって好ましい傾向ではあると言える。しかし，一方で地方志向の背景にある親の影響や奨学金の返還を一部免除する行政の引き留め方に対する問題点を指摘する声もある（日本経済新聞 2016）。そこで，まず先行研究を基に，大学生の地元志向とキャリア意識についてみていきたい。

　NII学術情報ナビゲータ（CiNii），科学技術発信・総合システム（J-STAGE），国立国会図書館サーチにて「大学生」と「地元志向」をキーワードに先行研究の検索を行った。しかし，この分野における研究は少なく，多くは紀要論文であった。また「地元志向」の定義や計測方法も各論文により異なっていた。各自の希望する就職先地域で分類する方法（平尾・重松 2006，平尾・田中 2016，松坂 2016，山本・松坂 2016）や，本人が地元と認知する地域を基に分類する方法（杉山 2012，米原・田中 2015）といった，地理的範囲を設定した上での計測と本人の認識に基づく計測の大きく2つの計測方法で地元志向の把握が試みられていた。この点に留意しつつ，地方圏の大学に通う大学生の地元志向に関する論文を中心に見ていきたい。

　平尾・重松（2006）は，中国地方にある国立総合大学X大学に通う3年生への意識調査により，地元志向の強いグループは，働くことや就職活動にネガティブな意識を持つ傾向が強いことを明らかにした。働く力が弱い若者が地元に停滞する懸念を指摘した上で，地元志向の若者の「就職力（就職に対する行動および意識の力の総称）」を，学校教育および地域社会が高める施策を実行すべきと主張している。また平尾・田中（2016）は，この先行研究を踏まえて，同大学の学生を対象に，より詳細な分析を行っている。その結果，地元志向の学生は，非地元志向に比べて，就職活動意欲には差はないが，キャリア意識に有意差があった。とりわけ「将来の活躍意欲」は顕著で，仕事へのチャレンジや組織をリードする意欲の点において差が大きいことを明らかにした。また，地元志向

第三編　大学から社会への「移行」

の学生のなかにもキャリア意識の高い層が存在するが，少数であったと指摘している。地元志向を高めることではなく，地元志向者の意識を高めるキャリア教育の拡充が必要であると主張している。

　杉山（2012）は，北海道の国立単科大学（社会科学系）の1年生から3年生への質問紙調査に基づき，キャリア発達の観点から，就職における地元志向の実態を捉え，その要因を検証した。その結果「地元への愛着」が地元志向へと結びつく傾向があるが「地元への貢献意識」は部分的にしか結びついていない点を明らかにした。地元志向の学生は「地元のために貢献したい」とする意識は十分に確立しておらず，人口定着という点ではともかく，地域活性化に十分に寄与するとは言い難いと指摘している。今後，地元に就職する学生のキャリアにおける発展可能性を確保し，地域活性化の観点から，地元志向の傾向を肯定的にとらえていくために，大学のキャリア教育において積極的に「地域とのかかわり」を意識させる試みが必要であると主張している。

　山本・松坂（2016）は，東北地区の国立総合大学A大学に通う大学生（3年生）と大学院生（修士1年生）への質問紙調査に基づき，キャリア志向（将来の職業選択や生き方に対する自分自身のなかの方向性）と心理的特性の関連性を検証した。その結果，地元志向は，非地元志向に比べて，仕事への挑戦意欲と就業意欲が低いことを明らかにした。また心理的特性において，自律性が低く，人に嫌われないように自分の感情や要求を抑え，周りの期待に応えようとする行動特性が強いことを明らかにした。地元志向の学生には，肯定的な自己イメージが構築できるようなキャリア教育が必要であると主張している。また松坂（2016）は，同大学の地元志向の大学生に焦点を絞り，地元に残って働きたい理由によって，キャリア意識に差があるかを検証した。その結果「地元への愛着」および「地元貢献」を理由に挙げた者に比べて「住み慣れた環境を変えたくないから」を理由に挙げた者は，働くことや就職活動に対する意欲が低いことを明らかにした。そして「地元貢献」を理由に挙げる者に比べて「家族（親や祖父母，親戚など）の意見や意向」および「親の扶養・介護責任」を

理由に挙げる者は，将来のキャリアを主体的に描けないでいることを明らかにした。本格的な就職活動に入る前に，地元で活躍する社会人との交流やインターンシップ等を通して，地元で働くことを真剣に考えさせること。そして，将来のキャリアをイメージさせる機会を増やしていくことが有効であると主張している。

　また，これらの先行研究は，地元志向と親の関係についても触れている。いずれも地元志向の強い学生は，親の影響を強く受けており，意向を素直に受け入れる傾向を指摘している。これは，鳥取県の国立大学で調査した米原・田中（2015）の親から自立できない者は地元志向が強いという結果とも一致している。

　以上の先行研究は，地元に強く残りたいと考えている大学生のなかに，働くことや地域貢献に対する意欲が低い者，親の意向を過度に重視し，親から自立できず主体的にキャリアを描けない者が一定数いる可能性が示唆されている（図1）。

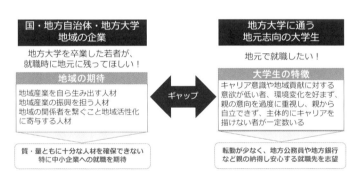

図1　先行研究を踏まえた地元志向の大学生の課題

　地方創生を担う人材として，地域を理解し，地域産業を支え，また新たな産業を生み出し，地域の関係者を繋ぐことで地域活性化に貢献できる人材が求められている（文部科学省 2014）。しかしこのようなキャリア意識のまま地域に就職しても，地域の期待に応えられない可能性がある。

第三編　大学から社会への「移行」

　また地方では，質・量の両面で十分な人材を確保できない中小企業への就職が望まれている（中小企業庁 2015）。しかし地元志向の強い大学生は，親が納得し安心する職業を希望すると推察される。その結果，地方公務員（県市町村等），それに準ずる公益性が高い団体（外郭団体や農協等），地方銀行への就職を志望する可能性が高い。しかし，鈴木（2006）が主張しているように，これらの業種の雇用吸収力は長期的には減少傾向にあり，従来型の職業観の見直しと転換が必要と言える。

　学校から仕事社会への移行途中にある大学生は，キャリア発達プロセスにおける探索段階にある。そして，就職活動のなかで難しい意思決定を求められることから（若松他 2012），自分について評価する「自己探索」と仕事，職業，組織について情報を収集し理解を深める「環境探索」の2つを繰り返しながら将来について考えることが重要になると指摘されている（Super 1957 日本職業指導学会訳 1960，横山 2005，安達 2010）。

　地方圏の大学に通う地元志向の大学生の課題を考えた場合，早期から自己探索と環境探索を深める機会を提供し，彼らのキャリア発達を促すことで，地域で活躍する人材を育成する必要があると考える。太田（2005）は，地元志向の若年労働者に対する教育や訓練は，地域労働市場に密着したものが成果を挙げやすく，地域の行政担当者，事業主団体，教育関係者のみならず，地域社会までをも巻き込み，地域の事情を織り込んだより効果的なプログラムを策定することが重要であると主張している。この点を踏まえて考えると，大学だけで取り組むのではなく，地域の企業等と連携した早期（1年次）からの取り組みが重要であると言える。

　そこで次章では，地域の企業と大学が連携し人材育成について，取り組み事例を基に考えていきたい。

3.　地域企業と大学の連携した人材育成事例について（山形大学の事例を基に）

　前述の文部科学省による『産業界のニーズに対応した教育改善・充実体制整備事業』『地（知）の拠点整備事業』において，大学と地域の企業，経

第 17 章　地域の企業と大学が連携した人材育成

済団体，地域の団体や自治体等と連携した取り組みが行われている。ここでは，両事業に採択された筆者の所属する山形大学の取り組み事例を見ていくことにする。

山形大学は，人文学部，地域教育文化学部，理学部，医学部，工学部および農学部の 6 学部から構成され，約 1 万人の学生が在籍する，東日本でも有数の規模を誇る総合大学である。またキャンパスは，山形市が 2 か所，米沢市および鶴岡市の 4 地区にまたがる分散キャンパスになっている。

地域別入学者数（平成 28 年度）を見ると，山形県出身者が 409 名と，入学者（1762 名）に占める割合は 23.21％で最も多く，次に宮城県出身者で 362 名（20.54％）である。東北 6 県で見ると全体に占める割合は 62.59％であり，大半は東北地方出身者という状況である。

次に学部生の就職状況を見ると，2016 年 3 月卒業者の就職率（就職希望者に対する就職決定者の割合）が 99.0％で，全国大学の就職率 97.3％（文部科学省・厚生労働省 2016）よりも高い状況だった。山形県内に就職した学生数を見ると 285 名（27.32％）であり，売り手市場という外的影響もあるが，過去 3 年間を見ても山形県外への就職者の割合が高い状況である。また，県内就職者の就職先は，地方公務員や学校教員，地域の金融機関への就職割合が高い傾向にある。

このような状況を踏まえ，山形大学小白川キャンパスキャリアサポートセンターが中心となり，山形県内の企業へ視野を広げるきっかけを提供し，また学生の社会的自立に向けた取り組みを，地域の企業と協働で実施している。そのなかから「アライアンスネットワーク」と「低学年向けインターンシップ」の 2 つの事例を紹介したい。

3-1. アライアンスネットワーク

山形大学では，地域の企業と連携し，学生の就業意欲の向上や地元就職の促進，産業界のニーズを踏まえた人材育成の強化を目指すために，「アライアンスネットワーク」を平成 25 年度からスタートさせている（図2）。

第三編　大学から社会への「移行」

　本事業は，山形大学小白川キャンパスキャリアサポートセンターが中心になり，目まぐるしく変化する時代の下で，学生の社会的自立と卒業後も意欲を持って地域で働き続けることができる人材の育成を目指している。また山形県は，B to B（Business-to-Business）の製造業が多く，文理問わず採用をしていても，なかなか学生に認知されないという課題がある。そこで，地域の製造業を中心に51社（2016年11月現在）の企業に賛同いただき，事業を実施している。

　具体的な事業内容は，工場見学会・職場見学バスツアーの開催，1年次のキャリア教育授業「仕事の流儀　～プロに学ぶ仕事のやりがい～」の共同開講，OB・OGと自由闊達な情報交換できる「キャリアカフェ（OBOGフォーラム）」などを開催している。これらは，賛同企業や学生から大変好評を得ている。特に共同開講している授業は，履修者が200名を超えており，講演した賛同企業にインターンシップを希望する学生や，就職を希望する学生が増えてきている状況である。

　また，賛同企業側から一方的に協力してもらうだけでなく，賛同企業に勤める卒業生を含む従業員の知識更新や学び直しの機会が持てるよう，研修会（勉強会）の開催も併せて実施している。

　そして，本事業をより良いものにしていくために，賛同企業，教職員，学生，自治体（山形県），行政機関（やまがた新卒応援ハローワーク）による意見交換会を開催している。特に意見交換会に参加した賛同企業からは，「産学連携は，技術開発に関する事項が主体であると認識していたが，キャリア教育への協力も構成要素の一つという発見があった。」との感想があり，連携の意義を改めて考える機会になっている。ここで出された意見や要望は，次年度の取り組みに反映し，改善を図っている。

　本事業の課題として，学生に本事業の取り組みがまだ広く認知されていない点が挙げられる。そのために，賛同企業を紹介する冊子を作成し，就職ガイダンス等で配付することで周知を行っている。また，山形大学で導入しているWEB上の求人検索システム内で，企業訪問やOB・OG訪問の申込みなどを直接行えるシステムを新たに追加した。

第17章 地域の企業と大学が連携した人材育成

これらの取り組みにより，学生に地域企業との出会いの機会や，地域で働くことを考えるきっかけを提供し，また，地域企業で働く従業員の人材育成に貢献することで，企業や地域の活性化を図っていきたいと考えている。今後も賛同企業とより深い連携を図りつつ，趣旨を理解いただける企業を新たに募っていく予定である。

図2 「アライアンスネットワーク」の事業イメージと支援事業風景（写真）

3-2. 低学年向けインターンシップ

「低学年向けインターンシップ」（平成28年度より「フィールドワーク－山形の企業の魅力（プレインターンシップ）」に名称変更）は，平成26年度から山形大学基盤共通教育で開講している授業である。事前・事後指導と併せて，中小企業での短期インターシップ（3日間）に参加する流れで実施している。本授業は，平成28年度に，文部科学省の「インターンシップ好事例集－教育効果を高める工夫17選－」（文部科学省　2016）に選出されている。

山形大学では，これまでも各学部（人文学部、地域教育文化学部、理学部、工学部、農学部）で，インターンシップを授業として導入し，単位認定を行ってきている。しかし，多くは大学3年生および修士1年生対象で，大学1年生対象の授業は，開講されていない状況であった。早期に「インターンシップの経験」と「内省」の機会を提供することは，働くとは何かを考えることに繋がり，自己の適性や志向の理解，業界の理

301

解など基礎的なキャリア教育に資するものであるという指摘がある（特定非営利活動法人エティック 2013）。そのため本授業は，2年次以降のインターンシップ前のプレ体験と位置付け，早期から就業観の醸成および，知名度や企業規模などの基準だけで進路を決めることないように，広い視野を養うことを目的にした。また，山形で働く魅力を感じてもらうことも併せて目指すこととした。

　受入企業については，中小企業のインターンシップが学生のキャリア教育上きわめて有効であるとする指摘（太田 2005）を踏まえ，中小企業に限定した。企業選定にあたり，人材育成に理解と関心が高く，また想いをもって地域でビジネスを行っている経営者が多く加盟しており，本学と平成22年から連携協力協定を結んでいる山形県中小企業家同友会に依頼することとした（図3）。

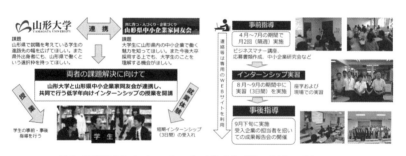

図3　「低学年向けインターンシップ」全体イメージとスケジュールについて

　受入企業および履修学生の状況は，初年度の平成26年度は，13事業所に20名の学生を派遣し，2年目の平成27年度は，18事業所に28名の学生を派遣し，3年目の平成28年度は，19事業所に34名の学生を派遣した。受入企業の業種は，サービス業，卸売業，印刷業など幅広い業種で受入機会を得ることができた。履修学生は，幅広い学部からの履修があり，山形県外出身県の履修も多かった。また，事後アンケート調査から，受入企業および履修学生の本授業に対する満足度が高い結果であった。

本授業の課題として，履修学生の事後アンケートから「期間の短さ」「自分自身の準備不足」「実習内容への不満」など課題が，受入企業の事後アンケートから「受け入れの準備」や「指導役の社員の負担」などの課題が明らかになった。これらの課題を踏まえ，期間は，プレインターンシップという位置づけであることからそのままとし，事前学習の徹底と実習プログラムの改善に力を入れたいと考えている。具体的には，事前学習の充実を図るための新たな学生指導用「インターンシップマニュアル」作成と，これまでの実習プログラムを検証し，学生の評価が高かった実習プログラム事例とポイントをまとめる予定である。特定非営利活動法人エティックの調査(2014)によると，教育的効果の高いインターンシップには，①実施目的の明確化，②適切なプログラムの設計，③企業の現場等でのリアルな体験，④学生の目標設定・フィードバック・振り返りの徹底，が不可欠であると指摘している。これらの点も踏まえつつ，より良い授業を目指し改善に取り組んでいきたい。

4. 地域の企業と大学が連携した人材育成の課題と方策について

最後に，地域の企業と大学が連携した人材育成の課題と方策についてまとめていきたい（図4）。

筆者が，地域の企業と意見交換すると，地域の産業に対する理解を深めてもらう機会を企業側も提供していきたいと考えており，それらは低学年（特に1年次）から実施することが望ましいという意見を多くいただく。しかし一方で，インターンシップ等を含めた大学との連携を「採用活動」の一環として捉えており，早期からの取り組みにはあまりメリットを感じてもらえないケースがある。もちろん採用の観点が決して悪いということはないが，大学生と企業が接点を多く持つことで，早いうちから企業の魅力や仕事内容を知ってもらう機会になる。また新たなビジネスの創出や，社内の人材育成につながり，組織が活性化する等のプラスの側面もある（経済産業省 2012）。このような点を踏まえ，大学と地域の企業が考え方をすり合せながら，学生のキャリア意識を高め，キャ

第三編　大学から社会への「移行」

リア発達を促す機会を一緒に提供していく必要性があると考える。

そして大学側も，企業側に過度に依存することなく，教職員が一体となって積極的にキャリア教育に関わることが重要になる。しかし，一部の教職員に負担がかかり過ぎている側面も否定できない。そこで負担軽減のためにも，学内の組織体制の変更と併せて，地域の企業との窓口として調整を行う専門人材（コーディネータ）の配置や，外部機関（NPOやコンソーシアム等）との組織的な連携をより強化していくことが鍵になるだろう。

また行政側からは，企業側や大学側に対して，様々なサポートが行われている。しかし，せっかくのサポートがあっても，同じような事業が重複しているケースや窓口が分からないケースが見られる。昨今，連携や一本化がされているケースも増えてきているが，今後より一層サポートが分かりやすくなるよう工夫が求められるだろう。そして，最終的に何人を地元に残すか（就職させるか）という数値目標だけに偏ることなく，学生の特性を踏まえた地域活性化に寄与する人材育成のための目標を設定していくことが重要になると考える。

さらにもう1点指摘するならば，就職活動の際に影響を与えている親（保護者）の意識を変えていくための啓発（子供との関わり方や地域の中小企業への理解促進など）も，積極的に行っていくことが求められるであろう。

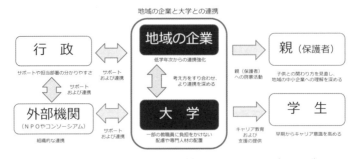

図4　地域の企業と大学の連携した人材育成のあり方について（イメージ）

第17章 地域の企業と大学が連携した人材育成

　日本創成会議の人口減少問題検討分科会(2014)は，地方都市推計対象の全国約1,800市町村のうち523では人口が1万人未満となって消滅するおそれがあると指摘している。地域を担う若者である大学生の地元定着が今後ますます大きな課題になっていく。2000年代初めから，地方圏の大学の問題認識が高まり，紀要論文などで地方圏の大学に通う地元志向の大学生に対する問題提起がなされてきた。そのなかで指摘されている，地元志向の大学生のなかに，キャリア意識が低い者がいる点を念頭に置き，地域を担うことのできる人材の育成に向けて，地域の大学と企業が連携し，その方法論と効果について真剣に議論する必要がある。キャリア教育に携わる筆者も，事例で挙げた取り組みと合わせて，地元志向とキャリア意識に関する研究を続けている。今後この分野における取り組みや研究がさらに進むことを期待している。

【文献】

安達智子 (2010) キャリア探索尺度の再検討．心理学研究, 81 (2), 132-139.

IDE大学協会 (2015) IDE現代の高等教育 地域を活かす大学．No571・6月号．

太田和夫 (2005) 中小企業におけるインターンシップの有効性と今後の促進策．インターンシップ研究（日本インターンシップ学会), 8, 8-21.

太田聡一 (2005) 地域の中の若者雇用問題．日本労働研究雑誌, 539, 17-33.

教育再生実行会議 (2013) これからの大学教育等の在り方について（第三次提言).

経済産業省 (2012) 成長する企業のためのインターンシップ活用ガイド（ノウハウブック).

下村英雄・八幡成美・梅崎修・田澤実 (2009) 大学生のキャリアガイダンスの効果測定用テストの開発 キャリアデザイン研究（日本キャリアデザイン学会), 5, 127-139.

首相官邸 (2014) まち・ひと・しごと創生本部．
　　URL : http://www.kantei.go.jp/jp/headline/chihou_sousei/
　　（2016年11月1日閲覧）

Super, D.E (1957) The psychology of careers; an introduction to vocational development. New York: Harper & Brothers（スーパー,D.E. 日本職業

指導学会（訳）（1960）職業生活の心理学．－職業経歴と職業的発達－，誠信書房）．

鈴木哲也（2006）若年層における地元志向の拡大と職業選択．高知女子大学文化論叢，8, 1-15.

杉山成（2012）大学生における地元志向意識とキャリア発達．小樽商科大学人文研究，123, 123-140.

体系的なキャリア教育・職業教育の推進に向けたインターンシップの更なる充実に関する調査研究協力者会議（2013）インターンシップの普及及び質的充実のための推進方策について意見のとりまとめ．

中央教育審議会（2005）我が国の高等教育の将来像（答申）．

中央教育審議会（2012）新たな未来を築くための大学教育の質的転換に向けて～生涯学び続け，主体的に考える力を育成する大学へ～（答申）．

中小企業庁（2014）地域中小企業の人材確保・定着支援事業．
URL：http://www.chusho.meti.go.jp/keiei/koyou/2014/140203bosyuu.htm（2016 年 11 月 1 日閲覧）

中小企業庁（2015）中小企業白書（2015 年版）．

特定非営利活動法人エティック（2013）産学連携によるインターンシップのあり方に関する調査．

特定非営利活動法人エティック（2014）教育的効果の高いインターンシップの普及に関する調査．

独立行政法人労働政策研究・研修機構（2015）若者の地域移動 －長期的動向とマッチングの変化－，資料シリーズ，No.162.

日本創成会議・人口減少問題検討分科会（2014）ストップ少子化・地方元気戦略．
URL：http://www.policycouncil.jp/（2016 年 11 月 1 日閲覧）

日本経済新聞電子版「地元志向，親のため？進学・就職…少子化で異変」2016 年 5 月 1 日付
URL:http://www.nikkei.com/article/DGKKZO00292720Q6A430C1TZD000/（2016 年 11 月 1 日閲覧）

平尾元彦（2004）大学生の就職活動に関する親の意識－山口大学 3 年生の保護者アンケート調査－．大学教育（山口大学大学教育機構），1, 103-113.

平尾元彦・重松正徳（2006）大学生の地元志向と就職意識．大学教育（山口大学大学教育機構），3, 161-168.

平尾元彦（2012）地方から大学生の就職問題を考える．日経研月報（一般財団法人日本経済研究所），40，22-26．

平尾元彦・田中久美子（2016）大学生の地元志向とキャリア意識．キャリアデザイン研究（日本キャリアデザイン学会），12，85-92．

マイナビ（2016）2017 年卒マイナビ大学生 U ターン・地元就職に関する調査．URL：http://www.kantei.go.jp/jp/singi/sousei/meeting/internship_suishinkaigi/h28-10-11-siryou4-3.pdf（参照日 2016 年 11 月 1 日）

増田寛也（編著）(2014) 地方消滅−東京一極集中が招く人口急減，中公新書．

松坂暢浩 (2014) 大学生の地元志向に関する研究 —地元就職決定者のインタビュー調査から見られる．地元志向について—．日本キャリアデザイン学会第 11 回研究大会資料集，29-32．

松坂暢浩（2016）地方大学における「キャリア教育」の取組：地域を担う人材育成の課題について．経営問題（日本学術振興会産学協力研究委員会経営問題第 108 委員会機関誌），8, 1-10．

松坂暢浩（2016）地方大学に通う大学生の地元志向の理由とキャリア志向の関係．山形大学高等教育研究年報，10, 44-47．

文部科学省（2013）産業界のニーズに対応した教育改善・充実体制整備事業
URL：http://www.mext.go.jp/a_menu/koutou/kaikaku/sangyou/
（2016 年 11 月 1 日閲覧）

文部科学省（2013）地（知）の拠点整備事業（大学 COC 事業）．
URL：http://www.mext.go.jp/a_menu/koutou/kaikaku/coc/
（2016 年 11 月 1 日閲覧）

文部科学省（2014）地方創生を担う人材の育成について．
URL: http://www.kantei.go.jp/jp/singi/sousei/meeting/kihonseisaku/h26-10-09/h26-10-09-s6.pdf（2016 年 11 月 1 日閲覧）

文部科学省 (2015) 地（知）の拠点大学による地方創生推進事業（COC+）
URL：http://www.mext.go.jp/a_menu/koutou/kaikaku/coc/
（2016 年 11 月 1 日閲覧）

文部科学省・厚生労働省（2016）平成 27 年度大学等卒業者の就職状況調査（4 月 1 日現在）
URL：http://www.mext.go.jp/b_menu/houdou/28/05/1371161.htm
（2016 年 11 月 1 日閲覧）

文部科学省・厚生労働省（2016）インターンシップ好事例集 −教育効果を

第三編　大学から社会への「移行」

　　　高める工夫 17 選−

　　　URL：http://www.mext.go.jp/component/b_menu/other/__icsFiles/afieldfi
　　　le/2016/10/07/1355719_001_1.pdf（2016 年 11 月 1 日閲覧）

山本美奈子・松坂暢浩（2016）地方大学の就職活動前の学生のキャリア志
　　　向と心理的特性の関連．メンタルヘルスの社会学（日本精神保健社会
　　　学会），22,13-20.

山形大学（2013）アライアンスネットワーク

　　　URL：http://www.yamagata-u.ac.jp/jp/employment/student/alliance/
　　　（2016 年 11 月 1 日閲覧）

横山哲夫（2005）若年者／大学生のキャリア開発（形成）と支援 ―産業社
　　　会から見た課題と提言―．職業研究（社団法人雇用問題研究会），11 月
　　　号，3-4.

米原拓矢・田中大介（2015）地元志向と心理特性との関連−新たな発達モ
　　　デルの構築に向けて−．地域学論集（鳥取大学地域学部紀要），11 (3),
　　　139-157.

若松養亮・下村秀雄（編）（2012）詳解　大学生のキャリアガイダンス論 −
　　　キャリア心理学に基づく理論と実践−．金子書房

308

第18章　現代日本の大学キャリア教育の歴史的条件と
　　　　グローバル化状況

落合　一泰

1.　はじめに

　21世紀日本の高等教育進学率は，マーチン・トロウ（1976）の言うユニバーサル段階（50％以上）に入り，入学者の意欲や能力が縦長に多様化した結果，大学には初年次教育やキャリア教育などプラグマティックな教育が一層求められるようになった。そして多くの大学では，それに割く時間や学内資源の配分，卒業要件の再設定等をめぐり，アカデミズムとプラグマティズムの相克が顕在化している。

　キャリア教育については中教審の数次の答申や提言，大学設置基準の改訂等があり，この政策課題に特化した誘導型の各種補助金事業が文部科学省，厚生労働省等によって展開されてきた。しかし，それらが学生のキャリア教育の進展に結びついたとの実感は，大学の現場ではあまり大きくない。これは，上記諸事業が学内のアカデミズムとプラグマティズムの良き連携，さらに大学と社会の相互理解を導き出す政策になりえていないことを示している。

　なぜなりえていないのか？　この点を明らかにするために，本論では，わが国の高等教育の歴史的性格を指摘するとともに，進行するグローバル化状況において先進諸外国の高等教育が何を目指しているのかを述べる。そして，わが国で展開されている現今の大学キャリア教育が帯びている歴史的・社会的背景を問い直し，また若年層が置かれている世界的状況を確認することにより，わが国の大学キャリア教育にいま求められている革新の起点とは何かを考えたい。

第三編　大学から社会への「移行」

2. 日本の高等教育の歴史的性格

　明治5（1872）年に「最高学府」（大学校）を頂点とする近代学校制度（学制）が公布されて，140年余が経過した。その間に，わが国の高等教育は，モデルとした欧米先進諸国のそれとは異なる相貌を備えるようになった。現今の高等教育は，幾多の制度改革のなかで国民の価値観や期待を吸収し，時代時代の政治・行政が示す社会観等に基づいて形作られてきたものである。したがって，わが国高等教育固有の歴史的・社会的性格を無視して現在の大学キャリア教育を論ずることはできない。そこで，無意識的側面も含め，キャリア教育を方向付けてきた諸条件を最初に整理しておきたい。

2-1. 実践的専門知識・技能の速やかなる習得

　第一に挙げるべきは，明治時代にわが国の近代教育が出発した際，その主たる目的が欧米先進国に追いつくための実践的専門知識や技能の速やかなる吸収にあった点である。近代国家形成を主導する実務型官僚や技術者の養成が必要とされ，中等教育においてもプラグマティックな教育機関が数多く設立されて，社会ニーズに応える基盤的職業人が育成された。日本に実業系中等教育学校を前身とする大学が少なくないことは，日本の高等教育の基本的な役割が，社会を支えるプラグマティックな能力の養成であり続けていることを示している[1]。平成27年度学校基本調査[2]によれば，わが国には779校の四年制大学が存在し，これに短期大学346校と高等専門学校57校が加わる。これほど多数の高等教育機関が存在するのは，プラグマティックな能力を身に付けた国民を社会に送り出すことが，文部省創設以来の教育行政の重要な使命であり続けているからにほかならない。

　文部科学省等のデータ[3]に基づき欧米先進国の人口をその国の四年制大学数で除した数値，すなわち，人口何人あたり1校の四年制大学が設置されているかは，およそ以下のとおりである。日本16万人，アメリカ合衆国22万人，イギリス52万人，フランス57万人。四年制大学の定

310

義や調査年に若干の違いがあり，アメリカ合衆国のように二年制大学（ジュニア・カレッジ，コミュニティ・カレッジ等）が四年制大学に負けない学校数と在学生数を誇る場合があるため，上記数値は参考にとどまるが，日本における四年制大学の社会的需要の大きさを知ることはできよう（図1参照）。また，2003年における学部学生数に対するフルタイムの大学院生数（専門職学位課程在学者を含む）の割合が，日本9.2%，アメリカ合衆国14.1%，イギリス21.6%，フランス22.9%であることが同じデータから算出できる（図2参照）。

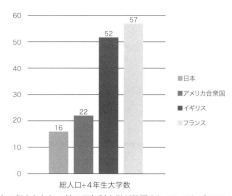

図1　人口何人あたり1校の四年制大学が設置されているか（2005-2006）

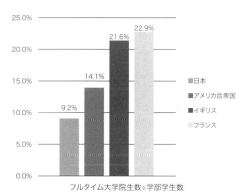

図2　学部学生数に対するフルタイムの大学院生数（専門職学位課程在学者を含む）の割合（2003）

図1，図2ともに，文部科学省ウェブサイト「関係データ集（平成21年3月31日現在）」，「参考資料1 大学院の現状について」等のデータに基き作成（2016年1月13日閲覧）。

第三編　大学から社会への「移行」

　これらの数値から，他国に比べ日本には四年制大学が比較的多く用意されているが，卒業後に修士・博士の学位を目指す者の割合は高くないことが分かる。すなわち，日本では多数の若者が四年制大学に進学して子供時代からの学業の仕上げとし，卒業後には実社会と大学アカデミズムの間の往復をあまり行わないというパターンが一般的と言える[4]。知識基盤社会という考え方が喧伝されているが，日本の四年制大学での教育はさらに高度な学位取得への意欲増進に寄与しておらず，卒業後に産業界・官公庁・NGO等で活躍するためのプラグマティックな能力養成という社会的期待に応えるにとどまっている様子が，そこに垣間見える。大学によっては，ライフロングの各種プランニングをキャリア教育の一環として学生に教えているとはいえ，受験者獲得に直結するのは有名企業への新卒就職者増加であり，そのための努力が優先されがちであることも，上記の傾向形成を下支えしている。

　他方，わが国の大学は，大学設置基準第十四条（教授の資格）等が求めるように，制度的には厳格なるアカデミズムに立脚してきた。多くの大学において大学長の選出や大学運営，教員の採用等が学内のアカデミックな教員の任務となってきたことは，大学組織がアカデミズムを基盤にしてきたことを示している。

　その結果，わが国の高等教育には，ある「ねじれ」が生じてきた。すなわち，一般に大学内部ではアカデミズム（専門教育，全学共通教育等）がプラグマティズム（資格取得促進，初年次教育，スキル教育，キャリア教育，インターンシップ，学生支援組織等）に優越し，社会からの人材供給要請に関してはプラグマティズムへの期待がアカデミズムを凌駕するという「ねじれ」である。現今の大学改革の主要事項と位置付けられるガバナンス改革は，学内におけるこの「ねじれ」解消を執行部に期待するための政策と見ることもできる。学校教育法・国立大学法人法の一部改正（平成27年4月1日施行）等の一連の改革は，大学執行部により大きな権能を付与するとともに，大学長の選出を教員組織から学外者を含む選考委員会に委ねるというように，ガバナンスの教員組織からの独立を促すもの

であった。文科省は，そこにこそ，わが国の「大学教育の質的転換」実現の鍵があると見ている。権能を強化されたガバナンスには，大学アカデミズムとキャリア教育を含むプラグマティズムの間の「ねじれ」や相克の解消，両者の有機的連携の促進等が期待されているのである。

2-2. 大学ごとの自己完結性と自前主義

わが国の大学の歴史的性格の第二として，各大学が自己完結性を重視してきた点を指摘しておきたい。入学試験からカリキュラム構成，単位認定，卒業判定，そして進路支援に至るまで，各大学は全てを自前で賄おうとしてきた。その方が学生を育てる上で能率が良く，各大学の個性を強く帯びた卒業生を送り出せると考えられてきたからである。行政側には，個別的自己完結性が大学間競争を引き起こし，より優れた高等教育が創出されるだろうという期待もあった。行政は交付金や補助金の配分を通じて事業強化競争を奨励し，国内大学ランキングを明示してきた。その結果，全体が東京大学を頂点とするピラミッド型の序列を形成することになった。

自己完結主義は，とくに序列競争の勝者大学には望ましいものではあったかもしれない。しかし，それはマイナスももたらした。自己完結主義が大学間での学生・教員の流動性を妨げ，日本の高等教育機関が多様性と混淆性に基づく国際的競争力ある組織に発展する上で障害になったからである。わが国の高等教育機関において教育の国際通用性の向上と学生・教員の大学間流動性の強化，すなわち国際的・国内的な「大学間協働」が加速できずにいる背景には，この自己完結主義，自前主義，純粋好みという歴史意識や価値観，暗黙の規範が存在していると言えるだろう[5]。

キャリア教育・キャリア支援も，また然りである。自大学の卒業生だけを対象とした取り組みを行うのが通例であり，数値で可視化しやすい内定率などの大学間競争が当然視され，数値の卓越を目指すことが，人的資源や資金をキャリア教育・キャリア支援に割く根拠になってきた。

第三編　大学から社会への「移行」

しかし，たとえば発達障害をもつ学生のキャリア支援を大学単位で行うことが果たして有効なのかは，十分に検討されるべき事柄である。排他的部分最適の積み重ねが全体最適をもたらすとは必ずしも言えないからである。

2-3.　早期専門化（early specialization）志向

　第三に，わが国では，若者に18歳時点でその後の高等教育における専門領域の選択を求めることが通例である。人生経験に乏しく職業意識の涵養が進んでいない18歳は，自分のその時点での学業成績に基づき志望大学と学部を決定しなければならない。明治以来今日まで続く10代後半での進路選択は，学部段階での能力開発や技能修得の効率を高め，上掲の「実践的専門知識・技能の速やかなる習得」を可能にするとされてきた。たしかに，受動的に選んだ分野であっても，勉強するうちに面白くなってくることはあるだろう。しかし，幅広い勉強に基づき，一定の確信をもって将来の専門分野を適切に選択しているとは言えない場合も少なくないことだろう。自分の成績・偏差値を主たる指標にして受験する大学・学部・専門領域を選び，そこの過去問題に取り組み，合格を最優先にする現行の大学入試システムでは，文系・理系の双方について幅広い知識とセンスを持つ学生を育てることは難しい。

2-4.　資格の社会的優位性

　第四に，日本社会では学位より資格が人の優秀さ・有能さを証明してきた点を挙げておくべきだろう。大学3年次に高難度資格試験を突破し，学士課程を中退して職に就く元学生が抜群の優秀者として高い評価を得てきたことは，旧外務公務員Ⅰ種試験(外交官試験)，旧司法試験のみならず，法科大学院を迂回する新司法試験予備試験の現今の人気が示している。前者の最終学歴は高卒であり，後者では大卒の法曹人になるわけだが，資格の権威がそれを上回って余りある（ただし，この権威は国内限定である）。「疑似資格」としての出身大学歴・大学院歴なども，学位よ

314

り資格の優位性が社会的に承認されてきた結果である。企業がインターンシップ希望者や就職希望者の卒業(予定)大学名をもって採用活動時の「学歴フィルター」とする場合があるのは、国際的信認に基づく大学アカデミア修了という普遍価値より、国内でのみ通用する「疑似資格」としての出身大学歴を重視する社会的価値観が強固である結果と考えられる。

このように、日本社会には、学位より資格、普遍的アカデミズムより個人的プラグマティズムが優越するという歴史的価値観、社会的状況が見られる。しばしば指摘されるわが国大学生の学習時間が他国に比べて短いという点も、このことに根差している面がある。入学した大学名が帯びる「資格性」を、有名大学入学者は勉学でいっそう高める必要を感じない。中堅大学入学者は、いくら勉強してもそれを超えることは難しいと感じる。となれば、大学生が学習時間を拡大して勉学に励むことの合理性は、大学卒業資格とは別の公的資格等にチャレンジする場合や大学院進学を目指す場合を除けば、あまり大きくないことになる。

2-5.「個人投資」としての大学受験、「個人資産」としての大卒資格

第五に、わが国では高等教育の成果が「社会資本」以上に「個人資産」として位置付けられてきた。エリート段階(大学への進学率15%未満)、マス段階(同15%～50%)、ユニバーサル段階(同50%以上)のいずれにおいても、有名大学出身者になることは個人と家族の社会上昇を可能にする「個人投資」とみなされてきた。わが国では、大学受験に人材選抜と地位上昇という社会的有意性が広く認識されており、大学受験競争が資格獲得競争にほかならないことから、生徒・学生や保護者等が教育費(受験準備費・学費等)の個人負担を受忍してきた。そうである以上、行政が個人の負担軽減を図らず、社会資本を増大させるための公的教育支出をOECD諸国の中では低水準に据え置いてきたことには、一定の社会的合理性があった。

このように、わが国では、教育を「個人資産」形成過程と捉える観点が学生・家族、大学、行政等ステークホルダーの間で共有されてきた。多

第三編　大学から社会への「移行」

額の教育費は学士号という個人資産を得るための「個人投資」と認識され，その恩恵を享受する学生・家族が負担することが社会的に当然視されてきた。高等教育を受けるか否かは社会の責任にかかるものではなく，個人の責任に帰されるべき事柄であるとする考え方である[6]。

　ユニバーサル段階に突入して「全入」状態が近づき，選抜性の弱化（受験先を難関校に限定しない）と選抜性の強化（受験先を難関校に限定する）が同時に現れるようになった。すなわち，入学定員充足を目的とした低学力層向け入試の多様化と入学後のケアの重視，そして大学卒というだけでは十分な資産価値が得られなくなったと判断する受験生やステークホルダーが主導する，より大きな資産価値が見込める有名大学の受験競争の激化が，並行的に出来^{しゅったい}したのである。

　大学入試に人材選抜という社会的有意性を見る文部科学行政は，競争原理に基づく新たな資格獲得競争（受験先を難関校に限定する）を否定しない立場である。その観点から入試改革を各大学に求め，選抜性が減じた結果生じた低学力持ち越し問題については，その解消を初年次教育やリメディアル教育の形で大学に期待することになった[7]。

　このように，わが国次世代の人材選抜は大学入試という疑似資格試験の形で18歳段階において行われ，セカンドチャンスは，他大学再受験，大学院進学，高難度国家資格取得などを除けば多くない。高大接続論にしても，退学者率（離籍率）の高い大学にその低減を求める認証評価（大学評価）制度にしても，資格社会という問題の本質を迂回しているように見える。わが国のこの社会的性格は一朝一夕に変えられるものではないが，入学した大学を自分のポテンシャルを発見・発掘できる優れたチャンスの場として学生が活用できるよう，大学はあらゆる努力を傾注しなければならない。

2-6. 本節のまとめ

　上記5点以外にも，考察すべき社会的状況・歴史的性格がわが国の大学には存在している。そこでは，受験競争勝利と卒業要件充足と資格獲

得(有名企業への就職を含む)に力を注ぐことが，若者と保護者には合理的な行動になる。大学キャリア教育は，このような日本の社会的・歴史的背景から自由ではない。新たなキャリア教育を構想するにあたっても，それを無視することはできない。グローバル化時代に対応する大学改革や教育者中心の「教育」から学習者中心の「学習」へというパラダイム変換が叫ばれる今日であるが故に，なおさらのこと，わが国高等教育に固有のローカルな性格を十分に把握しておく必要がある。

　以上の歴史的経緯・社会的価値観を踏まえ，わが国の大学教育を社会とのやり取りとして見直すと，以下のようにまとめられるだろう。

　　ⅰ．若者にとり，大学入学試験が有為人材選抜のほとんど唯一の機会として社会制度化されている。

　　ⅱ．大学入学試験が重視され，若者にはセカンドチャンスが乏しい。

　　ⅲ．入学する大学が決まると，保護者は大学に進路支援とその成功を要求する。

　　ⅳ．保護者や社会，ときには大学自身までもが就職実績値を教育力と混同する（せざるをえない）。

　　ⅴ．就職内定率が低いと，その大学の教育力不足とみなされる。

　　ⅵ．学生はそうした大学に入学した自分を将来不安者として卑下する。

　　ⅶ．雑誌等が発表する「就職力ランキング」が低いと受験生が集まらず経営に響くことから，大学執行部は就職実績の向上を学内に厳命する。

　　ⅷ．このような社会の動きに疎い，あるいはそれを理念的に否定する大学教員は，自身の職業的基盤であるアカデミズムを掲げて就職実績向上に関する当事者性から距離を置き，そのタスクをキャリア支援要員に丸投げする。

　　ⅸ．その結果，大学内のガバナンス，アカデミズム，プラグマティズムが一貫性を失う。

　　ⅹ．大学の自律的解決力を疑問視する政治家や産業界は，文部科学省

第三編　大学から社会への「移行」

を通じてガバナンスの権能を強化し，事態解決を求めようとする。

xi．文部科学省はガバナンス強化と並行して大学ごとの機能別分化を進め，各種競争的資金を増強して獲得大学を選別し，歴史的に形成されてきた大学単位の序列構造とピラミッド構造を強化・再生産する。

　わが国の高等教育機関は，設置形態（国立，公立，私立）や学校種（四年制大学，短期大学，高等専門学校），偏差値などの違いを問わず，この同じ状況下に置かれている。産業人や政治家のなかには，受験生が減少し廃止に追い込まれる大学について，改革や自助努力を怠った結果であり自業自得とする者が少なくない。しかし，日本の高等教育がアカデミズムとプラグマティズムの相克の場でありつづけてきたという歴史を想起すべきである。日本の近代的高等教育は歴史的にプラグマティックなベクトルを出発点に持っており，そこに西洋近代型の自由主義的大学アカデミズムが導入されたのだが，それらが十分に接合しないまま大学アカデミズムが特別扱いされた時代が終わり，もとのプラグマティックなベクトルが新自由主義の装いを得て，より強固に顕在化してきたのが現在の大学の姿だからである。

　これが，現今の日本の大学のユニバーサル化の実態をキャリア教育・キャリア支援と関連付けたときに見えてくる風景である。こうした歴史的背景や社会的要請を前提に，学生には在学中に自己の潜在力を発見し，自己効力感や社会貢献意欲の向上をめざして，勉学に意義を見出していくことが求められている。大学も，そのためのよりよい仕掛けや環境を課程教育やキャリア教育のなかに用意していく必要がある。しかし，大学受験結果と景気動向が学生の進路に大きな影響を与える日本において，教職員は学生に対し，どのような関与や支援を図ることが適切なのだろうか。それは，わが国の大学教育の一環としてキャリア教育をどのように再定置するかにも深くかかわる事柄である。

3. 世界の高等教育が目指す姿

現今の大学キャリア教育を見直す場合，わが国の高等教育の社会的性格を振り返るとともに重要なことは，職業を含め，いかなる社会活動においても避けて通ることができなくなった「グローバル化」の進展から目をそらさないことである。本節では，イノベーションに向けた世界の最先端の動きを紹介し，日本の大学でのキャリア教育をそこにどのように接合しうるかを考えたい。

3-1. 社会需要に即した高等教育

アメリカ合衆国では，ほとんどの大学・学部がプラグマティックな職業的知識やスキルを身に付ける場である。人間省察に向かう深い学習の場として高く評価されているリベラルアーツ大学は，アメリカでは少数派である。しかし，文理にわたり広く学ぶリベラルアーツ大学も社会需要に抗することは難しく，School of Arts and Sciences から School of Arts *or* Sciences へという専門化が進んでいるとの教員の自嘲を，筆者は耳にしたことがある。

ヨーロッパの大学の多くは，1980 年代に始まった世界的な大学改革の潮流のなかで，「ヨーロッパ人の育成」と「グローバル化」の双方を目指してきた。前者は，EU 統合の進渉の結果，国別ではなく「ヨーロッパ人」としての意識をもつ若者を育成することが重要な政策課題となったからであり，科目・評価制度の均一化と単位蓄積制度など「チューニング」施策の強化を通じ，EU 内での学生の大学間移動の活発化が図られてきた。「グローバル化」をめぐっては，ヨーロッパの大学も国際競争力の獲得を目指しており，「評価」と「競争」を主体とするアメリカ型の大学へと変貌した大学が少なくない。

たとえばフランスの大学に特徴的なことは，1990 年代から産業界との連携を政策的に目指してきた点である。具体的には，教育内容の策定に企業人が関与し，学生インターンシップの機会拡大を大学が企業に要請するようになった。その結果，大学教育は職業教育型の課程とこれまで

第三編　大学から社会への「移行」

同様の研究志向型の課程とに二分される傾向が強まり，近年は前者への入学希望者が増加している。イギリスでもフランスに類似の高等教育機関の多様化傾向がみられる。

　このように欧米先進国の高等教育は，グローバル化した自由市場経済システムに対応し，その一部を形成するようになってきた。

3-2. グランドチャレンジの時代

　グローバル化は高等教育に何をもたらしてきたのだろうか。グローバル化と言えば，わが国では外国語学習，留学などが話題になることが多いが，欧米の高等教育機関は，そのはるか先を進んでいる。その最先端の動きをまとめると次のようになる。

　21世紀グローバル社会は，グランドチャレンジないしはグローバルチャレンジと呼ばれる人類共通の諸課題に直面している。具体的には，医療，食料，水，エネルギー，環境，人口激増，少子高齢化，世代間格差など，さまざまな課題が私たちを取り巻いている。その多くはグローバル化状況のなかで生じてきた。国内的課題として解決が急がれるテーマもあるが，一国だけで解決を図ろうとすると他国に影響が出かねない課題ばかりである。二酸化炭素の排出やエボラ出血熱の拡散などは，そうした問題の例である。

　グローバル化のなかから生じてきたこれらの課題に対しては，解決方法もグローバル化させていくしかない。人的・経済的資源を自国に投入して解決策を深く探る「タテ型」対策だけでは，もはや十分とは言えない。国境や文理，専門領域や職場といった壁を超えた「合わせ技的取り組み」という「ヨコ型」の連携が，強く必要とされる時代になっているのである。

　これらグランドチャレンジ課題は20世紀後半には既に始まっており，その解決のためのパラダイムシフトも図られてきた。それ以前の時代では，例えばノーベル賞級の学者をトップに置き，特定の専門領域において国際的に活躍する若手科学者を増やせば，その国のグローバル化が達成され，問題も解決されるというタテ型の認識が強くあった。いわゆる

「モード1」型の考え方である。

　しかし，1980年代中ごろから，欧米では国境や産業，文理の壁を越えたラウンドテーブル型のヨコ型連携が始まり，その認識転換が行われてきた。「モード2」への移行と呼ばれる動きである（江上 2011）。生命科学において倫理的・法的・社会的側面まで含めた研究が進められているのは，その一例である[8]。

3-3. 「タテ型」思考から「ヨコ型」実践へ

　例えばアメリカ合衆国ではレーガン政権時代の1985年，大統領産業競争力会議（President's Commission on Industrial Competitiveness）が報告書『グローバル競争：新たな現実』（*Global Competition: The New Reality*, 通称ヤング・レポート）を出した[9]。これを受けて，1986年に産学官の有識者がNPOの競争力評議会（Council on Competitiveness）を組織し，分野を越えた議論を重ねてきた。競争力評議会は，今日までアメリカの競争力強化のための施策提言を数次にわたって発表している。

　一方，ヨーロッパでは，EU全体の研究開発や成果実証を支援する仕組みとして「研究・技術開発フレームワーク・プログラム」Framework Programmes for Research and Technological Development が1984年に始まった。現在まで7次にわたって推進されている。このフレームワーク・プログラムは，社会的課題の解決に向けた国を越えた研究開発を促進し，個別の企業や加盟国だけでは扱いにくい課題の解決において，大きな成果を挙げてきたとされる。2014年に始まった新たなフレームワーク・プログラム Horizon 2020[10] には，日本の参加も促されている。

　既に30年を超える蓄積を持つこれら欧米の産学官連携プログラムは，個別の監督官庁の下で専門家が特定の専門領域をタテ型で強化していくだけではイノベーションは起きないという認識に基づいている。それは，領域間に横串を刺していくようなヨコ型の拡充を展開してイノベーションを喚起するという考え方をとる。実際，それらがアメリカやヨーロッパの産業基盤の強化につながってきた。日本産業の課題のひとつは，こ

第三編　大学から社会への「移行」

のパラダイムシフトに今なお時間がかかっていることにあると言われている。

4. 今後の大学キャリア教育への示唆

　以上にまとめたわが国高等教育の歴史的背景とイノベーションに向けた文理共鳴型知性の育成の必要は，今後の日本の大学キャリア教育に何を示唆しているのだろうか。

　第一に，大学の壁や専門領域を超えた連携なしには，21世紀大学教育は立ち行かなくなるという認識が重要である。世界や地域が抱える大きな社会課題に対し，先進諸国の高等教育は，文系・理系の合わせ技的なグローバルな取り組みという総力戦に挑み始めている。そこでは，グランドチャレンジ課題は待ったなしの状況にあるという時代認識を，まず学生に与えようとする。そして，優れた基礎技術の可能性と限界を理解し，問題解決の目的に合わせて適切な社会制度をつくり出そうとする。この考え方は，タテ型とヨコ型を組み合わせていくことを当然視するものである。特定領域の専門的深化という日本が努力し強みを発揮してきたタテ型の発想だけでは，21世紀の大学教育は設計しきれない。それだけではグランドチャレンジの個別的かつ総合的な解決に役立たないだけでなく，世界の先進的な潮流にも乗り遅れてしまいかねない。

　わが国の高等教育設計は，歴史的に大学ごとの個別完結性にもとづく大学間競争を推進力とし，学内では学部・学科や領域性を基盤的単位としてタテ型組織論をもっぱらとしてきた。その前提には，国ごとに発展を競うという近代的価値観があった。グローバル化時代にはそれでは対応できない。これまでの認識と理念と組織の在り方を根本的に転換する必要を，各大学のガバナンス，アカデミズム，プラグマティズムの担当者が認識しなければならない。国内での大学間競争に血道を上げ続けていては，21世紀後半まで生きる学生に最善の将来像を示すことはできない。この新たな認識に基づき，行政ではなく高等教育側のイニシアティブで新時代の高等教育プログラムを模索することが喫緊の課題である。

そのなかで長期のライフロングの観点からキャリア教育が果たすべき役割を見定め，計画し実践していくことが，いま大学に求められているのではないだろうか。

第二に，社会がイノベーションとともに効率化を重視しているという認識を持たねばならない。本論の「3. 世界の高等教育が目指す姿 (1) 社会需要に即した高等教育」に記したように，欧米先進国では実学的でプラグマティックな教育と研究を志向するアカデミックな教育への分離が見られる。わが国におけるG型大学，L型大学の議論や実践的な職業教育を行う新たな高等教育機関の制度化の議論（冨山 2014）も，そうした海外の動きに呼応する高等教育効率化への提案と言えるだろう。

効率化は教育政策に止まらない。もっとも顕著なのは，AI（人工知能）の急速な発展で今後の職業に関する近未来予測が大きく変化する可能性である（オズボーン＆フレイ 2016；柳川 2016；Frey and Osborne 2013）。AIの発達等により，子供たちの63%は，大学卒業後，今は存在していない職業に就くとされ，今後10～20年程度で約47%の仕事が自動化されて消えていく可能性が高いとされている（表1）。

AIの急速な進展を無視して大学人がキャリア教育を構想することは，もはや不可能である。大学キャリア教育においては，こうした最先端の技術的・理念的動きを前提に，学生に対し，ライフロングかつ最先端の視野と展望をいかに持つべきかを示していくことが重要性をもつ時代になったと言えるのではないだろうか。

第三編　大学から社会への「移行」

表1　AI（人工知能）の発達により10〜20年後に消える仕事・残る仕事（予測）

消える職業	残る職業
○電話販売員（テレマーケター），物品の販売員，レストランやラウンジ，コーヒーショップの店員，レジ係 ○保険引き受け時の審査担当，保険金請求時の審査担当，自動車保険鑑定人，クレジットアナリスト，クレジットカードの承認・調査を行う作業員，不動産登記の審査・調査，税務申告代行者，不動産ブローカー ○銀行の窓口係，融資担当者，証券会社の一般事務員，簿記・会計・監査担当者 ○コンピューターを使ったデータの収集・加工・分析，データ入力作業員，文書整理係，受注係，調達係，荷物の発送・受取・物流管理係，貨物取扱人，電話オペレーター，車両を使う配達員 ○図書館司書の補助員，スポーツ審判員，モデル ○手縫いの仕立屋，時計修理工，フィルム写真の現像技術者，映写技師　など	○整備・設備・修理の現場監督者，危険管理責任者 ○内科医・外科医，看護師，歯科技工士 ○メンタルヘルス・医療ソーシャルワーカー，臨床心理士，カウンセラー，聴覚訓練士，作業療法士，聖職者 ○消防・防災の現場監督者，警察・刑事の現場監督 ○宿泊施設の支配人，セールスエンジニア ○心理学者，教師，保育士，栄養士，教育コーディネーター，職業カウンセラー ○衣服のパターンナー，メークアップアーチスト ○人事マネージャー，コンピューターシステムアナリスト， ○博物館・美術館の学芸員，運動競技の指導者，森林管理者　など

（Frey and Osborne 2013 記載の「消える職業」「残る職業」より抜粋（注11参照）。塩見 2015 の配布資料に基づく。）

【注】

1) 一橋大学（前身は東京商業学校），東京工業大学（東京職工学校）をはじめ，国立大学には実務系中等学校に起源をたどる大学・学部が少なくない。早稲田大学（東京専門学校），明星大学（明星実務学校），立命館大学（私立京都法政学校）など，多くの私立大学も同様である。

2) 出典：http://www.e-stat.go.jp/SG1/estat/List.do?bid=000001015843 （2016年1月13日閲覧）

3) 文部科学省ウェブサイト「関係データ集（平成21年3月31日現在）」，「参考資料1 大学院の現状について」等参照（2016年1月13日閲覧）。

4) このことは，OECD の 2012 年データとも一致する。この年，大学型高等教育機関への入学者のうち 25 歳以上の割合は，日本ではわずか 1.9%だったが，OECD では平均 18.1%に達し，そこには社会人学生が相当数含まれていた（教育再生実行会議 2015）。

第 18 章　現代日本の大学キャリア教育の歴史的条件とグローバル化状況

5) 国内の有名大学を選ばず，海外の有力大学に進学する成績優秀で意欲的な高校生が増加しているのは，日本の大学の国際競争力強化が進んでいない状況を，一部の高校生・保護者が見限りつつあることを示していよう。

6) 2017 年 5 月 22 日，政権与党の自由民主党は，大学授業料の在学中無償化を安倍晋三首相に提言した〈日本経済新聞 2017：http://www.nikkei.com/article/DGXLASFS22H65_S7A520C1pp8000/（2017 年 8 月 11 日閲覧〉〉。この提言は，免除された授業料等を卒業後に「出世払い」する方式を目指すものであり，個人の授業料負担が消滅するわけではない。また，高額の受験準備費用の個人負担に変化はない。したがって，この提言が法制化された場合に高等教育の受益主体が個人から社会へと変化するとは，現時点では断言できない。

7) 初年次教育は，低学力層に対してのみ行われるものではない。各大学は，自大学のニーズや教育方針を踏まえ，(1) 高等学校での学びの補習，(2) 自大学の学生としての意識付け，(3) 作文力や仮説実証能力，各種スキル等，専門教育に必要な学力の涵養，(4) キャリア教育との連携，(5) 異文化協調力の向上，(6) 文理の壁を超えた知的能力の強化等，多様な目的の中から初年次教育の内容を決定している（落合 2017：28）。

8) アメリカ合衆国では Ethical, legal and social implications (ELSI)，ヨーロッパでは Ethical, legal, and social aspects (ELSA) と呼ばれることが多い。日本でもライフサイエンス等において Ethical, legal and social issues (ELSI) が議論され始めている。

9) http://www.nap.edu/read/612/chapter/36（2016 年 1 月 13 日閲覧）

10) https://ec.europa.eu/research/fp7/index_en.cfm（2016 年 1 月 13 日閲覧）

11) http://www.oxfordmartin.ox.ac.uk/downloads/academic/The_Future_of_Employment.pdf（2016 年 1 月 13 日閲覧）

【文献】

青木利夫・平手友彦（責任編集）(2016) 世界の高等教育の改革と教養教育，広島大学大学院総合科学研究科（編），丸善出版.

江上美芽 (2011) 課題解決型イノベーション戦略推進体制のあり方〜『「リニアモデル」から『モード 2』課題解決イノベーション体制へ〜．JST-

第三編　大学から社会への「移行」

CRDS ワークショップ発表，7 月 29 日，国立研究開発法人科学技術振興機構研究開発戦略センター．

M・オズボーン，C・フレイ（2016）人工知能は職を奪うか㊤ 日本，生産性向上の好機に．日本経済新聞，1 月 12 日．

落合一泰（2017）学びの鏡としての受講者感想―明星大学の初年次教育「自立と体験1」（2010 〜 2016）の 9,270 例は何を語るか―，明星大学教育センター研究紀要，7 号，27 〜 38 頁．

教育再生実行会議（2015）高等教育機関への進学における 25 歳以上の入学者の割合（国際比較），「学び続ける」社会，全員参加型社会，地方創生を実現する教育の在り方について（第六次提言参考資料）（平成 27 年 3 月 4 日 ） 所 収（http://www.kantei.go.jp/jp/singi/kyouikusaisei/pdf/dai6_sankou.pdf（2017 年 8 月 11 日閲覧））

フリア・ゴンサレス，ローベルト・ワーヘナール（2012）欧州教育制度のチューニング―ボローニャ・プロセスへの大学の貢献，深堀聰子（訳）・竹中亨（訳），明石書店．

塩見みず枝（2015）高大接続改革の今後の方向性，CEES 第 1 回記念シンポジウム発表．11 月 28 日，ベルサール新宿グランドホール．

冨山和彦（2014）我が国の産業構造と労働市場のパラダイムシフトから見る高等教育機関の今後の方向性（http://www.mext.go.jp/b_menu/shingi/chousa/koutou/061/gijiroku/_icsFiles/afieldfile/2014/10/23/1352719_4.pdf（2017 年 8 月 11 日閲覧））

マーチン・トロウ（1976）高学歴社会の大学―エリートからマスへ，天野郁夫（訳）・喜多村和之（訳），東京大学出版会．

柳川範之（2016）人工知能は職を奪うか㊦ 意思疎通能力，一層重要に，日本経済新聞，1 月 13 日．

Carl Benedikt Frey and Michael A. Osborne (2013) "The future of employment: How susceptible are jobs to computerisation?" Oxford Martin School Publications, University of Oxford(2016 年 1 月 13 日閲覧)．

あとがき

　大学におけるキャリア教育は，2011年4月に施行された「大学設置基準」の改正において「学生が卒業後自らの資質を向上させ，社会的及び職業的自立を図るために必要な能力」（第42条の2）の育成が大学に求められたことにより，一気に加速することになりました。

　本書は，大学におけるキャリア教育の最新理論と実践に関する論考を納めた本格的な書籍であると自負しております。

　その必要性を痛感したのは，私たちのようなキャリア教育に携わる教員が経験してきた社会背景と，学生が育ってきた社会背景には大きな相違があることから，私たちが学生に伝えたいことが，正確に学生に伝わっていないのではないかと考えたことにあります。私たちが経験してきたのは，少なくとも1991年までは右肩上がりの経済的な背景に裏打ちされた成長し続ける社会でした。しかし，いまの学生が経験してきたのは，停滞する経済下における先の見えない不確実な社会です。このような大きく異なる社会背景を持つ教員と学生との間に，学生がいま直面している「キャリア形成」という，極めて重要でデリケートな問題を扱う際に，的を射たインタラクティブな会話が成り立つのだろうか，という疑問が根底にありました。

　私たちには，いまの学生に，いまの社会的・経済的背景に立脚し，彼らが直面するであろう将来を見据えた，正しいキャリア教育を施さなければならない使命があります。

　このような意図から，執筆はそれぞれがご所属される大学において，キャリア教育と研究に携わっているスペシャリストの先生方にお願いしました。その結果，本書の内容は様々な大学における教育現場（入学前教育，初年次教育，リメディアル教育，共通教育，専門教育など）において，明日からの実践にでも役に立つような内容に仕上がっていると思

います。本書が，これからの10年間において，大学におけるキャリア教育に携わる皆さんの足元を照らす灯になれば，企画編集者としてこれ以上の幸せはありません。

　最後に，本書の出版にあたり大変お世話になりました東北大学出版会の小林直之氏に深く感謝を申し上げます。

菅原　良

＜編著者略歴＞

菅原　良（すがわら・りょう）

1965年宮城県生まれ。東北大学大学院教育情報学教育部博士後期課程修了。博士（教育情報学）。秋田大学教育推進総合センター特任教授などを経て、現在、明星大学附属教育研究機関明星教育センター特任教授。

主な著書に、『eラーニングと学びの理論』（一粒社）、『高度情報化時代の「学び」と教育』（東北大学出版会，共著），『eラーニングの発展と企業内教育』（大学教育出版）などがある。

松下　慶太（まつした・けいた）

1977年兵庫県生まれ。京都大学大学院文学研究科博士後期課程修了。博士（文学）。目白大学外国語学部専任講師などを経て、現在、実践女子大学人間社会学部准教授。

主な著書に、『キャリア教育論』（慶應義塾大学出版，共著），『ネット社会の諸相』（学文社，共著），『デジタル・ネイティブとソーシャルメディア』（教育評論社）などがある。

木村　拓也（きむら・たくや）

1978年兵庫県生まれ。東北大学大学院教育情報学教育部博士後期課程中退。博士（教育学）。京都大学経済研究所助教、長崎大学アドミッションセンター准教授，九州大学基幹教育院准教授を経て、現在、九州大学大学院人間環境学研究院教育学部門准教授。

主な著書に、『拡大する社会格差に挑む教育』（東信堂，共編著），『混迷する評価の時代－教育評価を根底から問い直す』（東信堂，共編著）などがある。

渡部　昌平（わたなべ・しょうへい）

1971年秋田県生まれ。明星大学大学院人文学研究科修士課程修了。修士（心理学）。厚生労働省沖縄労働局職業安定部長などを経て、秋田県立大学総合科学教育研究センター准教授。

主な著書に、『実践家のためのナラティブ／社会構成主義キャリア・カウンセリング』（福村出版，編共著），『はじめてのナラティブ／社会構成主義キャリア・カウンセリング』（川島書店），『社会構成主義キャリア・カウンセリングの理論と実践』（福村出版，編共著），『大学生のための「キャリア設計」書き込みノート』（三文舎）などがある。

神崎　秀嗣（こうざき・ひでつぐ）

1968年大分県生まれ。京都大学大学院医学研究科博士後期課程修了。博士（医学）。
大和大学保健医療学部講師などを経て，現在，秀明大学学校教師学部教授。
主な著書に，『最新ICTを活用した私の外国語授業』(丸善出版，共著)，『出芽酵母へ
の遺伝子導入法，Biorad Electroporationマニュアル集(Biorad)』（共著）などがある。

＜執筆者紹介＞

後藤　文彦（ごとう・ふみひこ）

京都産業大学名誉教授

博士（商学）・関西学院大学

主な研究業績：（単著）ゲームでわかる法人税申告書の書き方，中央経済社，1992

（監修）課題解決型授業への挑戦―プロジェクト・ベースト・ラーニングの実践と評価，ナカニシヤ出版，2017

橋本　諭（はしもと・さとし）

産業能率大学情報マネジメント学部准教授

修士（経営学）・青山学院大学

主な研究業績：（単著）中小企業における HRD 研究に関する基礎的調査．産業能率大学紀要，36(1), 59-71, 2015

（共著）荒木淳子・見舘好隆・橋本諭，大学生と社会人によるキャリア意識向上を目的とする交流の実践と評価．産業能率大学紀要，34(1), 57-70, 2014

久川　伸子（ひさかわ・のぶこ）

東京経済大学全学共通教育センター准教授

修士（文学）・成城大学

主な研究業績：（単著）日本の大学における学部留学生向け日本語プログラムの現状と課題：改善のための協働．東京経済大学人文自然科学論集，134, 41-50, 2013

（単著）大学の教養科目として「共に学ぶ」「談話分析」の授業デザイン．東京経済大学人文自然科学論集，140, 43-57, 2017

伊吹　勇亮（いぶき・ゆうすけ）

京都産業大学経営学部・准教授

修士（経済学），京都大学

主な研究業績：（編著）広告コミュニケーション研究ハンドブック，有斐閣，2015

（編著）課題解決型授業への挑戦　―プロジェクト・ベースト　ラーニングの実践と評価―，ナカニシヤ出版，2017

石川　隆志（いしかわ・たかし）

秋田大学大学院医学系研究科教授

医学（博士）・秋田大学

主な研究業績：（単著）家屋維持管理．日常生活活動の作業療法，中央法規，123-127，2014

（共著）Circadian Rhythm Abnormality of the Wrist, Activity in the Homebound Elderly in Akita. Akita Journal of Medicine, 32(3-4), 193-199, 2005

勝又　あずさ（かつまた・あずさ）

関西学院大学ハンズオン・ラーニングセンター准教授

政策・メディア（修士）・慶應義塾大学

主な研究業績：（単著）大学と地域現場との協働（キャリア教育）のあり方－成城大学と群馬県明和町の連携事例を中心に－．KEIO SFC JOURNAL，16(2)，2017

（共著）アクティブラーニング型初年次キャリア教育：その実践と課題．身体と教養，ナカニシヤ出版，2016

川﨑　友嗣（かわさき・ともつぐ）

関西大学社会学部教授

文学修士・早稲田大学

主な研究業績：（共著）Toward a comprehensive framework for adult career development theory and intervention. In Walsh, W. B., & Osipow, S. H.(Eds). Handbook of Vocational Psychology (2ed.), Lawrence Erlbaum Associates, Publishers. 111-141, 1995

（共編著）キャリアデザイン支援ハンドブック，ナカニシヤ出版，2014

松坂　暢浩（まつざか・のぶひろ）

山形大学学術研究院（基盤教育企画部）准教授

修士（経営学）・東北大学

主な研究業績：（共著）地方大学の就職活動前の学生のキャリア志向と心理的特性の関連．メンタルヘルスの社会学，22, 13-20, 2016

（共著）インターンシップ参加学生の否定的な意見 －地方国立4大学合同調査に基づく報告－．インターンシップ研究年報，18, 39-44, 2015

森　樹男（もり・たつお）

弘前大学人文社会科学部教授

博士（経営学）・兵庫県立大学

主な研究業績：（単著）日本企業の地域戦略と組織，文眞堂，2003

（単著）地域経済活性化と多国籍企業．弘前大学経済研究，31, 28-43，2008

落合　一泰（おちあい・かずやす）

明星大学明星教育センター常勤教授

Ph.D.・ニューヨーク州立大学

主な研究業績：（単著）Cuando los Santos Vienen Marchando: Rituales Públicos Intercomunitarios Tzotziles, Universidad Autonoma de Chiapas, 1985

（単著）われわれはどこから来たのか　われわれは何者か　われわれはどこに行くのか–カレンダーアートに見る20世紀メキシコの文化的自画像．国立新美術館紀要，2，80-95，2015

奥原　俊（おくはら・しゅん）

藤田保健衛生大学医療科学部助教

修士（工学）・名古屋工業大学

主な研究業績：（共著）敬語習熟度に基づく学習支援システムの実装．コンピュータ＆エデュケーション，38, 104-109, 2015

（共著）ペア学習におけるペアの繋がりが与える影響と効果．パーソナルコンピュータ利用技術学会論文誌，10(1), 9-14, 2016

鈴木　浩子（すずき・ひろこ）

明星大学明星教育センター常勤教授

修士（教育学）・明星大学

主な研究業績：（単著）初年次教育授業「自立と体験1」における学習意欲を高める取り組み–ARCSモデルを手掛かりに–．明星–明星大学明星教育センター研究紀要，5，155-159, 2015.3

（単著）初年次教育授業「自立と体験1」における学習意欲を高める取り組み(2)–担当教員からの動機づけに着目して–．明星–明星大学明星教育センター研究紀要，6，145-150, 2016.3

高橋　美保（たかはし・みほ）

東京大学大学院教育学研究科准教授

博士（教育学）・東京大学

主な研究業績：（単著）中高年の失業体験と心理的援助—失業者を社会につなぐために—．ミネルヴァ書房，2010

（共著）失業者に対する意識－失業者に対するスティグマ尺度の作成－．心理学研究，83, 100-107, 2012

竹内　一真（たけうち・かずま）

多摩大学グローバルスタディーズ学部専任講師

修士（教育学）・京都大学

主な研究業績：（共著）伝統芸能の教授関係から捉える実践を通じた専門的技能の伝承．質的心理学研究，13, 215-237, 2014

（単著）竹内一真，ゼミナールの取り組みと卒業後のキャリアとの接続を促す実践：教育ボランティアとの面談を通じた振返りに関する効果検証．大手前大学CELL教育論集，5, 29-37, 2014

渡部　淳（わたなべ・まこと）

北海道文教大学外国語学部准教授

MA in International Studies, University of Warwick, UK.

主な研究業績：（単著）現代中国における社会経済的多元化と公共の出現－中国社会勢力の変動と東アジア国際関係への示唆．中央大学政策文化総合研究所年報，8, 77-88, 2005

（共著）サブ・ポリティクスをつなぐ政治的NGOの機能とその不在－災後リスク社会日本の民主主義活性化に関する一試論－．北海道文教大学論集，18, 19-29, 2017

キャリア形成支援の方法論と実践
Methodology and Practice of
Career Development Support

©Ryo SUGAWARA, Keita MATSUSHITA, Takuya KIMURA
Shohei WATANABE, Hidetsugu KOZAKI, 2017

2017年11月30日　初版第1刷発行

編著者　菅原　良・松下 慶太・木村 拓也
　　　　渡部 昌平・神崎 秀嗣
発行者　久道 茂
発行所　東北大学出版会
　　　　〒980-8577　仙台市青葉区片平2-1-1
　　　　TEL：022-214-2777　FAX：022-214-2778
　　　　http//www.tups.jp　E-mail：info@tups.jp
印　刷　社会福祉法人　共生福祉会
　　　　萩の郷福祉工場
　　　　〒982-0804　仙台市太白区鈎取御堂平38
　　　　TEL：022-244-0117　FAX：022-244-7104

ISBN978-4-86163-289-1　C3037
定価はカバーに表示してあります。
乱丁、落丁はおとりかえします。

JCOPY　<出版者著作権管理機構 委託出版物>

本書の無断複製は著作権法上での例外を除き禁じられています。複製される場合は、そのつど
事前に、出版者著作権管理機構（電話03-3513-6969、FAX 03-3513-6979、e-mail: info@jcopy.or.jp)
の許諾を得てください。